高等职业院校港口与航道工程专业规划教材

Shuiyun Gongcheng Shigong ji Shigong Zuzhi Sheji
水运工程施工及施工组织设计

交通职业教育教学指导委员会　组织编写

聂莉萍　主　编
徐炬平　副主编
徐延国[山东港湾建设集团有限公司]　主　审

人民交通出版社

内 容 提 要

本书为高等职业院校港口与航道工程专业规划教材之一。全书共分十章，内容分为两篇，第一篇水运工程施工，包括：土石方工程，混凝土和钢筋混凝土工程施工，桩基础工程，疏浚工程，导流与基坑排水，地基处理工程施工，水下和水上工程常规作业施工共七章；第二篇水运工程施工组织设计，包括：水运工程施工组织概论，网络计划技术，水运工程施工阶段的施工组织设计共三章。

本书适用于高职高专院校港口与航道工程专业以及水利类、土建类相关专业的教学，也可供港口与航道、水利类专业工程技术人员参考。

图书在版编目(CIP)数据

水运工程施工及施工组织设计/聂莉萍主编. —北京：人民交通出版社，2011.7（2025.1重印）
ISBN 978-7-114-09186-5

Ⅰ.①水… Ⅱ.①聂… Ⅲ.①航道工程–工程施工–高等职业教育–教材②航道工程–施工组织–设计–高等职业教育–教材 Ⅳ.①U615

中国版本图书馆 CIP 数据核字(2011)第 108896 号

高等职业院校港口与航道工程专业规划教材

书　　名：	水运工程施工及施工组织设计
著 作 者：	聂莉萍
责任编辑：	黄兴娜
出版发行：	人民交通出版社
地　　址：	(100011)北京市朝阳区安定门外外馆斜街 3 号
网　　址：	http://www.ccpcl.com.cn
销售电话：	(010)85285911
总 经 销：	人民交通出版社发行部
经　　销：	各地新华书店
印　　刷：	北京虎彩文化传播有限公司
开　　本：	787×1092　1/16
印　　张：	15
字　　数：	356 千
版　　次：	2011 年 7 月　第 1 版
印　　次：	2025 年 1 月　第 3 次印刷
书　　号：	ISBN 978-7-114-09186-5
印　　数：	4001~4500 册
定　　价：	38.00 元

(有印刷、装订质量问题的图书由本社负责调换)

前　　言

随着我国国民经济的飞速发展,国家进一步加大了对水运事业的投入,一大批港口、航道工程项目的投资建设,迫切需要一批懂专业的高技能建设人才。同时,教育事业也迎来了发展的春天,尤其是高职教育得到了前所未有的发展,一大批高职院校中水利类、交通类专业的开设,为国家输送了大批合格、有用的人才。

由于港口与航道工程专业最初仅开设了本科教育,因此,目前所有的教材、教学标准、教学文件等均是立足于本科教育制订的。随着交通类高等职业教育港口与航道工程专业的开办,再加上新技术、新规范、新材料的出现,急需制订和编写面向高等职业教育的专业教学文件和配套教材。

在交通职业教育教学指导委员会的关心支持和指导下,从 2008 年开始,高职港口与航道工程专业开展了本学科的专业标准和教学标准的研究工作,并与人民交通出版社共同策划,同步规划了该专业核心教材。

高等职业院校港口与航道工程专业规划教材第一批共规划编写出版 6 种,计划在 2012 年年底前全部完成。本套教材针对高职教育的特点,本着"必须、够用、理论联系实际"的原则,经过广泛调研、征求用人单位意见而编写。每种教材的每一章前面有学习提示,后面有小结和思考题,重点章节还列选了工程实例,以方便学生的学习。

《水运工程施工及施工组织设计》是高等职业院校港口与航道工程专业规划教材之一。本书在编写过程中,力求概念清晰、深入浅出、联系实际,理论上以适当够用为度,突出实用,体现高职高专教育的特色。在传承经典、成熟理论的基础上,尽可能编入新规范、新技术、新材料。全书共分十章,内容分为两篇,第一篇水运工程施工,包括:土石方工程,混凝土和钢筋混凝土工程施工,桩基础工程,疏浚工程,导流与基坑排水,地基处理工程施工,水下和水上工程常规作业施工共七章;第二篇水运工程施工组织设计,包括:水运工程施工组织概论,网络计划技术,水运工程施工阶段的施工组织设计共三章。(根据高职教育的特点,在《港口水工建筑物》、《航道整治》等专业课教材中讲述相应的建筑物、构筑物的施工方法,故本书主要讲述不便在每门专业课教材中均讲述的公共部分的施工方法。)

本书适用于高职高专院校港口与航道工程专业以及水利类、土建类相关专业的教学,也可供港口与航道、水处类专业工程技术人员参考。

本书具体编写分工如下:绪论、第八、九、十章由江西交通职业技术学院聂莉萍编写,第一、二章由安徽交通职业技术学院徐炬平编写,第三、五、六章由南通航运职业技术学院周春煦编写,第四章由江西交通职业技术学院李晓静编写,第七、十章由江西省路港工程有限公司肖金波编写。全书由聂莉萍担任主编,徐炬平担任副主编。

本书由山东港湾建设集团有限公司徐延国担任主审,在此向他表示衷心的感谢。

限于编者的水平,教材内容难免会有错误和不妥之处,敬请各教学单位和读者在使用和推广本系列教材时提出修改意见和建议,以便再版修订时改正。

交通工程机械专业委员会
2011年4月

目 录

绪论 ·· 1

第一篇 水运工程施工

第一章 土石方工程 ··· 5
第一节 土的工程分类与性质 ··· 5
第二节 土方开挖与运输 ··· 6
第三节 土方的填筑与压实 ··· 13
思考题 ·· 17

第二章 混凝土和钢筋混凝土工程施工 ·· 19
第一节 钢筋工程 ··· 19
第二节 模板工程 ··· 29
第三节 混凝土工程 ·· 33
第四节 钢筋混凝土预制构件 ·· 42
第五节 特殊施工条件和特殊工艺的混凝土施工 ·· 52
思考题 ·· 58

第三章 桩基础工程 ··· 59
第一节 概述 ··· 59
第二节 预制桩 ·· 60
第三节 混凝土灌注桩施工 ··· 71
思考题 ·· 83

第四章 疏浚工程 ·· 84
第一节 挖泥船及其施工方法 ·· 84
第二节 作业船类型和数量的选择 ·· 93
第三节 疏浚泥土的处理和吹填工程 ··· 94
思考题 ·· 99

第五章 导流与基坑排水 ··· 100
第一节 导流 ··· 100
第二节 围堰 ··· 101
第三节 基坑排水 ··· 103
思考题 ··· 109

第六章 地基处理工程施工 ·· 110
第一节 岩石地基问题及处理方法 ·· 110
第二节 砂卵(砾)石及砂土地基问题和处理方法 ··· 111

第三节　港口工程软土地基问题及处理方法……………………………… 112
　　思考题………………………………………………………………………… 122
第七章　水下和水上工程常规作业施工……………………………………… 123
　　第一节　水工测量…………………………………………………………… 123
　　第二节　水下爆破…………………………………………………………… 125
　　第三节　水上抛填工程……………………………………………………… 126
　　第四节　水上安装构件……………………………………………………… 134
　　思考题………………………………………………………………………… 138

第二篇　水运工程施工组织设计

第八章　水运工程施工组织概论……………………………………………… 141
　　第一节　水运工程施工程序………………………………………………… 141
　　第二节　施工过程的组织原则……………………………………………… 142
　　第三节　施工过程的时间组织……………………………………………… 144
　　第四节　流水施工原理……………………………………………………… 148
　　思考题………………………………………………………………………… 154
第九章　网络计划技术…………………………………………………………… 155
　　第一节　网络计划技术概述………………………………………………… 155
　　第二节　双代号网络图……………………………………………………… 156
　　第三节　时标网络图………………………………………………………… 162
　　第四节　单代号网络图……………………………………………………… 164
　　第五节　网络计划的优化…………………………………………………… 166
　　思考题………………………………………………………………………… 168
第十章　水运工程施工阶段的施工组织设计………………………………… 170
　　第一节　水运工程施工组织设计的概述…………………………………… 170
　　第二节　施工总体方案……………………………………………………… 173
　　第三节　施工进度计划的编制……………………………………………… 176
　　第四节　资源需求计划……………………………………………………… 180
　　第五节　交通运输和临时工程……………………………………………… 183
　　第六节　施工总平面布置图………………………………………………… 187
　　第七节　各种保证措施……………………………………………………… 189
　　第八节　施工组织设计编制方法与技巧…………………………………… 191
　　第九节　施工组织设计案例………………………………………………… 193
　　思考题………………………………………………………………………… 194

附　　录

附录一　岩石分级表……………………………………………………………… 197
附录二　××交通码头搬迁工程施工组织设计……………………………… 199
参考文献…………………………………………………………………………… 234

绪 论

《水运工程施工及施工组织设计》是高职高专院校港口与航道工程专业的一门核心专业课，讲述水运工程的施工技术和施工组织方法。

水运工程施工是交通运输事业中的重要组成部分，水运工程建设包括规划、设计和施工三个阶段。施工是以规划和设计为依据，而规划和设计必须考虑施工的要求，并接受施工的检验，通过施工将规划设计的方案变成实际的工程。整个施工过程，需要合理地使用人力、材料、机械设备和资金，采用先进的施工技术、科学的组织，以达到施工费用最少、质量高、工期短、安全、环保的目的。

目前我国建设行业均实行招投标制，施工单位要获得施工任务，必须参与投标。施工组织设计是投标书的重要组织部分，其编制质量好坏，直接关系到能否中标。不仅投标阶段需要编制施工组织设计，在设计阶段也需要编制简单的施工组织设计，即需要确定施工方案，进行设计方案比较，以选择最优设计方案。

要成为一个优秀的水运工程技术人员，不仅要学习掌握与水运工程相关专业知识，还要学习掌握先进的施工技术、施工组织和管理知识以及必要的实践经验。

要搞好水运工程施工，除了要具备先进的施工技术、施工机械、施工组织与管理外，还必须认真贯彻党和国家对基本方针和政策，严守国家法律法规，严格执行基本建设程序。坚持"百年大计，质量第一"的方针。

本课程与其他理论课程不同，突出了生产实践，强调实际应用，从施工机械、施工技术和方法、编制施工组织设计的基本方法以及施工组织设计案例等方面讲述水运工程施工的基本规律、水运工程公共部分的施工技术、施工组织与管理基本知识。因此，对高职高专教育来说，是非常重要的一门课程。在教学中需要根据课程特点，多增加直观形象教学，如通过利用多媒体，深入施工工地参观、实习，请施工技术人员进行现场教学等方式，理论联系实际，增进学生的感性认识，加强应用，以收到较好的教学效果。

通过本课程的学习，应使学生掌握基本的施工技术和方法、施工组织和管理知识，会编制施工组织设计。

第一篇 水运工程施工

第一章 土石方工程

> **本章学习提示：**
> 本章主要阐述土的工程分类和性质，土方开挖方法和机械，土的运输和压实。要求了解土分类和土的一些性质，掌握土方开挖方法，掌握主要土方开挖机械的特点，熟悉土方运输机械的特性，掌握土方运输机械数量的计算方法，掌握填筑要求和土料选择要求。

土方工程包括开挖、运输和填筑三个最基本的施工过程。土方工程具有工程量大、施工工期长、劳动强度大的特点，如大型建设项目的场地平整和深基坑开挖中，施工面积可达数平方公里，土方工程量可达数百万立方米以上。土方工程的另一个特点是施工条件不但复杂且多为露天作业，受气候、水文、地质和邻近建（构）筑物等条件的影响较大，且天然或人工填筑形成的土石成分复杂，难以确定的因素较多。因此应按综合机械化原理组织施工，要特别注意挖、运、填三者的关系，并进行全面合理的调配平衡，以达到提高工效、减少运量、缩短运距，最终使工程造价最低的目的。

第一节 土的工程分类与性质

一、土的分类

土方工程施工和工程预算定额中，土是按其开挖难易程度分类的。一般将工程土分八类16级，其中前四级为土（表1-1-1）；五～十五级（十六级除外）为岩石，从五级开始，综合为四类：Ⅴ～Ⅶ，Ⅷ～Ⅹ，Ⅺ～Ⅻ，ⅩⅢ～ⅩⅤ。

土壤分类表　　表1-1-1

土壤类别	土质名称	自然湿容重（kg/m³）	外形特征	开挖方法
Ⅰ	1. 砂土； 2. 种植土	1650～1750	疏松，粘着力差或易透水，略有粘性	用锹或略加脚踩开挖
Ⅱ	1. 壤土； 2. 干淤泥； 3. 含草根种植土	1750～1850	开挖时能成块，易打碎	用锹需要脚踩开挖
Ⅲ	1. 粘土； 2. 干燥黄土； 3. 淤泥； 4. 粘性土混砾石	1800～1950	粘手，看不见砂粒或干硬	用镐，三齿耙或用锹开挖

续上表

土壤类别	土质名称	自然湿容重（kg/m³）	外形特征	开挖方法
Ⅳ	1. 坚硬粘土； 2. 砾石混粘性土； 3. 粘性土混碎卵石	1900~2100	土壤结构坚硬，将土分裂后成块状，或含粘粒，砾石较多	用镐，三齿耙等工具开挖

注：因内容太多，岩石分级表见附录一。

二、土的性质

1. 土的可松性

自然土经开挖变松散体积增大，再经填筑压实而难以恢复到原来体积大小的性质称为土的可松性。用来表示土的可松性大小的系数叫可松性系数，是土经开挖后的松散体积与土在自然状态下的体积之比。

2. 土的压缩性

移挖作填或取土回填，松土经运转、压实后均会出现体积变小的性质，称为土的压缩性。通常将土或其他筑材料压实后的干密度与标准最大干密度之比称为压实度，以百分率表示。

第二节　土方开挖与运输

一、土方开挖

土方开挖的方法很多，如人工和半机械化开挖、机械开挖、水力开挖、爆破开挖等。本节主要介绍机械开挖。

1. 开挖机械分类

土方开挖中常用的挖掘机械主要有掘土机、铲运机、推土机和装载机四类。

（1）掘土机械类（图1-1-1）：用带有齿和刀刃的土斗挖取土料后直接抛置在机械旁边或用运输工具运走。常用掘土机械主要有正向铲、反向铲、索铲及多斗式掘土机等。

（2）铲运机械类（图1-1-2）：其工作过程是将切土刀切入土中，边开行边将土铲入土斗并送到弃土堆或填土区卸土，综合完成挖、运、填的工作。属这类机械的有铲运机。

图1-1-1　单斗挖掘机

图1-1-2　铲运机

(3)推土机械类(图1-1-3):用具有刀刃的推土板切入土中,土随着机械的运行而被切下,并堆积在推土板前,推送一段不远的距离。这类机械除能进行推土外,还可进行铺平土壤的工作。属这类机械的有推土机。

(4)装载机械类(图1-1-4):具有既能挖掘又能运输和抛填土料的能力。这类机械主要有装载挖掘机、单斗式装载机、斗轮式装载机等。

图1-1-3 推土机　　　　　　　　　图1-1-4 装载机

2. 单斗式挖掘机(图1-1-1、图1-1-5)

单斗式挖掘机是仅有一个土斗的挖掘机械。单斗式挖掘机主要由以下三部分组成。

(1)行走装置:有履带式、轮胎式两种。履带式行走方便,通过性强但行走缓慢,对土的单位面积压力较小;轮胎式行动敏捷灵活,但斗容量较小。单斗式掘土机常以其土斗容量为标志。在产品说明书上标明的标准斗容量,是按开挖Ⅳ级土规定的。

(2)动力装置:有内燃机和电动机两种。

(3)工作装置:有正向铲、反向铲、拉铲和抓铲四种,见图1-1-5。

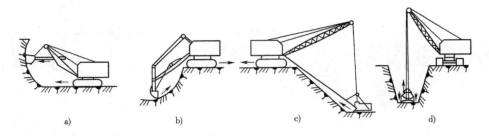

图1-1-5 单斗式挖掘机
a)正向铲;b)反向铲;c)拉铲;d)抓铲

①正向铲挖掘机(图1-1-6)。根据开挖路线和运输汽车相对位置的不同,正铲挖掘机的开挖方式有正向挖土、侧向卸土和正向挖土、反向卸土两种(图1-1-7)。如为侧向卸土,挖掘机卸土回转角度小,装车方便,循环时间短,生产效率高;如为反向卸土,工作面较大,但挖掘机卸土回转角度大,而且汽车要倒退行车,循环时间长,生产效率低(回转角为180°时,约降低23%;为130°时,约降低13%),此法仅用于开挖工作狭小且深度较大的基坑、管沟和路堑等工程。

正铲挖掘机的挖土特点是:"前进向上,强制切土"。其挖掘力大,生产率高,能开挖停机面以上的一～四类土,宜用于开挖高度不小于1.5m的干燥基坑,但需设置上下坡道。

图1-1-6 正向铲挖掘机

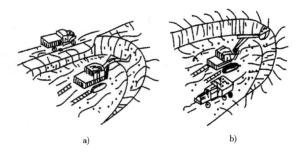

图1-1-7 正铲挖掘机的开挖方式
a)正向挖土,侧向卸土;b)正向挖土,反向卸土

②反向铲挖掘机(图1-1-8)。反向铲挖掘机挖土时,土斗面向挖土机,卸土时将斗口向下。反向铲挖掘机可开挖停机面以下以及地下水位以下的一~三类土壤,它可减少修筑临时道路的数量,但生产率较低,多用于开挖沟槽、基坑等。其斗容量一般为 $0.5 \sim 1.0 m^3$,开挖深度一般为 $4 \sim 6m$,长臂挖掘机臂最大挖深可达十多米。

反向铲的开挖方法主要有沟端开挖法和沟侧开挖法两种(图1-1-9)。沟端开挖法为反向铲停于沟端,后退挖土,同时往沟侧卸土或装车运走。此法一次开挖宽度可不受机械最大挖掘半径限制,臂杆回转角度仅 $45° \sim 90°$。对于宽基坑可采用两旁开挖,其最大一次挖掘宽度可达反向铲有效挖掘半径的2倍,但汽车须停在机身后方装土,回转角度增大,生产率降低。沟侧开挖法为反向铲沿沟侧直线移动,汽车停在机旁装土。此法回转角度小,能将土弃于距沟边较远的地方,但挖土宽度限于小于挖掘半径的范围内,不易控制边坡,同时机身靠近沟边停放,稳定比较差。

图1-1-8 反向铲挖掘机

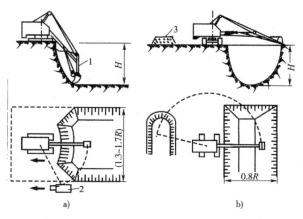

图1-1-9 反向铲挖掘机开挖方式
a)沟端开挖法;b)沟侧开挖法
1-反铲挖土;2-自卸汽车;3-弃土堆

3. 铲运机

铲运机按行走机构可分为拖式铲运机(图1-1-10)和自行式铲运机(图1-1-11)两种。拖式铲运机由拖拉机牵引,自行式铲运机的行驶和作业都靠本身的动力设备进行。

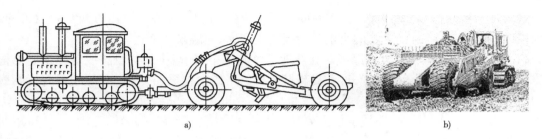

图 1-1-10　拖式铲运机
a) C_6-2.5 型拖式铲运机外形图;b) 拖式铲运机实图

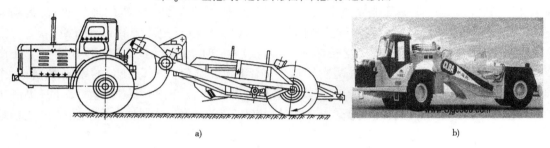

图 1-1-11　自行式铲运机
a) C_3-6 型自行式铲运机外形图;b) 自行式铲运机实图

铲运机的工作装置是铲斗,铲斗前方有一个能开启的斗门,铲斗前设有切土刀片。工作过程见图 1-1-12。切土时,铲斗门打开,铲斗下降,刀片切入土中;铲运机前进时,被切入的土挤入铲斗;铲斗装满土后,提起土斗,放下斗门,将土运至卸土地点。

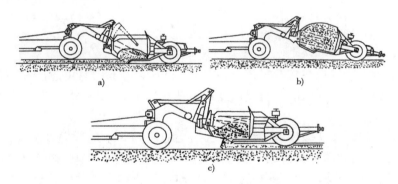

图 1-1-12　铲运机工作过程图
a) 切土;b) 运土;c) 卸土

铲运机对行驶的道路要求较低,操纵灵活,生产率较高。可在一~三类土中直接挖、运土。常用于坡度在 20°以内的大面积土方挖、填、平整和压实,大型基坑、沟槽的开挖,路基和堤坝的填筑,不适于砾石层、冻土地带及沼泽地区使用。坚硬土开挖时要用推土机助铲或用松土机配合。

在土方工程中,常使用的铲运机的铲斗容量为 2.5 ~ 8m³;自行式铲运机适用于运距 800 ~ 3500m 的大型土方工程施工,以运距在 800 ~ 1500m 的范围内的生产效率最高;拖式铲运机适用于运距为 80 ~ 800m 的土方工程施工,而运距在 200 ~ 350m 时,效率最高。如果采用双联铲运或挂大斗铲运时,其运距可增加到 1000m。运距越长,生产率越低,因此,在规划铲运机的运行路线时,应力求符合经济运距的要求。为提高生产率,一般采用下述方法:

(1) 合理选择铲运机的开行路线。在场地平整施工中,铲运机的开行路线应根据场地挖、填方区分布的具体情况合理选择,这对提高铲运机的生产率有很大关系。铲运机的开行路线,一般有以下四种:

① 环形路线。环形运行路线从挖方到填方均按封闭的环形路线回转,见图 1-1-13a)。在工作面很短(50~100m)和填土不高(0.1~15m)的路堤、路堑、基坑及场地平整等工程中采用。当挖土和填土交替,而刚好填土区在挖土区的两端时,则可采用大环形路线,见图 1-1-13b)。其优点是一个循环能完成多次铲土和卸土,从而减少了铲运机的转弯次数,提高生产效率。采用环形运行路线应经常调换方向行驶,以避免机械行驶部分的单侧磨损。

② "8"字形路线。施工地段较长或地形起伏较大时,多采用"8"字形开行路线(图 1-1-14)。这种开行路线一个循环中两次转弯方向不同,可避免机械行驶时的单侧磨损;一个循环完成两次铲土和卸土,减少了转弯次数及空车行驶距离,从而亦可缩短运行时间,提高生产率。适用于开挖管沟,沟边卸土或取土坑较长(300~500m)的侧向取土填筑路基以及场地平整等工程。

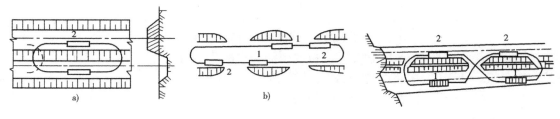

图 1-1-13　环形运行路线
a)环形路线;b)大环形路线
1-铲土;2-卸土

图 1-1-14　"8"字形运行路线
1-铲土;2-卸土

尚需指出,铲运机应避免在转弯时铲土,会导致铲刀受力不均易引起翻车事故。因此,为了充分发挥铲运机的效能,保证能在直线段上铲土并装满土斗,要求铲土区应有足够的最小铲土长度。

③ 锯齿形运行路线(图 1-1-15)。铲运机从挖土地段到卸土地段以及从卸土地段到挖土地段都是顺转弯。铲土和卸土交错进行,直到工作段的末端才转 180°弯,然后再按相反方向作锯齿形运行。优点是掉头转弯次数相对减少,同时运行方向经常改变使机械磨损减轻,适于工作地段很长的地方(500m 以上)采用。

④ 连续式运行路线(图 1-1-16)。铲运机在同一方向连续地进行铲土和卸土,可消除跑空

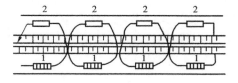

图 1-1-15　锯齿形运行路线
1-铲土;2-卸土

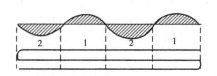

图 1-1-16　连续式运行路线
1-铲土;2-卸土

车现象、减少转弯次数、提高生产效率。同时还可使整个填方面积得到均匀压实，适于工作地段具有挖方与和填方轮次交替的地方。

（2）施工方法：

①下坡铲土（图1-1-17）。铲运机顺地势（坡度一般为3°～9°）下坡铲土,借机械往下运行重量产生的附加牵引力来增加深度和充盈数量,提高生产效率25%左右。但最大坡度不宜超过15°,铲土厚度以20cm左右为宜。平坦地形可将取土地段的一端先铲低,保持一定的坡度向后延伸,创造下坡铲土条件。

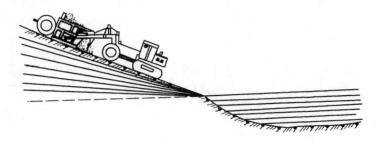

图1-1-17 下坡铲土

②挖近填远、挖远填近。挖土先从距离填土区最近的一端开始,由近而远;填土则从距离挖土区最远的一端开始,由远而近,顺序进行。这样可创造下坡铲土条件和在运土行驶中保持一定长度的自然地面,使铲运机能高速运行和有秩序地进行作业。

③跨铲法（图1-1-18）。铲运机间隔铲土,预留土埂。这样,在间隔铲土时由于形成一个土槽,减少向外撒土量;铲土埂时,铲土阻力减小。一般土埂高不大于300mm,宽度不大于拖拉机两履带间的净距。

④交错铲土（图1-1-19）。开始铲土的宽度取大一些,随着铲土阻力增加,适当减少铲上宽度,使铲运机能很快装满土。当挖第一排时,互相之间相隔铲斗的1/2宽度;挖第二排土,则退离第一排挖土长度的一半位置,与第一排所挖各条交错开;以下所挖各排均与第一排相同。一般土质比较坚硬时采用此法。

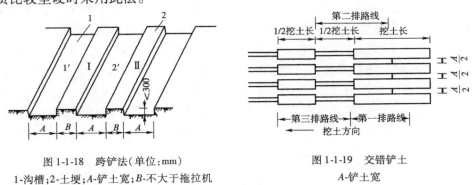

图1-1-18 跨铲法（单位：mm）
1-沟槽；2-土埂；A-铲土宽；B-不大于拖拉机履带净距

图1-1-19 交错铲土
A-铲土宽

⑤推土机助铲（图1-1-20）。地势平坦、土质较坚硬时,可用推土机在铲运机后面顶推,以加大铲刀切土能力、缩短铲土时间、提高生产率。推土机在助铲的空隙可兼作松土或平整工作,为铲运机创造作业条件。

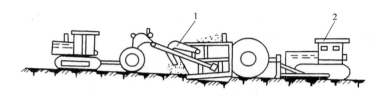

图 1-1-20 推土机助铲
1-铲运机;2-推土机

⑥双联铲运法(图1-1-21)。当拖式铲运机的动力有富余时,可在拖拉机后面串联两个铲斗进行双联铲运。对坚硬土层,可用双联单铲,即一个土斗铲满后,再铲另一斗土;对松软土层,则可用双联双铲,即两个土斗同时铲土。

图 1-1-21 双联铲运法

⑦挂大斗铲运。在土质松软地区,可改挂大型铲土斗,以充分利用拖拉机的牵引力来提高工作效率。

二、土方运输

开挖的土方,除由挖土机械直接卸土的,通常需要配以运输工具将土方运至堆填区。在土方工程中,土方运输费用往往占总费用的40%~60%,能否有效地组织运输关系到工程的成本和效益。因此,运输方式、运输工具的容量和数量必须与土方开挖和填筑的机械相适应。

机械化运土方的方式主要有汽车运输、铁路(火车)运输、拖拉机运输、带式运输等,其中汽车运输是土木工程施工中土方运输的基本运输方式。汽车运输的优点是:速度快、可将物料直接运至指定地点而无需中途转运、适应性强,特别是在工作面狭窄和地形复杂的条件下,布置起来比较方便;缺点是运输成本较高。

水运工程土方运输多使用自卸汽车,其载重量一般为从几吨到几十吨。采用自卸汽车配合挖掘机挖土时,可根据挖掘机的斗容量初步确定车辆载重量,要满足挖运机械配套的工艺要求,每一车辆的装车斗数要合理。自卸汽车比较合理的装车斗数为3~5斗。如实际装车斗数大于该值则表明所配车辆容量过大或挖掘机土斗容量过小,不仅影响车辆的运输能力,也影响挖掘机生产率的发挥;如数值过小,表明车容量过小,需要配备的车辆数过多,车辆等候装车的时间所占比例过大,也影响挖掘机和运输工具的生产率。同时还应综合考虑运距长短的影响,长运距意味着在途中车辆数较多。总之,运输工具的数量应该满足挖掘机正常连续工作的需要。运输工具数量用式(1-1-1)计算。

$$n \geq \frac{P_c}{P_n} \tag{1-1-1}$$

式中:P_c——一辆车的生产率(m^3/h);

P_n——一台挖掘机的生产率(m^3/h),其计算公式此处不详述,需要时查相关资料;

n——车辆数。

一辆车的生产率取决于车辆载重量、行驶速度、开行路线和距离、装卸条件等因素。其每个台班运输生产率 Q' 由式(1-1-2)计算,计算所得的台班生产率再换算成小时生产率,即台班生产率 Q' 除以 8 即为小时生产率 P_c。

$$Q' = \frac{60q'TK_B}{t} \tag{1-1-2}$$

式中:q'——运输工具一次载运量(m^3 或 t);

T——台班可利用小时数(h);

K_B——时间利用系数;

t——运输工具完成一个循环所需时间的平均值(min),包括装车、卸车、等候装卸、车辆交会及重车、空车运行所需时间等。

第三节 土方的填筑与压实

一、土料选择与填筑要求

为了保证填土工程的质量,必须正确选择土料和填筑方法。

1. 土料选择

对填方土料应按设计要求验收后方可填入。如设计无要求,一般按下述原则进行。

碎石类土、砂土(使用细、粉砂时应取得设计单位同意)和爆破石碴可用作表层以下的填料;含水率符合压实要求的粘性土,可用作各层填料;碎块草皮和有机质含量大于 8% 的土,仅用于无压实要求的填方。而含有大量有机物的土、含水溶性硫酸盐大于 5% 的土、淤泥、淤泥质土、冻土和膨胀土等均不应作为填土。

2. 土料处理

填土应严格控制含水率,施工前应检查。当土的含水率大于最佳含水率范围时,应采用翻松、晾晒、风干法降低之;或采取换土回填、均匀掺入干土或其他吸水材料等措施来降低。若由于含水率过高,夯实时产生橡皮土,应翻松晾干至最佳含水率时再回填夯实。如含水率偏低,可采取预先洒水湿润。若铺土后发现含水率小于最佳含水率时,可洒水湿润,每立方米铺好的土层需要补充的水量按式(1-1-3)计算:

$$V = \frac{\rho_v}{1+\omega}(\omega_{0P} - \omega) \tag{1-1-3}$$

式中:V——单位体积需补充水量(l);

ω——土的天然含水率(%);

ω_{0P}——土的最佳含水率(%);

ρ_v——土碾压前的密度(kg/m^3)。

3. 填筑要求

回填以前,应清除填方区的积水和杂物,如遇软土、淤泥,必须进行换土回填。填土应分层进行,并尽量采用同类土填筑。如采用不同土填筑时,应将透水性较大的土层置于透水性较小的土层之下,不能将各种土混杂在一起使用,以免填方内形成水囊。

碎石类土或爆破石碴作填料时,其最大粒径不得超过每层铺土厚度的2/3,使用振动碾时,不得超过每层铺土厚度的3/4,铺填时,大块料不应集中,且不得填在分段接头或填方与山坡连接处。

当填方位于倾斜的山坡上时,应将斜坡挖成阶梯状,以防填土横向移动。

回填基坑和管沟时,应从四周或两侧均匀地分层进行,以防基础和管道在土压力作用下产生偏移或变形。

在回填时,应防止地面水流入,并预留一定的下沉高度(一般不得超过填方高度的3%)。

对有整平、拍实要求的边坡,应比设计边线多填出0.2m以上,压实后削坡、整平、拍实。

二、土方填筑方法

填土的压实方法一般有:碾压、夯实、振动压实以及利用运土工具压实;另外还有水力和爆炸力压实方法。水力作用主要是利用水体的渗流作用使土壤密实,这种方法对砂性土效果较好。爆炸力作用是利用炸药爆炸时产生的瞬间震动力使土壤液化达到密实的效果。

1. 碾压法

碾压法是利用机械滚轮的压力压实土壤,使之达到所需的密实度。碾压机械有平碾、羊足碾和气胎碾。

(1)平碾:又称光轮压路机(图1-1-22),是一种以内燃机为动力的自行式压路机。按重量等级分为轻型(30~50kN)、中型(60~90kN)和重型(100~140kN)三种,适于压实砂类土和粘性土,适用土类范围较广。轻型平碾压实土层的厚度不大,但土层上部变得较密实,当用轻型平碾初碾后,再用重型平碾碾压松土,就会取得较好的效果。如直接用重型平碾碾压松土,则由于强烈的起伏现象,其碾压效果较差。用平碾碾压时,每碾压一层,应对其表面作拉毛处理,如土过干,尚需洒水湿润,以保证上、下层接合良好。

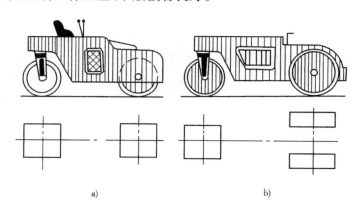

图1-1-22 光轮压路机
a)两轴两轮;b)两轴三轮

(2)羊足碾(图1-1-23):一般无动力靠拖拉机或别的机械牵引,有单筒、双筒两种。根据碾压要求可分为空筒、装砂及注水三种。羊足碾虽然与土接触面积小,但对单位面积的压力比较大,土的压实效果好。羊足碾只能用来压实粘性土。最后一层碾压后,要用拖式平碾或压路机碾压整平。

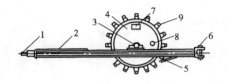

图 1-1-23　单筒羊足碾构造示意图

1-前拉头；2-机架；3-轴承座；4-碾筒；5-铲刀；6-后拉头；7-装砂口；8-水口；9-羊足头

（3）气胎碾：又称轮胎压路机（图 1-1-24），它的前后轮分别密排着四五个轮胎，既是行驶轮，也是碾压轮。由于轮胎弹性大，在压实过程中，土与轮胎都会发生变形，而随着几遍碾压后铺土密实度的提高，沉陷量逐渐减少，因而轮胎与土的接触面积逐渐缩小，但接触应力则逐渐增大，最后使土料被压实。由于在工作时是弹性体，其压力均匀，填土质量较好。

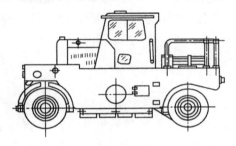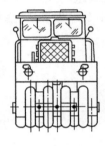

图 1-1-24　轮胎压路机

碾压法主要用于大面积的填土，如场地平整、路基、堤坝等工程。

用碾压法压实填土时，铺土应均匀一致，碾压遍数要一样，碾压方向应从填土区的两边逐渐压向中心，每次碾压应有 15～20cm 的重叠；碾压机械行驶速度不宜过快，一般平碾不应超过 20km/h，羊足碾控制在 30km/h 之内，否则会影响压实效果。

2. 夯实法

夯实法是利用夯锤自由下落的冲击力来夯实土壤，主要用于小面积的回填土或作业面受到限制的环境下。

夯实法分人工夯实和机械夯实两种。人工夯实所用的工具有木夯、石夯等；常用的夯实机械有夯锤、内燃夯土机、蛙式打夯机和利用挖土机或起重机装上夯板后的夯土机等，其中蛙式打夯机（图 1-1-25）轻巧灵活，构造简单，在小型土方工程中应用最广。机械夯板（图 1-1-26）

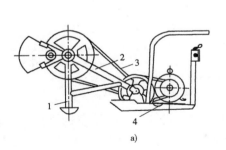

图 1-1-25　蛙式打夯机

1-夯头；2-夯架；3-三角胶带；4-底盘

系利用起重机或挖土机改装而成。利用悬吊混凝土或铸铁夯板夯击土壤达到密实土壤的目的。为提高夯击效果,对不同的土壤,底部可制成平面、球面或附加羊足。

3. 振动压实法

振动压实法是将振动压实机放在土层表面,借助振动机构使压实机振动土颗粒,土的颗粒发生相对位移而达到紧密状态。用这种方法振实非粘性土效果较好。

近年来,又将碾压和振动法结合起来而设计和制造了振动平碾、振动凸块碾等新型压实机械。振动平碾适用于填料为爆破碎石碴、碎石类土、杂填土或轻亚粘土的大型填方;振动凸块碾则适用于亚粘土或粘土的大型填方。当压实爆破石碴或碎石类土时,可选用重 8 ~

图 1-1-26　机械夯板

15t 的振动平碾,铺土厚度为 0.6 ~ 1.5m,先静压,后振动碾压,碾压遍数由现场试验确定,一般为 6 ~ 8 遍。

三、填土压实的影响因素

1. 压实功影响

压实机械对填土做作的功称为压实功。压实功的大小对填土压实的质量有直接影响。当土的含水率一定,在开始压实时,土的密度急剧增加,待到接近土的最大密度时,压实功虽然增加许多,而土的密度则没有变化。

2. 土的含水率影响

在同一压实功条件下,土料的含水率对压实质量有直接影响。只有当土料具有适当含水率时,水起到了润滑作用,土颗粒之间的摩阻力减小,土才易被压实。

对于粘性土的压实,含水率的影响是关键,应使土料在"最佳含水率"时碾压。图 1-1-27 为干容重和含水率的关系曲线。

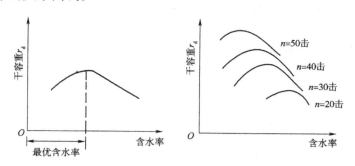

图 1-1-27　干容重和含水率的关系曲线

3. 铺土厚度及压实遍数影响

填土在压实功的作用下,其应力随深度增加而逐渐减少,因而土的密度亦随深度的加大而减小。填土压实厚度过小会增加机械的总碾压遍数;填土厚度过大,压很多遍后才能达到规定的密实度,甚至可能出现"表实底疏"的情况。各种压实机械压实影响深度的大小,与土的性质和含水率等有关。铺土厚度有一个最佳厚度范围,在此范围内,可使土粒在获得设计要求干密度的条件下,压实机械所需的压实遍数最少。

4. 土的种类、级配影响

粘性土因塑性指数高,采用外力压实时,应力在土体内的传递速度和土体受压变形速度均较缓慢,排水困难,加荷时间要长,施压遍数多而且速度要慢方能奏效;砂性土因颗粒较粗(粉砂土除外)排水较易,且薄膜水作用不大,故较易压实。

颗粒细的土料,孔隙比大,水分不易排出,影响压实效果,所以压实后粘性土的干容重低于沙砾土的干容重。同时,颗粒级配越不均匀的土料在压实后其密实度就越大。

四、填土压实的质量检查

填土压实后必须达到要求的密实度。土的最大干密度可由试验室击实试验或计算求得,再根据规范规定的压实系数,即可算出填土控制干密度 ρ_d 值。

检查土的实际干密度,可采用环刀法取样测定。取样部位在每层压实后的下半部。取样后先称出土的密度并测定含水率,然后用式(1-1-4)计算土的实际干密度 ρ。

$$\rho = \frac{\rho_{湿}}{1 + 0.01\omega}(\text{g/cm}^3) \tag{1-1-4}$$

式中:$\rho_{湿}$——土的湿密度(g/cm³);

ω——土的含水率(%)。

如用上式算得的 $\rho \geqslant \rho_d$,则压实合格;若 $\rho < \rho_d$,则压实不够,应采取措施,提高填土密实度。

本 章 小 结

1. 土按开挖难易程度分为八类16级。
2. 土的性质有土的可松性和土的压缩性。
3. 土方开挖机械有掘土机、铲运机、推土机等。
4. 土方运输方式主要有自卸汽车、火车运输、拖拉机运输、带式运输等。汽车运输是主要方式。运输工具的数量可用公式 $n \geqslant \dfrac{P_c}{P_n}$ 计算。
5. 填土的土料选择有一定要求。土方填筑方法有碾压法、夯实法、振动密实法等。影响填土压实的因素有:压实功、土的含水率、铺土厚度及压实遍数、土的种类级配等。填土压实质量可用密实度进行检查。

思 考 题

1. 土方开挖包括哪些基本过程?
2. 土按其开挖难易程度分为哪几类?

3. 土的压缩性指的是什么?
4. 土方开挖方法有哪些?
5. 土方开挖机械有哪几类?
6. 土方运输机械有哪几类?
7. 土方填筑时对土料有什么要求?
8. 土方填筑方法有哪些?
9. 影响土方压实的因素有哪些?

第二章 混凝土和钢筋混凝土工程施工

> **本章学习提示：**
> 本章主要讲述钢筋工程、模板工程及混凝土。要求了解钢筋验收和存放要求，掌握钢筋冷拉原理和冷拉控制要求，会进行钢筋配料计算，掌握钢筋代换原则和和方法，了解钢筋绑扎和连接方法，熟悉钢筋加工和安装内容，了解模板的作用，掌握模板的基本要求，了解模板的种类，掌握混凝土的施工配合比计算，掌握混凝土现场搅拌方法，掌握混凝土浇筑的内容，掌握混凝土的养护要求，掌握混凝土质量检查与缺陷防治内容，熟悉钢筋混凝土构件的制作工艺，掌握先张法和后张法施工过程，了解特殊施工条件和特殊施工工艺的混凝土施工内容。

混凝土和钢筋混凝土工程施工，一般分为现场浇筑和预制装配两大工艺。

现浇混凝土和钢筋混凝土优点是结构整体性好，抗震、防渗性能强。其缺点是施工难度大、工期较长、模板及支架材料消耗多、现场运输量大、劳动强度高，特别是港口航道工程施工受水文、气象等自然条件影响大，常需要采取许多额外的技术措施，从而增加工程造价。钢筋混凝土预制构件可实行工厂化、机械化施工，在很大程度上减小了劳动强度，并且可以使施工现场的组织和管理工作大为简化，可以减少工期，因而降低了工程造价，但预制装配工艺的整体性不如现浇工艺的好。在水运工程中广泛采用装配式混凝土和钢筋混凝土结构体现了混凝土工程发展的方向。

钢筋混凝土工程施工，主要由钢筋工程、模板工程和混凝土工程等工序组成。

第一节 钢筋工程

钢筋工程施工，一般先在钢筋加工厂将钢筋加工成成品，然后运到浇筑现场架立，这样既能保证质量又能加快施工速度。

工程常用钢材有钢筋和高强度钢丝。钢筋按其强度分为Ⅰ、Ⅱ、Ⅲ、Ⅳ、Ⅴ五级，钢筋级别越高，强度和硬度也越高，但塑性则相应降低。高强度钢丝有冷拔低碳钢丝和碳素制丝两类。高强度钢丝和小于$\phi 10$的钢筋，一般卷成圆盘运至工地；大于$\phi 12$的钢筋，都轧成6~12m的直条筋。

一、钢筋的验收和存放

1. 钢筋的验收

钢筋混凝土工程中所用的钢筋均应进行现场检查验收，合格后方能入库存放、待用。

（1）钢筋的外观检查包括：钢筋应平直、无损伤，表面不得有裂纹、油污、颗粒状或片状锈蚀。钢筋表面凸块不允许超过螺纹的高度;钢筋的外形尺寸应符合有关规定。

(2)力学性能试验。钢筋进场时,应按现行相关国家标准的规定,抽取试件做力学性能检验,其质量必须符合有关标准的规定。如:对于热轧带肋钢筋、余热处理钢筋和热轧光圆钢筋应按同一炉号和直径,重量不大于60t为一批,在同一批的两根钢筋上各取一个拉力和冷弯试样,热轧带肋钢筋宜再取一个反向弯曲试样。试验结果如有一项指标不符合标准规定时,应另取双倍数量的试样重做各项试验。在第二次试验中,若仍有一项指标不符合要求,不论在第一次试验中该项数值是否合格,该批钢筋即为不合格。

2. 钢筋的存放

钢筋在运输和贮存时,必须保留牌号。钢筋运至现场后,必须严格按批分等级、牌号、直径、长度等挂牌存放,并注明数量,不得混淆。应堆放整齐,避免锈蚀和污染,堆放钢筋的下面要加垫木,离地一定距离;有条件时,尽量堆入仓库或料棚内。

二、钢筋的冷拉

钢筋冷拉是指在常温下对钢筋进行强力拉伸,以超过钢筋的屈服强度的拉应力,使钢筋产生塑性变形,达到调直钢筋、提高强度的目的。但其塑性相应地有所降低,钢筋变硬变脆。采用冷拉,可节约钢材10%~20%。冷拉后钢筋有内应力存在,内应力会促进钢筋内的晶体组织调整,使屈服强度进一步提高。该晶体组织调整过程称为"时效"。

1. 冷拉控制

(1)钢筋的冷拉可采用控制应力或控制冷拉率的方法。对用作预应力混凝土结构的预应力筋,宜采用控制应力的方法。对不能分清炉(批)号的热轧钢筋,不宜采取控制冷拉率的方法。冷拉钢筋力学性能应符合相关规定。

(2)当采用控制应力方法冷拉钢筋时,其冷拉控制应力下的最大冷拉率,应符合表1-2-1的规定。如超过表中的规定,应进行力学性能检验。

冷拉钢筋的控制应力和冷拉率　　　　　表1-2-1

序号	钢筋级别	直径(mm)	冷拉控制应力(MPa)	最大冷拉率(%)
1	HPB235	≤12	280	10.0
2	HRB335	≤25	450	5.5
		28~40	430	
3	HRB400	8~40	500	5.0
4	HRB500	10~28	700	4

(3)当采用控制冷拉率方法冷拉钢筋时,其冷拉率应由试验确定。测定同炉(批)钢筋冷拉率的冷拉应力,其试样不少于4个,并取平均值作为该批钢筋实际采用的冷拉率。

2. 冷拉设备

冷拉设备(图1-2-1)由拉力设备、承力结构、测量设备和钢筋夹具等部分组成。

3. 钢筋冷拉应遵守的规定

(1)钢筋应先对焊再冷拉。

(2)钢筋冷拉速率不宜过快,当拉到控制应力或冷拉率时需稍停,然后放松。

(3)钢筋在冷拉过程中,若对焊接头拉断,可切除热影响区重新焊接再拉,但不应超过

2次。

(4)冷拉后的钢筋应按下列规定分批进行检查验收：

①每批钢筋由同级别、同直径的冷拉钢筋组成,重量一般不大于20t。

②钢筋表面不得有裂纹和局部缩颈。

③每批钢筋应从不同的两根钢筋上各取两个试样,按国家标准进行拉力和冷弯试验。

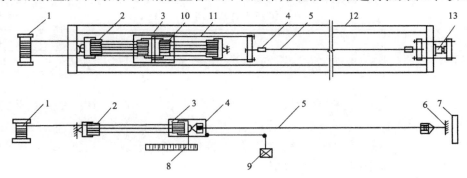

图 1-2-1　冷拉设备

1-卷扬机;2-滑轮组;3-冷拉小车;4-夹具;5-被冷拉的钢筋;6-地锚;7-防护壁;8-标尺;9-回程荷重架;10-回程滑轮组;11-传力架;12-冷拉槽;13-液压千斤顶

三、钢筋配料

钢筋配料是指根据结构施工图,先绘出各种形状和规格的单根钢筋简图并加以编号,然后分别计算钢筋下料长度、根数及质量,填写配料单,申请加工。

1. 钢筋配料单的编制

(1)熟悉图纸:编制钢筋配料单之前必须先熟悉图纸,把结构施工图中钢筋的品种、规格列成钢筋明细表,并读出钢筋设计尺寸。

(2)计算钢筋的下料长度。

(3)填写和编写钢筋配料单:根据钢筋下料长度,汇总编制钢筋配料单。在配料单中,要反映出工程名称、钢筋编号、钢筋简图和尺寸、钢筋直径、数量、下料长度、质量等。

(4)填写钢筋料牌:根据钢筋配料单,将每一编号的钢筋制作一块料牌,见图 1-2-2,作为钢筋加工的依据。

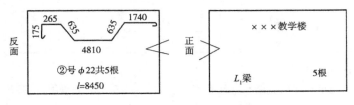

图 1-2-2　钢筋料牌

2. 钢筋下料长度的计算原则及规定

(1)钢筋长度。结构施工图中所指钢筋长度是钢筋外缘之间的长度,即外包尺寸,这是施工中量度钢筋长度的基本依据。

(2)混凝土保护层厚度。混凝土保护层厚度是指受力钢筋外缘至混凝土构件表面的距离,其作用是保护钢筋在混凝土结构中不受锈蚀。

混凝土的保护层厚度,一般用水泥砂浆垫块或塑料卡垫在钢筋与模板之间来控制。塑料卡的形状有塑料垫块和塑料环圈两种。塑料垫块用于水平构件,塑料环圈用于垂直构件。

(3)弯曲量度差值。钢筋长度系指外包尺寸,因此钢筋弯曲以后,存在一个量度差值,在计算下料长度时必须加以扣除。根据理论推理和实践经验,列于表1-2-2中。

钢筋弯曲调整值　　　　　表1-2-2

钢筋弯起角度	30°	45°	60°	90°	135°
钢筋弯曲调整值	0.35d	0.54d	0.85d	1.75d	2.5d

注:d——钢筋直径。

(4)钢筋弯钩增加值。弯钩形式最常用的是半圆弯钩,即180°弯钩。受力钢筋的弯钩和弯折应符合下列要求:

①HPB235钢筋末端应作180°弯钩,其弯弧内直径不应小于钢筋直径的2.5倍,弯钩的弯后平直部分长度不应小于钢筋直径的3倍。

②当设计要求钢筋末端需作135°弯钩时,HRB335、HRB400钢筋的弯弧内直径不应小于钢筋直径的4倍,弯钩的弯后平直部分长度应符合设计要求。

③钢筋作不大于90°的弯折时,弯折处的弯弧内直径不应小于钢筋直径的5倍。

除焊接封闭环式箍筋外,箍筋的末端应作弯钩,弯钩形式应符合设计要求,当无具体要求时,应符合下列要求:

①箍筋弯钩的弯弧内直径除应满足上述要求外,尚应不小于受力钢筋直径。

②箍筋弯钩的弯折角度:对一般结构不应小于90°;对有抗震等要求的结构应为135°。

③箍筋弯后平直部分长度:对一般结构不宜小于箍筋直径的5倍;对有抗震要求的结构,不应小于箍筋直径的10倍。

(5)箍筋调整值。为了箍筋计算方便,一般将箍筋弯钩增长值和量度差值两项合并成一项为箍筋调整值,见表1-2-3。计算时,将箍筋外包尺寸或内皮尺寸加上箍筋调整值即为箍筋下料长度。

箍筋调整值　　　　　表1-2-3

箍筋量度方法	箍筋直径(mm)			
	4~5	6	8	10~12
量外包尺寸	40	50	60	70
量内包尺寸	80	100	120	150~170

(6)钢筋下料长度计算:

直钢筋下料长度 = 直构件长度 - 保护层厚度 + 弯钩增加长

弯起钢筋下料长度 = 直段长度 + 斜段长度 - 弯折量度差值 + 弯钩增加长度

箍筋下料长度 = 直段长度 + 弯钩增加长度 - 弯折量度差值

或　　　　　箍筋下料长度 = 箍筋周长 + 箍筋调整值

(7)钢筋下料计算注意事项:

①在设计图纸中,钢筋配置的细节问题没有注明时,一般按构造要求处理。

②配料计算时,要考虑钢筋的形状和尺寸,在满足设计要求的前提下,要有利于加工。

③配料时,还要考虑施工需要的附加钢筋。

(8)钢筋配料计算实例:

【例1-2-1】 某简支梁配筋见图1-2-3,试计算钢筋下料长度。钢筋保护层取25mm。

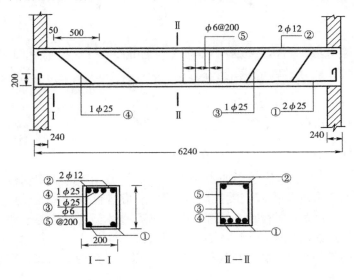

图1-2-3 某简支梁配筋图(单位:mm)

解:绘出各种钢筋配料表(表1-2-4)。

钢筋配料表 表1-2-4

构件名称	钢筋编号	简 图	钢号	直径(mm)	下料长度(mm)	单根根数	合计根数	质量(kg)
L_1梁(共10根)	①	200 ⌐6190⌐	φ	25	6802	2	20	523.75
	②	6190	φ	12	6340	2	20	112.60
	③	765 636 3760	φ	25	6824	1	10	262.72
	④	265 630 4760	φ	25	6824	1	10	262.72
	⑤	162 462	φ	6	1298	32	320	91.78
	合计	φ6:91.78kg;φ12:112.60kg;φ25:1049.19kg						

四、钢筋代换

1. 代换原则及方法

钢筋的级别、种类和直径应按设计要求采用。当施工中遇到钢筋与设计要求不符时,应征得设计单位同意,可参照以下原则进行钢筋代换。

(1)等强度代换方法。当构件配筋受强度控制时,可按代换前后强度相等的原则代换,称作"等强度代换"。

如设计图中所用的钢筋设计强度为 f_{y1}，钢筋总面积为 A_{s1}，根数为 n_1，代换后的钢筋设计强度为 f_{y2}，钢筋总面积为 A_{s2}，根数为 n_2，则应使：

$$A_{s1} \cdot f_{y1} \leqslant A_{s2} \cdot f_{y2} \tag{1-2-1}$$

即

$$n_2 \geqslant \frac{n_1 d_1^2 f_{y1}}{d_2^2 f_{y2}} \tag{1-2-2}$$

（2）等面积代换方法。当构件按最小配筋率配筋时，可按代换前后面积相等的原则进行代换，称"等面积代换"。代换时应满足下式要求：

$$A_{s1} \leqslant A_{s2} \tag{1-2-3}$$

$$n_2 \geqslant n_1 \cdot \frac{d_1^2}{d_2^2} \tag{1-2-4}$$

2. 代换注意事项

（1）不同种类的钢筋代换，应按钢筋受拉承载力设计值相等的原则进行。

（2）当构件配筋受裂缝宽度或挠度控制时，代换后应进行裂缝宽度或挠度验算。

（3）钢筋代换后，应满足现行行业标准《港口工程技术规范：混凝土和钢筋混凝土》（JTJ 220）规定的钢筋间距、锚固长度、最小钢筋直径、根数等要求。

（4）重要受力构件（如吊车梁、薄腹梁、桁架下弦等）不宜用 HPB235 钢筋代换变形钢筋，以免裂缝开展过大。

（5）梁的纵向受力钢筋与弯起钢筋应分别代换，以保证正截面与斜截面强度。

（6）有抗震要求的梁、柱和框架，不宜以强度等级较高的钢筋代换原设计中的钢筋；如必须代换时，其代换的钢筋检验所得的实际强度，尚应符合抗震钢筋的要求。

（7）预制构件的吊环，必须采用未经冷拉的 HPB235 钢筋制作，严禁以其他钢筋代换。

五、钢筋的绑扎与机械连接

钢筋的连接方式可分为两类：绑扎连接、焊接或机械连接。纵向受力钢筋的连接方式应符合设计要求。机械连接接头和焊接连接接头的类型及质量应符合国家现行标准的规定。

1. 钢筋绑扎

（1）钢筋绑扎安装前，应先熟悉施工图纸，核对钢筋配料单和料牌，研究钢筋安装和与有关工种配合的顺序，准备绑扎用的铁丝、绑扎工具、绑扎架等。

（2）钢筋绑扎一般用 18~22 号铁丝，其中 22 号铁丝只用于绑扎直径 12mm 以下的钢筋。

（3）钢筋绑扎要求：

①钢筋骨架应有足够的稳定性，并保证受力钢筋不产生位置偏移。钢筋的交叉点应用铁丝扎牢。

②柱、梁的箍筋，除设计有特殊要求外，应与受力钢筋垂直；箍筋弯钩叠合处，应沿受力钢筋方向错开设置。

③绑扎钢筋铁丝头不得伸入混凝土保护层内。

④板和墙的钢筋网，除靠近外围的两行钢筋的交叉点全部扎牢外，中间部分交错点可间隔交错绑牢，但必须保证受力钢筋不产生位置偏移；双向受力的钢筋必须全部扎牢。

（4）钢筋接头要求：

①搭接长度不应小于表1-2-5的规定。

②同一构件中相邻纵向受力钢筋的绑扎搭接接头宜相互错开，见图1-2-4。构件中两根非一截面搭接的接头，其接头中心距离不得小于搭接长度（l_l）的1.3倍。

受力钢筋绑扎接头的最小搭接长度

表1-2-5

钢筋级别	受拉区	受压区
HPB235	25d	15d
HRB335	35d	25d
HRB400	40d	30d

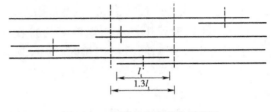

图1-2-4 钢筋的绑扎搭接示意图

③采用绑扎接头时，受力钢筋在同一截面内的接头面积占受力钢筋总面积的百分数，受压区不得大于50%，受拉区不得超过25%。绑扎接头中钢筋的横向净距不应小于钢筋直径d且不小于30mm。

2. 钢筋机械连接

（1）套筒挤压连接（图1-2-5）。套筒挤压连接是把两根待接钢筋的端头先插入一个优质钢套管，然后用挤压机在侧向加压数道，套筒塑性变形后即与带肋钢筋紧密咬合达到连接的目的。

图1-2-5 挤压连接示意图

（2）锥螺纹连接。锥螺纹连接是用锥形纹套筒将两根钢筋端头对接在一起，利用螺纹的机械咬合力传递拉力或压力。所用的设备主要是套丝机，通常安放在现场对钢筋端头进行套丝。

（3）直螺纹连接（图1-2-6）。直螺纹连接是近年来开发的一种新的螺纹连接方式，主要有镦粗直螺纹连接接头和滚压直螺纹连接接头。这两种工艺采用不同的加工方式，增强钢筋端头螺纹的承载能力，达到接头与钢筋母材等强度的目的。

镦粗直螺纹连接接头，是先把钢筋端部镦粗，然后再切削直螺纹，最后用套筒实行钢筋对接。将钢筋端头通过镦粗设备镦粗，再加工出螺纹，其螺纹直径不小于钢筋母材直径，使接头与母材达到等强。其优点是强度高，现场施工速度快，工人劳动强度低，钢筋直螺纹丝头全部提前预制，现场连接为装配作业。其不足之处在于镦粗过程中易出现镦偏现象，一旦镦偏必须切掉重镦；镦粗过程中产生内应力，钢筋镦粗部分延性降低，易产生脆断现象，螺纹加工需要两道工序两套设备完成。

滚压直螺纹连接接头，通过钢筋端头直接

图1-2-6 直螺纹连接

滚压或挤(碾)压肋滚压或剥肋后滚压制作的直螺纹和连接件螺纹咬合形成的接头。其基本原理是利用了金属材料塑性变形后冷作硬化增强金属材料强度的特性,而仅在金属表层发生塑变、冷作硬化,金属内部仍保持原金属的性能,因而使钢筋接头与母材达到等强。目前,国内常见的滚压直螺纹连接接头有:直接滚压螺纹、挤(碾)压肋滚压螺纹和剥肋滚压螺纹三种类型。这三种形式连接接头获得的螺纹精度及尺寸不同,接头质量也存在一定差异。

(4)钢筋机械连接接头质量检查与验收:

①工程中应用钢筋机械连接时,应由该技术提供单位提交有效的检验报告。

②钢筋连接工程开始前及施工过程中,应对每批进场钢筋进行接头工艺检验,工艺检验应符合设计图纸或规范要求。

③现场检验应进行外观质量检查和单向拉伸试验。

④接头的现场检验按验收批进行,对接头的每一验收批,必须在工程结构中随机截取3个试件作单向拉伸试验,按设计要求的接头性能等级进行检验与评定。

⑤外观质量检验的质量要求、抽样数量、检验方法及合格标准由各类型接头的技术规程确定。

3. 钢筋的焊接

钢筋常用的焊接方法有闪光对焊、电弧焊、电渣压力焊、埋弧压力焊和气压焊等。

(1)电阻点焊。通过电极对焊件施加压力,同时利用电流通过接触点产生的电阻热进行焊接的方法,又称接触点焊,见图1-2-7。混凝土结构中的钢筋焊接骨架和钢筋焊接网宜采用电阻点焊制作。

(2)闪光对焊。闪光对焊的原理见图1-2-8。电阻焊件装配成对接接头,接通电源,并使其端面逐渐移近达到局部接触(1~2个点),利用电阻热加热这些接触点(产生闪光),使端面金属熔化,直至端部在一定深度范围内达到预定温度时,迅速施加顶锻力完成焊接的方法。

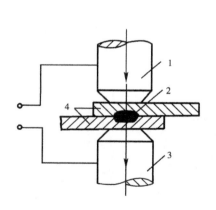

图1-2-7 点焊示意图
1-上电极;2-焊点;3-下电极;4-工件

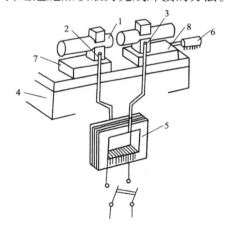

图1-2-8 闪光对焊示意图
1-焊接的钢筋;2-固定电极;3-可动电极;4-机座;5-变压器;6-平动顶压机构;7-固定支座;8-滑动支座

(3)电弧焊。电弧焊是利用弧焊机使焊条与焊件之间产生高温电弧,使焊条和电弧燃烧范围内的焊件熔化,待其凝固便形成焊缝或接头,见图1-2-9。电弧焊广泛用于钢筋接头与钢筋骨架焊接、装配式结构接头焊接、钢筋与钢板焊接及各种钢结构焊接。弧焊机有直流与交流之分,常用的是交流弧焊机。钢筋电弧焊的接头形式有:搭接接头、帮条接头及坡口接头。

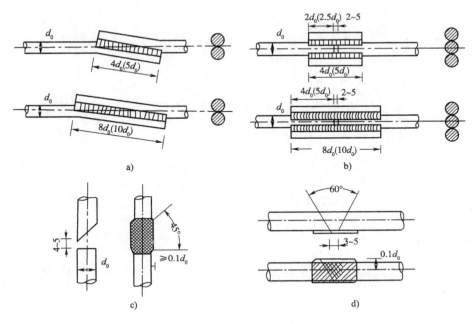

图 1-2-9　电弧焊的接头形式(单位:mm)
a)搭接焊接头；b)帮条焊接头；c)立焊的坡口焊接头；d)平焊的波口焊接头
注:d_0 为钢筋直径。

（4）电渣压力焊。电渣压力焊是利用电流通过渣池产生的电阻热将钢筋端部熔化,然后施加压力使钢筋焊合。钢筋电渣压力焊分手工操作和自动控制两种。采用自动电渣压力焊时,主要设备是自动电渣焊机,电渣焊构造见图 1-2-10。电渣压力焊的焊接参数为焊接电流、渣池电压和通电时间等,可根据钢筋直径选择。

（5）埋弧压力焊。埋弧压力焊是利用焊剂层下的电弧,将两焊件相邻部位熔化,然后加压顶锻使两焊件焊合,见图 1-2-11。其具有焊后钢板变形小、抗拉强度高的特点。

钢筋焊接接头质量检查与验收应满足下列规定:

（1）钢筋焊接接头或焊接制品(焊接骨架、焊接网)应按《钢筋焊接及验收规程》(JGJ 18)的规定进行质量检查与验收。

（2）钢筋焊接接头或焊接制品应分批进行质量检查与验收。质量检查应包括外观检查和力学性能试验。

（3）外观检查首先应由焊工对所焊接头或制品进行自检,然后再由质量检查人员进行检验。

（4）力学性能试验应在外观检查合格后随机抽取试件进行试验。

（5）钢筋焊接接头或焊接制品质量检验报告单中应包括下列内容:工程名称、取样部位；批号、批量；钢筋级别、规格；力学性能试验结果；施工单位。

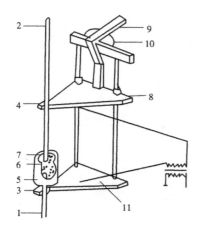 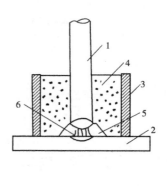

图 1-2-10 电渣压力焊示意图　　　　图 2-1-11 埋弧压力焊示意图
1、2-钢筋;3-固定电极;4-活动电极;5-药盒;　　1-钢筋;2-钢板;3-焊剂盒;4-431 焊
6-导电剂;7-焊药;8-滑动架;9-手柄;10-支架;　　剂;5-电弧柱;6-弧焰
11-固定架

六、钢筋的加工与安装

钢筋的加工有除锈、调直、画线下料剪切及弯曲成型。此外,有时还需对钢筋进行冷加工,以改善钢筋性能。

1. 钢筋调直及除锈

钢筋在使用前应先进行调直,未经调直的钢筋将会影响结构正常受力,使混凝土开裂。钢筋可用机械或手动工具调直。使用机械能将调直、除锈和剪切等工序一次完成。

钢筋调直也可采用冷拉的方法。采用冷拉法调直钢筋时,HPB235 钢筋的冷拉率不宜大于 4%,HRB335、HRB400 钢筋的冷拉率不宜大于 1%。

经过冷拉或机械调直的钢筋,一般不必另行除锈。但若保管不良,产生鳞片状锈蚀时,则应除锈,以保证混凝土对钢筋的握裹力。为此,可用除锈机或风砂枪,也可采用钢丝刷或在砂堆中往复拉擦除锈,轻微锈蚀的钢筋,不至影响工程质量,可不必除锈。

2. 钢筋弯曲

钢筋弯曲有人工弯曲和机械弯曲。钢筋弯曲的顺序是画线、试弯、弯曲成型。画线主要根据不同的弯曲角在钢筋上标出弯折的部位,以外包尺寸为依据,扣除弯曲量度差值。

钢筋加工的形状、尺寸应符合设计要求,其偏差应符合表 1-2-6 的规定。

钢筋加工允许偏差　　　　　　表 1-2-6

项　　目	允许偏差(mm)
受力钢筋顺长度方向全长的净尺寸	±10
弯起钢筋的弯折位置	±20
箍筋内净尺寸	±5

3. 安装检查

钢筋安置位置的偏差应符合有关规定的要求。钢筋绑扎和安装的允许偏差、检验数量与方法应符合表 1-2-7 的规定。

钢筋绑扎和安装的允许偏差、检验数量与方法　　　表1-2-7

序号	项　目		允许偏差（mm）	检验数量	单元测点	检验方法
1	钢筋骨架外轮廓尺寸	长度	+5 −10	梁、板、桩等小型构件抽查10%且不少于3件；沉箱、扶壁等大型构件逐件检查	3	用钢尺测量两端和中部
		宽度、高度	+5 −10		3	
2	受力钢筋	间距	±15		3	
		层距或排距	±10		3	
3	弯起钢筋起点位置		±20		2	用钢尺测量
4	箍筋、分布筋间距		±20		3	用钢尺测量两端和中部连续3档，取大值

注：预制构件外伸环形钢筋的间距或倾斜允许偏差为±20mm。

第二节　模　板　工　程

一、模板的作用与要求

模板工程在混凝土和钢筋混凝土工程中占有相当重要的位置。模板不仅是保证混凝土结构或构件的形状、外形尺寸和相对位置的模具，而且是在浇筑混凝土及其未能受力的一段时间内承受混凝土和钢筋重量、混凝土侧压力及施工机械重力等施工荷载的结构。模板质量的优劣，将直接影响混凝土的质量。因此，模板工程质量的控制和检验，是保证和控制混凝土质量的重要环节。模板工程一般由模板本身和支架系统两部分组成。模板的基本要求是：

（1）模板的材料宜选用钢材、木材、胶合板、塑料和合成材料等。模板支架宜选用钢材和木材等。木材的树种可因地制宜选用，但其材质不宜低于Ⅲ等材。

（2）模板位置、尺寸、高程必须准确，以保证浇筑结构的形状、尺寸和相对位置的正确。

（3）模板及支架必须具有足够的强度、刚度和稳定性，以防止模板及支架在混凝土施工过程中发生破坏、失稳或产生不允许的变形。对充气胶囊内模和向混凝土侧倾斜的侧模板必须采取防止上浮的措施。

（4）模板接缝不得漏浆，表面应平整光滑，能保证结构的外观质量。

（5）构造简单，拆装方便。

（6）尽量采用标准模板，且标准模板的尺寸和种类的数目应尽量减少。

（7）应使模板的周转率高，材料用量少，费用省。

（8）对模板及其支架应定期维修、妥善保管，钢模板及钢支架应防止锈蚀。

二、种类与构造

1. 分类

（1）按照所用的材料，模板分为木模板、钢模板、钢木模板、铝合金模板、塑料模板、胶合板模板(木、竹)、玻璃钢模板、预应力混凝土薄板模板等。

(2)按照施工方法,模板分为现场装拆式模板、固定式模板、移动式模板。

(3)按照结构或构件的类型,模板分为基础模板、柱模板、梁模板、楼板模板、墙模板、楼梯模板、壳模板、烟囱模板等。

2.几种常见的模板

(1)木模板:木模板由拼板和拼条组成,见图1-2-12。

(2)组合钢模板:组合钢模板由钢模板和配件两大部分组成。组合钢模板的模板部分包括平面模板、阴角模板、阳角模板和连接角模(图1-2-13),配件包括连接件和支承件(图1-2-14)。

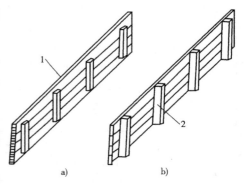

图1-2-12 木模板示意图
a)一般拼板;b)梁侧板的拼板
1-板条;2-拼条

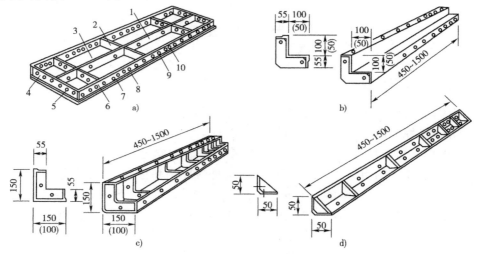

图1-2-13 钢模板(尺寸单位:mm)
a)平面模板;b)阳角模板;c)阴角模板;d)连接角模
1-中纵肋;2-中横肋;3-面板;4-横肋;5-插销孔;6-纵肋;7-凸棱;8-凸鼓;9-U形卡孔;10-钉子孔

3.滑升模板

滑升模板由模板系统、操作平台系统和提升机具系统三部分组成,见图1-2-15。滑升模板的工作原理是以预先竖立在建筑物内的圆钢杆为支承,利用千斤顶沿着圆钢杆爬升的力量将安装在提升架上竖向设置的模板逐渐向上滑升,其动作犹如体育锻炼中的爬竿运动。由于这种模板是相对设置的,模板与模板之间形成墙槽或柱槽。当灌筑混凝土时,两侧模板就借助于千斤顶的动力向上滑升,使混凝土在凝结过程中徐徐脱去模板。

三、模板设计

一般小型构件的模板常根据经验和规范规定选择模板断面尺寸。重要结构的模板和特种形式的模板及其支架系统,应该进行必要的设计及强度计算,以选择既安全又经济的断面尺寸。

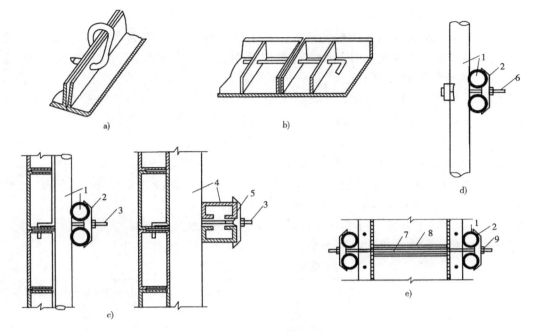

图 1-2-14 组合钢模板连接件
a)U形卡连接;b)L形插销连接;c)钩头螺栓连接;d)紧固螺栓连接;e)对拉螺栓连接
1-圆钢管钢楞;2-"3"字形扣件;3-钩头螺栓;4-内卷边槽钢楞;5-蝶形扣件;6-紧固螺栓;7-对拉螺栓;8-塑料套管;9-螺母

在模板的设计工作中,除了模板荷载及其组合较特殊外,结构计算与一般结构计算方法相同。

1. 荷载规定

模板承受的竖向荷载有:

(1)模板和支架自重根据设计图纸或实物确定。如用木材、针叶类按 $5885N/m^3$ 计;阔叶类按 $7846N/m^3$ 计。

(2)新浇混凝土的重量采用 $24520N/m^3$ 计。

(3)钢筋重量根据设计图纸确定。

(4)人和运输工具的荷载。①当计算模板和直接支承模板的楞木时,模板或铺板为 $2452N/m^3$;②计算支承楞木的结构构件时为 $1471N/m^2$;③计算支架立柱和支承楞木的其他构件时为 $1000N/m^2$。

对于模板和铺板的板材或直接支承这些板材的梁,除按上述荷载计算外,还需要用相当于一辆 2452N 重的双轮手推车或以其他方式运输混凝土而造成的集中荷载(但不小于 1274N)进行验算。

如模板板条宽度小于 150mm,上述集中荷载可分布在相邻的两块板上。

(5)振捣混凝土所产生的荷载为 $980N/m^2$。但与第(4)项荷载不同时考虑,例如在计算梁模板的底板时,第

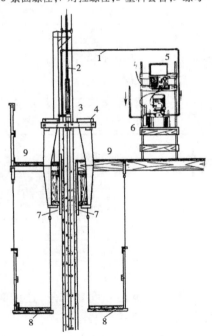

图 1-2-15 滑升模板示意图
1-油管;2-圆钢杆;3-液压千斤顶;4-钢提升架;5-自动计时器;6-高压油泵;7-模板;8-吊脚手架;9-内外操作平台

(4)项和第(5)项不同时考虑。

(6)新浇混凝土对模板侧面构件的压力。影响这一侧向压力的因素很多,如混凝土的重度、浇筑速度、振捣时的"触变"作用,凝结速度以及钢筋的疏密、骨料尺寸、模板尺寸等,这些因素中只有一部分可以较准确地测定,而较多的则在浇筑过中会发生变化,因此,对于混凝土侧压力,目前还不能进行精确的计算。只能采用一些经验公式进计算,一般来说,水运工程混凝土上,最大侧压力按我国《港口工程技术规范》(JTJ 237)推荐的公式计算:

$$P_{\max} = 8K_s + 24K_t V^{1/2} \tag{1-2-5}$$

式中:$P_{\max}$——混凝土对模板的最大侧压力(kN/m²);

K_s——外加剂修正波动系数,掺外加剂增大流动度。混凝土坍落度大于80mm时取2.0,混凝土坍落度小于60mm时取1.0;

K_t——温度修正系数,查《港口工程技术规范》(JTJ 237)附表H_1。

(7)倾倒混凝土所产生的水平动力荷载可按表1-2-8中的数据采用。

倾倒混凝土产生的动力荷载　　　　表1-2-8

项　次	向模板中供料方法	作用于侧面模板的水平荷载(N/m²)
1	用溜槽、串筒或直接由混凝土导管流出	2000
2	用容量小于0.2m³运输器具倾倒	2000
3	用容量0.2~0.8m³的运输器具倾倒	4000
4	用容量大于0.8m³的运输器具倾倒	6000

高度大于6m或处于滨海、沿江等地较高大的模板和支架,应验算其在风荷载作用下的抗倾稳定性。风荷载的计算应按《港口工程技术规范》(JTJ 237)的有关规定进行。

2. 荷载组合

计算模板和支架时,应按表1-2-9选择最不利的荷载组合。

模板及支架的荷载组合　　　　表1-2-9

序号	模板构件名称	荷载项目	
		计标强度用	计算刚度用
1	梁、板和拱的底模板及支架	1、2、3、4	1、2、3
2	柱或墙的侧模板	5、7	6
3	梁的侧模板	5、6、7	6
4	厚大结构侧模板	6、7	6

3. 允许挠度值

模板除满足强度要求外,还应满足刚度要求。当验算模板、支架时,其最大变形值不得超过下列允许值:

(1)结构表面外露的模板,为模板构件计算跨度的1/400。

(2)结构表面隐蔽的模板,为模板构件计算跨度的1/250。

(3)支架的压缩变形值或弹性挠度,为相应的结构计算跨度的1/1000。

(4)设计水下模板时,混凝土的重度应以浮重度计算(即$\gamma = 14710\text{N/m}^3$),同时还应考虑模板内外水位差及波浪的影响。

由于模板及支架受荷以后会产生压缩变形和挠曲,应消除模板变形和挠曲的影响。现浇梁板当跨度大于4m时,应采用起拱等方法解决,起拱量一般为跨度的1/1000~3/1000。

四、模板的拆除

拆除模板的日期应根据构件的性质、用途和混凝土的凝结硬化速度以及施工气温等确定。模板的拆除应符合以下规定:

(1)非承重构件,应在混凝土强度能保证其表面及棱角不因拆除模板而受损坏时,方可拆除。

(2)承重构件应在与结构相同、养护条件相同的试块达到表1-2-10规定的强度后方可拆除。

(3)在拆除模板过程中,如发现混凝土有影响结构安全的质量问题时,应暂停拆除,经过处理后,方可继续拆除。

(4)已拆除模板及其支架的结构,应在混凝土强度达到设计强度后才能允许承受全部计算荷载。

(5)水下和水位变动区结构和构件的模板拆除时间应适当延长。

整体式结构拆模时所需的混凝土强度 表1-2-10

项次	结构类型	结构跨度(m)	按设计混凝土强度的标准值百分率计(%)
1	板	≤2 >2,≤8 >8	50 75 100
2	梁、拱、壳	≤8 >8	75 100
3	悬臂梁构件	≤2 >2	75 100

第三节 混凝土工程

一、混凝土施工配料

施工时应及时测定砂、石骨料的含水率,并将混凝土配合比换算成在实际含水率情况下的施工配合比。设混凝土实验室配合比为:水泥:砂子:石子 $= 1:x:y$,测得砂子的含水率为 ωx,石子的含水率为 ωy,则施工配合比应为:$1:x(1+\omega x):y(1+\omega y)$。

【例1-2-2】 已知C20混凝土的试验室配合比为:1:2.55:5.12,水灰比为0.65,经测定砂的含水率为3%,石子的含水率为1%,每1m³混凝土的水泥用量310kg,则施工配合比为:

$$1:2.55(1+3\%):5.12(1+1\%) = 1:2.63:5.17$$

每1m³混凝土材料用量为:

水泥:310kg

砂子:310×2.63=815.3kg

石子:310×5.17=1602.7kg

水:310×0.65-310×2.55×3%-310×5.12×1%=161.9kg

二、混凝土的现场搅拌

1. 搅拌机

混凝土搅拌机分为自落式和强制式两类。搅拌机的搅拌原理以及适用范围见表1-2-11。混凝土搅拌机以其出料容量标定其规格。

搅拌机的搅拌原理以及适用范围　　　表1-2-11

类别	搅拌原理	机型	适用范围
自落式	筒身旋转,带动叶片将物料提高,在重力作用下物料自由坠下,重复进行。物料互相穿插、翻拌、混合	鼓形	流动性及低流动性混凝土
		锥形	流动性、低流动性及干硬性混凝土
强制式	筒身固定,叶片旋转,对物料施加剪切、挤压、翻滚、滑动、混合	立轴	低流动性或干硬性混凝土
		卧轴	

选择混凝土搅拌机型号,要根据工程量大小、施工组织手段、混凝土技术参数等因素确定。

2. 混凝土搅拌

(1)混凝土搅拌时间。从全部材料投入搅拌筒起,到开始卸料为止所经历的时间称为搅拌时间。混凝土搅拌的最短时间可参考表1-2-12。

混凝土搅拌的最短时间(s)　　　表1-2-12

混凝土坍落度(mm)	搅拌机类型	搅拌机容量(L)		
		<250	250~500	>500
≤30	自落式	90	120	150
	强制式	60	90	120
>30	自落式	90	90	120
	强制式	60	60	90

(2)投料顺序。施工中常用的投料顺序有:一次投料法、二次投料法、水泥裹砂法等几种。

①一次投料法:是在上料斗中先装石子,再加水泥和沙,然后一次投入搅拌筒中进行搅拌。

自落式搅拌机要在搅拌筒内先加部分水,投料时沙压住水泥,使水泥不飞扬,而且水泥和砂先进搅拌筒形成水泥砂浆,可缩短水泥包裹石子的时间。

强制式搅拌机出料口在下部,不能先加水,应在投入原材料的同时,缓慢均匀分散地加水。

②二次投料法:是先向搅拌机内投入水和水泥(和砂),待其搅拌1min后再投入石子继续搅拌到规定时间。这种投料方法,能改善混凝土性能,提高混凝土的强度,在保证规定的混凝土强度的前提下节约水泥。目前常用的方法有:预拌水泥砂浆法和预拌水泥净浆法。预拌水泥砂浆法是指先将水泥、砂和水加入搅拌筒内进行充分搅拌,成为均匀的水泥砂浆后,再加入

石子搅拌成均匀的混凝土。预拌水泥净浆法是先将水泥和水充分搅拌成均匀的水泥净浆后,再加入砂和石子搅拌成混凝土。

与一次投料法相比,二次投料法可使混凝土强度提高 10%~15%,节约水泥 15%~20%。

水泥裹砂石法混凝土搅拌工艺,用这种方法拌制的混凝土称为造壳混凝土(简称 SEC 混凝土)。它分两次加水,两次搅拌。先将全部砂、石子和部分水倒入搅拌机拌和,使骨料湿润,称之为造壳搅拌。搅拌时间以 45~75s 为宜,再倒入全部水泥搅拌 20s,加入拌和水和外加剂进行第二次搅拌,60s 左右完成,这种搅拌工艺称为水泥裹砂法。

(3)进料容量。进料容量是将搅拌前各种材料的体积累加起来的容量,即干料容量。进料容量约为出料容量的 1.4~1.8 倍(一般取 1.5 倍)。

(4)搅拌要求:
①严格执行混凝土施工配合比,及时进行混凝土施工配合比的调整。
②严格进行各原材料的计量。
③搅拌前应充分润湿搅拌筒,搅拌第一盘混凝土时应按配合比对粗骨料减量。
④控制好混凝土搅拌时间。
⑤按要求检查混凝土坍落度并反馈信息。严禁随意加减用水量。
⑥搅拌好的混凝土要卸净,不得边出料边进料。
⑦搅拌完毕或间歇时间较长,应清洗搅拌筒。搅拌筒内不应有积水。
⑧保持搅拌机清洁完好,做好其维修保养。

三、混凝土的运输

1.混凝土运输的要求

(1)运输中的全部时间不应超过混凝土的初凝时间。

(2)运输中应保持匀质性,不应产生粗骨料和水泥砂浆分离的分层离析现象,不应漏浆;运至浇筑地点应具有规定的坍落度,并保证混凝土在初凝前能有充分的时间进行浇筑。

(3)混凝土的运输道路要求平坦,避免混凝土受到剧烈的振动。应以最少的运转次数、最短的时间从搅拌地点运至浇筑地点。

(4)在运输过程中应采取措施使混凝土入仓温度能满足要求,避免受外界气温等自然条件的影响。

(5)运输混凝土的容器应不吸水、不漏浆。运输工具在使用前应用水润湿,但不得留有积水。

2.混凝土的运输方式

根据从搅拌工厂到浇筑仓库的运距、高差和道路条件,有如下几种混凝土的运输方式:

(1)直接用双轮手推车、机动翻斗车、普通汽车等运送混凝土入仓这种方式,可将混凝土直接或通过溜槽、串筒等浇筑设备卸入浇筑块中。双轮手推车的斗存量 0.07~0.1m³,载重一般为 200kg,除了在运输量不大、运距不长的小型工程中用它作为主要运输工具外,一般都用它来作辅助运输。机动翻斗车(图 1-2-16)一般载重量为 1t。当运距长、浇筑量大时,可用自卸汽车直接将混凝土卸入浇筑块中,图 1-2-17 为自卸汽车浇筑船闸底板示意图。

图 1-2-16　机动翻斗车

图 1-2-17　自卸汽车配合溜槽入仓示意图

（2）混凝土搅拌车（图 1-2-18）。混凝土搅拌车是用来运送建筑用的混凝土的专用卡车。这类卡车上都装置圆筒形的搅拌筒以运载混合后的混凝土，在运输过程中会始终保持搅拌筒转动，以保证所运载的混凝土不会凝固。运送完混凝土后，通常都会用水冲洗搅拌筒内部，防止硬化的混凝土占用空间，使搅拌筒的容积越来越少。混凝土从生产到浇筑的时间一般不能超过 1.5h，以免混凝土凝结（当运输距离确实远时，可在混凝土中加入缓凝剂来延长混凝土的凝结时间）。所以，在更远距离运输的情况下，可采用干料和半干料搅拌运输车来运送。当车辆将要到达施工场地或在施工场地再加水完成混凝土的搅拌。

图 1-2-18　混凝土搅拌车

（3）混凝土输送泵车（图 1-2-19）。混凝土输送泵车是利用压力将混凝土沿管道连续输送的机械。混凝土泵的生产率高，能一次完成混凝土的水平和垂直运输，但对混凝土配合比、粗

图 1-2-19　混凝土输送泵车

细骨料的粒径和级配、水泥用量、混凝土坍落度有一定要求,方能保证良好的泵送效能。具体可参看《混凝土泵送施工技术规程》(JGJ T10)。

(4)起重机配合桶或吊罐运输。当地形高差大、建筑物高,或者建筑物结构较复杂,汽车等水平运输工具不便入仓时,可采用桶或吊罐与起重机配合的方式。这样可省去搭设栈桥、铺设出入坑道路等许多临时工程。这种方式一般以桶或吊罐盛混凝土,用载重汽车或铁路车辆运到起重机附近,由起重机将桶或吊罐吊入浇筑块内浇捣。采用吊罐运输混凝土时,吊罐应便于卸料,活门应开启方便、关闭严密,不得漏浆。吊罐的装料量宜为其容积的90%~95%。

(5)皮带机运输混凝土。

四、混凝土的浇筑

混凝土的浇筑包括平仓和振捣两个环节。平仓就是把卸入仓内成堆的混凝土料按一定顺序和厚度摊开并铺成均匀的混凝土层,以便进行振捣。一般采取人工用铁锹和铁耙进行铺筑。正确的平仓方法和操作对混凝土浇筑强度和质量有很大影响。平仓不允许用振捣器平仓,即不允许用振捣器插入料堆内部,借混凝土在振动作用下的液化自动摊平,因为那样容易造成分层离析等质量事故。

1. 混凝土浇筑前的准备工作

(1)混凝土浇筑前,应对模板、钢筋、支架和预埋件进行检查。

(2)检查模板的位置、标高、尺寸、强度和刚度是否符合要求,接缝是否严密,预埋件位置和数量是否符合图纸要求。

(3)检查钢筋的规格、数量、位置、接头和保护层厚度是否正确。

(4)清理模板上的垃圾和钢筋上的油污,浇水湿润木模板。

(5)填写隐蔽工程记录。

2. 混凝土浇筑的一般规定

(1)混凝土浇筑前不应发生离析或初凝现象。混凝土运至现场后,其坍落度应满足有关规定的要求。混凝土在运输过程中应避免发生离析、漏浆、泌水和坍落度损失较大等现象。运至浇筑地点后,如有离析现象,应进行二次拌制。二次拌制时,不得任意加水。必要时可同时加水和水泥,保持其水灰比不变。

(2)混凝土自高处倾落时,其自由倾落高度不宜超过2m;若混凝土自由下落高度超过2m,应设串筒、斜槽、溜管或振动溜管等,见图1-2-20。

(3)混凝土的浇筑工作,应尽可能连续进行。

(4)混凝土的浇筑应分段、分层连续进行,随浇随捣。浇筑混凝土的分层厚度,应根据气温、浇筑能力和振捣设备综合分析确定,其分层最大允许厚度应符合表1-2-13的要求。

(5)浇筑斜面混凝土时,应从低处开始,逐渐向高处浇筑。必要时在底部加挡板,避免混凝土向低处流动。

(6)混凝土经过振捣后,表面会有出水现象,称为泌水。泌出的水不宜直接引走,以免带走水泥,最好用吸水材料吸走。如果泌水现象严重,应考虑改变配合比。一般情况下,连续浇筑高度较大的混凝土构件时,应随浇筑高度的上升分层减水。

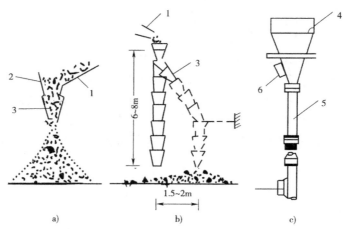

图 1-2-20　自由倾落防分层离析措施
a) 溜槽；b) 串筒；c) 振动串筒
1-溜槽；2-挡板；3-串筒；4-漏斗；5-节管；6-振动器

浇筑混凝土的分层允许厚度（mm）　　　　　　　　　　　　表 1-2-13

捣 实 方 法	振实后的厚度	捣 实 方 法	振实后的厚度
插入式振捣器振实	≤500	附着式(外挂)振动器振实	≤300
表面振动器振实	≤200	人工捣实	≤200

3. 施工缝的留设与处理

如果由于技术或施工组织上的原因，不能对混凝土结构一次连续浇筑完毕，而必须停歇较长的时间，其停歇时间已超过混凝土的初凝时间，致使混凝土已初凝；当继续浇混凝土时，形成了接缝，即为施工缝。

(1) 施工缝的留设位置。施工缝设置的原则，一般宜留在结构受力（剪力）较小且便于施工的部位。如柱子的施工缝宜留在基础与柱子交接处的水平面上，或梁的下面，或吊车梁牛腿的下面、吊车梁的上面、无梁楼盖柱帽的下面。有抗渗要求、与底板相连的墙体，其水平施工缝宜留置在距底板大于 1m 高的位置。

(2) 施工缝的处理。施工缝处继续浇筑混凝土时，应待混凝土的抗压强度不小于 1.2MPa 方可进行。在已硬化的混凝土表面上，应除去施工缝表面的水泥薄膜、松动石子和软弱的混凝土层，并加以充分湿润和冲洗干净，不得有积水。

清除乳皮的方法有：人工凿毛、机械凿毛、风砂枪冲毛及喷洒缓凝剂。

浇筑新混凝土前，先用水充分湿润老混凝土表面层，低洼处不得留有积水。垂直缝应刷一层水泥浆，水平缝应铺一层厚度为 10~30mm 的水泥砂浆。水泥净浆和水泥砂浆的水灰比应小于混凝土的水灰比。

4. 变形缝设置

对有防渗漏要求的建筑物，如船坞底板和坞墙结构等，需进行止水变形缝的处理。其方法大多是设置止水铜片和在缝中放填料，而一般码头并无防渗要求。变形缝一般是平直的，缝的宽度在 1~5cm 之间。这样使其既能保证相邻两结构块在发生伸缩不均匀沉降时互不干扰，又能保证不从缝间漏水。变形缝填料的选择，常依缝的宽度而定。缝隙宽为 1cm 时，可在缝面上贴防水卷材，如油毡纸、防水纸等；缝宽为 1~2cm 时可用油浸木丝板填缝；缝宽砖 5cm

时,可用沥青砂胶和流质沥青制成沥青板填缝,并在沥青板的两面用浸过沥青的黄麻或防水布等织物粘贴。

建筑物迎水面的止水装置有多种形式。图1-2-21是一种常用的止水装置。施工时,在先浇块模板表面加设三角形模板,构成一个三角槽,将2～3mm厚的止水铜片钉在模板上(图1-2-21a),拆模后将止水片展开成形,然后用预制混凝土槽形块与先浇块的三角槽口中对中安放,以构成沥青井(图1-2-21b)。预制槽形块长约1.0m。随着混凝土的浇筑而不断接高,同时在沥青井内灌注热沥青(如果需要在沥青井内布置加热沥青的镀锌铁管,可在先浇混凝土块中顶埋钢筋,以固定加热管)。

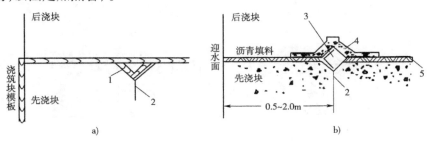

图1-2-21 结构缝止水装置
1-三角形模板;2-止水片;3-沥青井;4-预制混凝土槽形块;5-结构缝

5. 混凝土的振捣

振捣方式分为人工振捣和机械振捣两种。人工振捣是利用捣锤或插钎等工具的冲击力来使混凝土密实成型,其效率低、效果差;机械振捣是将振动器的振动力传给混凝土,使之发生强迫振动而密实成型,其效率高、质量好。

混凝土振动机械按其工作方式分为内部振动器、表面振动器、外部振动器和振动台四种(图1-2-22)。振动机械的构造原理,主要是利用偏心轴或偏心块的高速旋转,使振动器因离心力的作用而振动。

(1)内部振动器。内部振动器又称插入式振动器。适用于振捣梁、柱、墙等构件和大体积混凝土。

插入式振捣器的振捣顺序宜从近模板处开始,先外后内,移动间距不应大于振捣器有效半径的1.5倍。振捣器的作用半径应根据试验确定,缺乏试验资料,可采用250～300mm。插入式振捣器至模板的距离不应大于振捣器有效半径的1/2,并应尽量避免碰撞钢筋、模板、芯管、吊环、预埋件或充气胶囊。

插入式振捣器应垂直插入混凝土中,并快插慢拔,上下抽动,以利均匀振实,保证上、下层结合成整体。振捣器应插入下层混凝土中不少于50mm。

(2)表面振动器。表面振动器又称平板振动器,是将电动机轴上装有左右两个偏心块的振动器固定在一块平板上而成。其振动作用可直接传递于混凝土面层上。

表面振动器适用于振捣楼板、空心板、地面和薄壳等薄壁结构。

(3)外部振动器。外部的振动器又称附着式振动器,是直接安装在模板上进行振捣,利用偏心块旋转时产生的振动力通过模板传给混凝土,达到振实的目的。

外部振动器适用于振捣断面较小或钢筋较密的柱子、梁、板等构件。

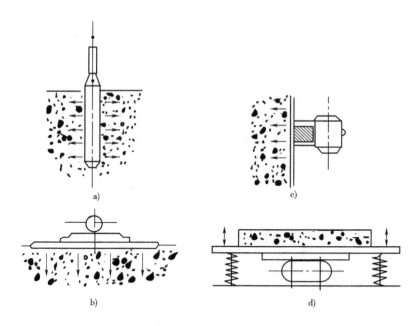

图 1-2-22　混凝土振捣工作方式
a)内部振动器;b)表面振动器;c)外部振动器;d)振动台

(4)振动台。振动台一般在预制厂用于振实干硬性混凝土和轻骨料混凝土。宜采用加压振动的方法,加压力为 $1\sim3kN/m^2$。

五、混凝土的养护

混凝土浇捣后能逐渐凝结硬化,主要是因为水泥水化作用的结果,而水化作用需要适当的湿度和温度。

混凝土浇筑完毕后应及时加以覆盖,结硬后保湿养护。养护方法应根据构件外形选定,宜采用盖草袋洒水、砂围堰蓄水、塑料管扎眼喷水,也可采用涂养护剂、覆盖塑料薄膜等方法。当日平均气温低于 +5℃时,不宜洒水养护。

素混凝土宜采用淡水养护,在缺乏淡水的地区,可采用海水保持潮湿养护。海上大气区、浪溅区和水位变动区的钢筋混凝土预制构件不得使用海水养护。现浇钢筋混凝土构件中,在浪溅区和水位变动区采用淡水养护确有困难时,北方地区应适当降低水灰比,南方地区可掺入适量阻锈剂,并在浇筑二天后拆模,再喷涂蜡乳型养护剂养护。预应力混凝土不得采用海水养护。

混凝土必须养护至其强度达到 2.5MPa 以上,才准在上面行人和架设支架、安装模板。

六、混凝土的质量检查与缺陷防治

1. 混凝土的质量检查

(1)混凝土质量检查包括施工过程中的质量检查和养护后的质量检查。

(2)施工过程中的质量检查,即在混凝土制备和浇筑过程中对原材料的质量、配合比、坍落度等的检查,每一工作班至少检查 2 次,如遇特殊情况还应及时进行抽查。混凝土的搅拌时间应随时检查。

（3）混凝土养护后的质量检查，主要指混凝土的立方体抗压强度检查。

2. 现浇混凝土结构质量缺陷（表1-2-14）

现浇混凝土结构质量缺陷　　　　　　　表1-2-14

名称	现象	严重缺陷	一般缺陷
裂缝	由表面延伸至混凝土内部的缝隙	主要受力部位有影响结构性能和使用功能的裂缝	其他部位有少量不影响结构性能、使用功能和耐久性的裂缝
露筋	钢筋未被混凝土包裹而外露	受力钢筋有露筋	其他钢筋有少量露筋
空洞	混凝土中空穴的深度超过保护层的缺陷	构件主要受力部位有空洞	其他部位有少量空洞
蜂窝	混凝土表面缺失水泥砂浆，局部有蜂窝状缺陷或成片粗骨料外露	构件主要受力部位有蜂窝	其他部位有少量蜂窝，总面积不超过所在面的2‰且一处面积不大于0.04m²
夹渣	混凝土中夹有杂物或有明显空隙	构件主要受力部位有夹渣	其他部位有少量夹杂，深度未超过保护层的厚度
松顶	构件顶部混凝土缺少粗骨料，出现明显砂浆层或不密实层	梁、板等构件有超过保护层厚度的松顶	高大构件有少量松顶，但其厚度未超过100mm
麻面	包括构件侧面出现的气泡密集、表面漏浆和粘皮等	—	水位变动区、浪溅区和外露部位总面积未超过所在面的5‰；其他部位未超过所在面积的10‰
砂斑	表面细骨料未被水泥浆充分胶结，出现砂纸样缺陷；宽度大于10mm为砂斑，宽度小于10mm的为砂线	—	水位变动区、浪溅区和外露部位总面积未超过所在面的5‰；其他部位未超过所在面积的10‰
砂线	—	—	水位变动区、浪溅区、大气区及陆上结构外露部位每10m²累计长度不大于3000mm
外形缺陷	包括缺棱掉角、棱角不直和飞边凸肋等	对使用功能和观感质量有严重影响的缺陷	对使用功能和观感质量有轻微影响的缺陷

3. 混凝土质量缺陷的缺陷修补

修补材料应选用粘结强度高，稳定性好，不收缩（或微膨胀），颜色与混凝土基本一致的材料。修补完成后，应立即遮盖，防止烈日曝晒或雨淋。用水泥配制的材料，还要认真进行养护。预应力混凝土的表面缺陷，可在混凝土施加预应力之前修补。

混凝土表面缺陷的修补可按下规定进行：

(1) 影响外观的严重麻面、砂斑，应用钢丝刷和压力水冲干净，可用水泥浆或 1:2 水泥砂浆仔细抹干，并用薄膜覆盖养护。

(2) 蜂窝、孔洞、局部缺陷应将松散薄弱部分全部凿除，用钢丝刷和压力水冲刷干净，稍干后（面干湿润状态）采用比原混凝土强度高一级的无收缩水泥砂浆或细石混凝土填塞修补，修补前应在结合面上涂刷一层环氧树脂粘接剂，增加新老混凝土间的粘结力；体积较小的蜂窝、孔洞和局部缺陷，可直接采用丙乳砂浆、环氧砂浆修补；大面积可采用枪喷混凝土或砂浆修补。

(3) 露筋则在凿除之钢筋内表面至少 2mm，保证钢筋四周均为新的统一材料范围。

(4) 混凝土裂缝的修补，应对裂缝产生的原因和性质调查后，如果缝宽随温度变化的裂隙，宜在低温季节裂缝宽度较大时修补。

(5) 宽度在 0.2mm 以上的纵深或贯穿裂缝，应用环氧树脂、甲凝等灌浆材料进行灌浆修补；宽度大于 0.5mm 的裂缝也可采用水泥灌浆。灌浆宜采用封闭裂缝表面后面间隔安设灌浆咀、压力灌浆的方法进行。宽度在 0.2mm 以内，深度不大，且已经停止发展的表面裂缝，在按有关规定清洁表面后，用环氧树脂浆，涂刷若干遍。宜密封裂缝，或采用沿裂缝凿 U 形槽，用环氧树脂浆液或胶泥封闭，必要时再用玻璃纤维布。

(6) 预制构件或已加预应力的构件，出现可能导致钢筋锈蚀的裂缝，且预期裂缝不会继续扩展时，应以环氧树脂浆液灌浆密封裂缝。若预期裂缝还会扩展时，除进行灌浆外，可用聚硫橡胶覆盖或用氯丁橡胶条嵌入，加以密封处理。

(7) 当钢筋混凝土保护层的最小厚度小于规定 10mm 以上时，除水下区外，应于修补。可用枪喷水泥砂浆、水泥环氧砂浆、水泥聚合物乳胶砂浆或表面涂料等措施。

第四节　钢筋混凝土预制构件

一、构件制作工艺

根据生产过程中组织构件成型和养护的不同特点，预制构件制作工艺可分为台座法、机组流水法和传送带法三种。

1. 台座法

台座是表面光滑平整的混凝土地坪、胎模或混凝土槽。构件的成型、养护、脱模等生产过程都在台座上进行。台座式生产周期较长，占地面积大，机械化程度较低，但设备简单，投资少。易于组织生产，特别能适应制作不同类型的构件和重型构件，一般为露天预制厂所采用。

2. 机组流水法

机组流水法是在车间内，根据生产工艺的要求将整个车间划分为几个工段，每个工段皆配备相应的工人和机具设备，构件的成型、养护、脱模等生产过程分别在有关的工段循序完成。机组流水式生产工艺的生产率，决定于构件混凝土的浇筑时间，一般是 10~20min。所以，生产率比台座式高，机械化程度也较高，占地面积小。但建厂投资较大，且由于构件在制作过程中运输繁多，对大型构件的制造反而不如台座式有利，故一般为生产多种规格的中小型构件预制厂所采用。

3. 传送带流水法

模板在一条呈封闭环形的传送带上移动,各个生产过程都是在沿传送带循序分布的各个工作区中同时进行。从而保证有节奏地连续生产。此法生产效率高,但设备复杂,生产线不易调整,只适用于制作大批量定制生产尺寸较小的构件的永久性混凝土预制厂。

我国港口及航道工程的预制厂大多采用台座式生产工艺。它能适应各种大型构件的制作,也能进行预应力钢筋混凝土构件的生产。这类工厂在进行工艺布置时要注意产品的尺寸要求,各工种之间尽量减少不必要的往返运输,以形成生产流水线。机械设备和布置除满足工艺顺序外,还要考虑操作和检修要求,保证生产安全、为工人创造良好的劳动条件。

目前,我国制桩长度达60多米,许多预制厂都采用了长线台座。一条台座线长度达100~200m、宽度为20m左右,台座线之间留有2m以上的操作通道。考虑生产的不均衡性,工厂往往还备有一定面积的堆放场地,以便生产设备得以充分利用。图1-2-23为某预应力桩预制场生产工艺平面布置图。

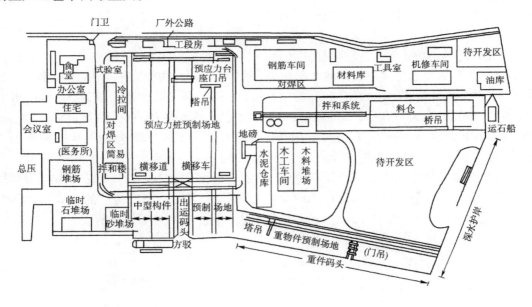

图1-2-23 某预应力桩预制场平面布置

二、预应力钢筋混凝土构件制作

预应力钢筋混凝土构件制作的基本方法有先张法和后张法。

先张法是在浇筑混凝土前将钢筋张拉到设计控制应力,用夹具将钢筋临时固定在两端的台座或钢模上,然后浇筑混凝土。待混凝土达到一定强度,预应力钢筋与混凝土之间有了足够的粘结力之后。放松预应力筋,钢筋回缩时,使混凝土获得预压应力。生产过程见图1-2-24。

后张法是直接在构上张拉,不需专门的台座,宜于在现场生产大型构件(图1-2-25)。同时也可以作为一种预制构件的拼装手段。在预制厂制作小型块体,然后运到现场穿入预应力筋,通过施加预应力拼装成整体。但后张法工艺过程复杂(如预留孔、穿筋、灌浆等),锚固应力筋的锚具要永远留在构件上。故花费钢材较多。

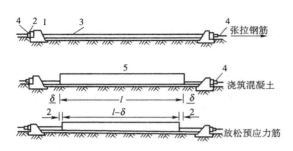

图 1-2-24 先张法生产示意图
1-台座;2-横梁;3-预应力筋;4-锚固夹具;5-混凝土构件

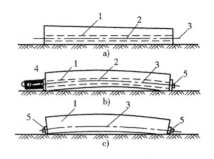

图 1-2-25 后张法生产示意图
a)制作混凝土构件预留孔道;b)张拉;c)锚固和孔道灌浆
1-构件;2-预留孔道;3-钢筋;4-千斤顶;5-锚具

先张法工艺简单、应力控制较后张法准确,且适用范围广。因此,我国航务工程部门的预制厂大多用先张法生产预应力钢筋混凝土构件。

1. 先张法

(1)先张法的张拉设备。先张法所用的设备主要有台座、张拉机具和夹具。

①台座。台座要承受预应力筋的全部拉力,因此,应有足够的强度、刚度和稳定性。台座由台面、横梁及各种型式的承力结构组成。台座通常是在坚实的地基上浇筑 5~8cm 素混凝土,要求平整光滑、沿纵向有 0.2% 的坡度(以利排水),为避免温度变化而引起台面开裂,必须留伸缩缝,其间距常为 20m 左右,缝宽 3~5cm,内嵌木条或浇筑沥青,承力结构按构造型式分墩式和槽式两类,选用时根据构件种类、张拉吨位和施工条件而定。

墩式台座是采用重力式混凝土墩(图 1-2-26),也有采用桩基(图 1-2-27),来承受张拉力的一种结构型式。一般设计成能适应 1000kN 的张拉力,常用于中型构件的生产。这种台座应经抗倾覆验算(安全系数取 1.5)、抗滑移验算(安全系数 1.3)及强度计算。

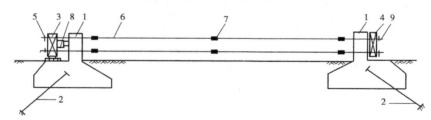

图 1-2-26 墩式台座示意图
1-钢筋混凝土墩;2-拉杆及锚碇;3-强拉钢梁;4-锚固钢梁;5-螺母及螺丝杆;6-预应力钢筋(两端均为锚头杆);7-连接器;8-千斤顶;9-楔形放松器

槽式台座(图 1-2-28)主要由两根钢筋混凝土压柱构成,能承受较大的张拉力(3000~4000kN),也可以作为蒸汽养护槽,适用于制作大型构件。槽式台座以低于地面为好,以便于运送混凝土和蒸汽养护,但需要考虑地下水位及排水等问题。槽式台座亦需进行强度和稳定性计算,压柱按偏心受压构件计算。

②张拉机具。张拉机具的张拉钢筋常用油压千斤顶、电动螺杆张拉机和卷扬机等设备。单根钢筋张拉,多用卷扬机以及小吨位的千斤顶进行,由弹簧测力计、杠杆测力器或直接用荷

重来测定和控制张拉应力。图 1-2-29 为卷扬机、测力器装置示意图，图 1-2-30 为千斤顶和四横梁张拉示意图。

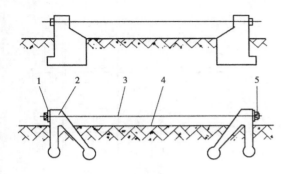

图 1-2-27　桩基式墩式台座
1-定位板；2-支架；3-力筋；4-台面；5-夹具

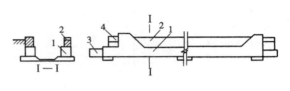

图 1-2-28　槽式台座
1-预制钢筋混凝压柱；2-砖石砌体；3-下横梁；4-上横梁

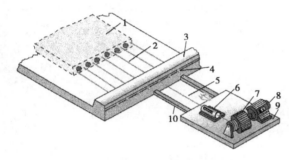

图 1-2-29　卷扬机、测力器装置示意图
1-预制构件（空心板）；2-预应力钢筋；3-台座传力架；
4-锥形夹具；5-偏心夹具；6-测力器（控制张拉力）；7-卷扬机；8-电动机；9-张拉车；10-撑杆

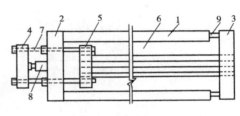

图 1-2-30　千斤顶四横梁张拉示意图
1-台座；2、3-前后横梁；4、5-前后拉力横梁；
6-钢筋；7-大螺丝杆；8-油压千斤顶；9-放松装置

③夹具。张拉夹具是将预应力筋与张拉机械连接起来进行预应力张拉的工具，常用的张拉夹具有钳式夹具、偏心式夹具和楔形夹具等，见图 1-2-31。锚固钢丝的有锥形夹具和楔形夹具，见图 1-2-32。钢丝被张拉后，用人工将推销（小锥形夹片）锤入套筒内夹紧钢丝。采用粗钢筋作为预应力筋时，对于单根钢筋最常用的办法是在钢筋端部，连接一工具式螺杆，见图 1-2-33，螺杆穿过台座的活动钢横梁后，用螺母固定。利用普通千斤顶推动活动钢横梁就可以张拉钢筋。

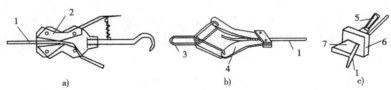

图 1-2-31　钢丝的张拉夹具
a）钳式；b）偏心式；c）楔形
1-钢丝；2-钳齿；3-拉钩；4-偏心齿条；5-锚环；6-锚板；7-锲块

45

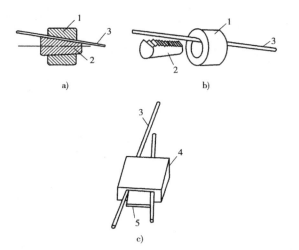

图 1-2-32 锥形夹具和楔形夹具
1-套筒;2-锥销;3-钢丝;4-锚板;5-楔块

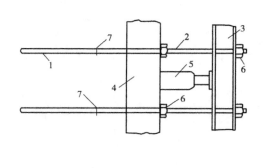

图 1-2-33 工具式锚杆
1-预应力钢筋;2-工具式螺杆;3-活动钢横梁;4-台座固定传力架;5-千斤顶;6-螺母;7-焊接接头

（2）先张法施工流程。先张法预应力混凝土构件在台座上生产时其工艺流程,见图1-2-34。

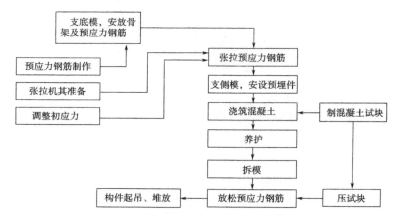

图 1-2-34 先张法施工工艺流程图

（3）张拉。张拉是预应力构件生产中的重要环节,必须按设计要求进行。张拉时必须采取有效措施,防止钢筋突然破断、锚具爆裂、夹具滑脱等造成事故。张拉时应准确地控制张拉应力(钢筋截面所允许承受的最大拉应力值),其大小必须在保证构件生产和使用安全的前提下尽量充分利用钢筋强度。预应力筋张拉锚固后,实际预应力值与工程设计规定检验值的相对允许偏差为±5%。

用应力控制方法张拉时,应尽量减少张拉设备的摩阻力,并力求稳定。摩阻力数值应通过试验确定,并在张拉时补足。

预应力筋的张拉控制应力,应符合设计要求。预应力筋如需超张拉时,可比设计要求提高5%,其最大张拉控制应力,不得超过表1-2-15的规定。

第二章 混凝土和钢筋混凝土工程施工

最大张拉控制应力允许值　　　　表 1-2-15

钢　种	张 拉 方 法	
	先张法	后张法
碳素钢丝、钢绞线	$0.80 f_{ptk}$	$0.75 f_{ptk}$
热处理钢筋	$0.75 f_{ptk}$	$0.70 f_{ptk}$
冷拉钢筋	$0.95 f_{pyk}$	$0.90 f_{pyk}$

注：f_{ptk}——预应力筋极限抗拉强度标准值；
　　f_{pyk}——预应力筋屈服强度标准值。

为减少预应力筋的松弛影响，可采用超张拉方法进行张拉，设计未规定时，可按下列程序之一进行：从零应力开始张拉至 1.05 倍预应力筋的张拉控制应力，持荷 2min 后卸荷至预应力筋的张拉控制应力；或从应力为零开始，张拉至 1.03 倍预应力筋的张拉控制应力。

用应力控制法张拉时，应校核预应力筋的伸长值。如实际伸长值比计算伸长值大 10% 或小 5%，应暂停张拉，查明原因并采取措施予以调整后，方可继续张拉。预应力筋的实际伸长值，宜在初应力为 $10\% \delta_{con}$ 时开始量测，但应加上量测前张拉力的推算伸长值；对后张法，尚应扣除混凝土构件在张拉过程中的弹性压缩值。

多根预应力筋同时张拉，应预先调整初应力，使各根钢筋的应力基本一致。初应力调整方法：可用反复整体张拉法、油压千斤顶法、测力扳手法等。对长线台座多根预应力筋的初应力调整，宜优先采用反复张拉法，反复张拉法的张拉力，可取控制应力的 40%~50%，反复张拉次数 2~3 次。反复张拉的程序：拧紧螺母，开始张拉至 0.4~0.5 倍张拉控制应力时，将应力返回至零，重新拧紧螺母，再按上述方法张拉、放松。如此反复 2~3 次。

当构件的侧模板在施加预应力之后安设时，宜先施加 70% 的控制应力，待到模板支设完毕后，再施加至设计要求荷载。

(4) 预应力筋的放张：

①放张要求。放张预应力筋时，混凝土应达到设计要求的强度。如设计无要求时，应不得低于设计混凝土强度等级的 75%。

②放张顺序。预应力筋的放张顺序，应满足设计要求，如设计无要求时应满足下列规定：

A. 对轴心受预压构件（如压杆、桩等）所有预应力筋应同时放张。

B. 对偏心受预压构件（如梁等）先同时放张预压力较小区域的预应力筋，再同时放张预压力较大区域的预应力筋。

C. 如不能按上述规定放张时，应分阶段、对称、相互交错的放张，以防止在放张过程中构件发生翘曲、裂纹及预应力筋断裂等现象。

③放张方法。配筋不多的中小型构件，钢丝可用砂轮锯或切断机等方法放张。配筋多的钢筋混凝土构件，应采用滑楔或砂箱和千斤顶同时放张。如逐根放张，最后几根钢丝将由于承受过大的拉力而突然断裂，使得构件端容易开裂。

滑楔放松只适宜用于张拉力不大的情况（一般小于 300kN），见图 1-2-35c）。砂箱放松用于大吨位张拉的情况，图 1-2-35b）为砂箱由钢制套箱及活塞组成，箱内装石英砂或铁砂，在张拉前将其置于台座与横梁之间。当张拉钢筋时，箱内砂被压实，承担着横梁的反力；放松钢筋时,将出口打开,使砂慢慢流出,钢筋得以慢慢放松,采用砂箱放松,能控制放松速度,可靠方便。

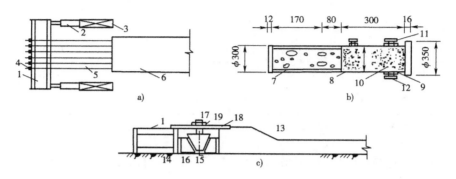

图 1-2-35 预应力筋放张装置
a)千斤顶放张装置;b)砂箱放张装置;c)楔块放张装置
1-横梁;2-千斤顶;3-承力架;4-夹具;5-钢丝;6-构件;7-活塞;8-套箱;9-套箱底板;10-砂;11-进砂口;12-出砂口;13-台座;14、15-固定楔块;16-滑动楔块;17-螺杆;18-承力板;19-螺母

2. 后张法

(1)锚具:

①夹片式锚具。JM12 型锚具由锚环和夹片组成,夹片可为 3~6 片,用以锚固 3~6 根直径为 12~14mm 的钢筋,或 5~6 根 7 股 4mm 的钢绞线。施工时,用 JM12 型锚具(图 1-2-36)配用穿心式千斤顶进行张拉,其缺点是钢筋内缩值较大。QM 型用于锚固单根或多根钢绞线每次张拉一根钢绞线,锚环根据钢绞线的布置,采用单孔(图 1-2-37)或多孔(图 1-2-38)。

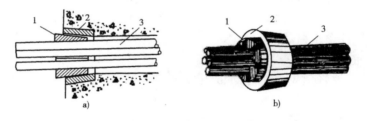

图 1-2-36 JM12 型锚具
1-夹片;2-锚环;3-钢筋束

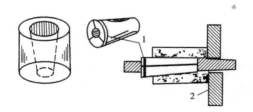

图 1-2-37 QM 型单孔锚具
1-夹片弹簧;2-垫板

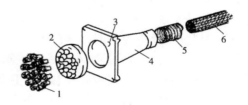

图 1-2-38 OM 型多孔锚具
1-夹片;2-锻钢锚环块;3-排浆孔;4-铸铁导管;
5-管道;6-预应力筋

②螺丝端杆锚具。单根粗钢筋的张拉可采用图1-2-39所示的螺丝端杆锚具。施工时,将要张拉单根预应力钢筋与螺丝端杆锚具焊接,螺丝端杆锚具的另一端与张拉设备相连,张拉完毕后,通过螺母和垫板将预应力钢筋锚固在构件上。

③镦头锚具(图1-2-40)。镦头锚具用于锚固钢丝束和单根粗钢筋,张拉端采用锚环,固定端采用锚板,要求钢丝下料长度精度高,防止造成钢丝受力不均。

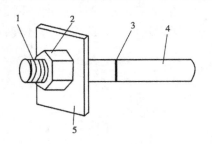

图1-2-39 螺丝端杆锚具
1-螺丝端杆;2-螺母;3-焊缝;4-钢筋;
5-支承板

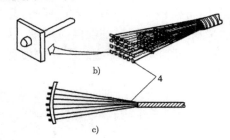

图1-2-40 镦头锚具
a)张拉端;b)分散式固定端;c)集中式固定端
1-张拉端锚具;2-对开垫板;3-支承板;4-固定端锚具

④锥塞式锚具(图1-2-41)。锥塞式锚具用于锚固钢丝束或钢绞线束。锚具由带锥孔的锚环和锥形锚塞两部分组成。张拉时采用专门的双作用或三作用弗氏千斤顶。

(2)张拉设备。后张拉法主要张拉设备有千斤顶和高压油泵。

①拉杆式千斤顶。它用于螺母锚具、锥形螺杆锚具、钢丝镦头锚具等。图1-2-42是用拉杆式千斤顶张拉时的工作示意图。张拉前,先将连接器旋在预应力的螺丝端杆上,相互连接牢固。千斤顶由传力架支承在构件端部的钢板上。张拉时,高压油进入主油缸、推动主缸活塞及拉杆,通过连接器和螺丝端杆,预应力筋被拉伸。千斤顶拉力的大小可由油泵压力表的读数直接显示。当张拉力达到规定值时,拧紧螺丝端杆上的螺母,此时张拉完成的预应力筋被锚固在构件的端部。锚固后回油缸进油,推动回油活塞工作,千斤顶脱离构件,主缸活塞、拉杆和连接器回到原始位置。最后将连接器从螺丝端杆上卸掉,卸下千斤顶,张拉结束。

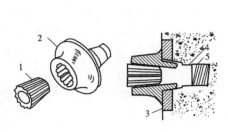

图1-2-41 锥塞式锚具
1-锥形塞;2-锚环;3-钢垫板;4-喇叭管;5-金属管

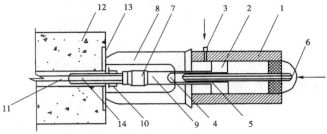

图1-2-42 拉杆式千斤顶张拉原理
1-主油缸;2-主缸活塞;3-进油孔;4-回油缸;5-回油活塞;6-回油孔;
7-连接器;8-传力架;9-拉杆;10-螺母;11-预应力筋;12-混凝土构件;
13-预埋铁板;14-螺丝端杆

②穿心式千斤顶。它是利用双液压缸张拉预应力筋和顶压锚具的双作用千斤顶。穿心式千斤顶适用于张拉带JM型锚具、XM型锚具的钢筋,配上撑脚与拉杆后,也可作为拉杆式千斤

顶张拉带螺母锚具和镦头锚具的预应力筋。

图1-2-43为YC60型千斤顶构造图,该千斤顶具有双作用,即张拉与顶锚两个作用。其工作原理是:张拉预应力筋时,张拉缸油嘴进油、顶压缸油嘴回油,顶压油缸、连接套和撑套连成一体右移顶住锚环;张拉油缸、端盖螺母及堵头和穿心套连成一体带动工具锚左移张拉预应力筋;顶压锚固时,在保持张拉力稳定的条件下,顶压缸油嘴进油,顶压活塞、保护套和顶压头连成一体右移将夹片强力顶入锚环内;此时张拉缸油嘴回油、顶压缸油嘴进油、张拉缸液压回程。最后,张拉缸、顶压缸油嘴同时回油,顶压活塞在弹簧力作用下回程复位。大跨度结构、长钢丝束等引申量大者,用穿心式千斤顶为宜。

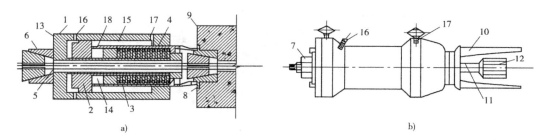

图1-2-43 YC60型千斤顶
a) 构造与工作原理;b) 加撑脚后的外貌

1-张拉油缸;2-顶压油缸(即张拉活塞);3-顶压活塞;4-弹簧;5-预应力筋;6-工具锚;7-螺母;8-锚环;9-构件;10-撑脚;11-张拉杆;12-连接器;13-张拉工作油室;14-顶压工作油室;15-张拉回程油室;16-张拉缸油嘴;17-顶压缸油嘴;18-油孔

③锥锚式千斤顶:是具有张拉、顶锚和退楔功能三作用的千斤顶,用于张拉带锥形锚具的钢丝束。

锥锚式千斤顶(图1-2-44)的工作原理是当张拉油缸进油时,张拉缸被压移,使固定在其上的钢筋被张拉。钢筋张拉后,改由顶压油缸进油,随即由副缸活塞将锚塞顶入锚圈中。张拉缸、顶压缸同时回油,则在弹簧力的作用下复位。

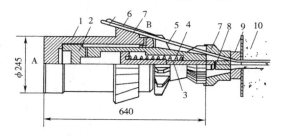

图1-2-44 锥锚式千斤顶(单位:mm)

1-张拉油缸;2-顶压油缸(张拉活塞);3-顶压活塞;4-弹簧;5-预应力筋;6-楔块;7-对中套;8-锚塞;9-锚环;10-构件

(3)后张法施工流程。后张法预应力混凝土构件工艺流程见图1-2-45。

①张拉。预应力筋张拉时,结构的混凝土强度必须符合设计要求,当设计无要求时,不应低于设计强度标准值的75%。立缝处混凝土或砂浆的强度必须达到设计要求,无要求时,不应低于混凝土设计强度标准值的40%,且不得低于15MPa。

预应力筋的张拉顺序,应按设计规定进行,如设计未规定或受设备限制时,应经核算确定。核算时应考虑下列因素:避免张拉时构件截面呈过大的偏心受压状态;应计算分批张拉的预应力损失值,分别加到先张拉钢筋的张拉控制应力值以内,但不得超过相关规范的规定。

预应力筋张拉端的设置,当设计无要求时,应符合下列规定:抽芯形成孔道:曲线预应力筋和长度大于24m的直线预应力筋,应在两端张拉;长度等于或小于24m的直线预应力筋,可在一端张拉;同一截面中有多根一端张拉的预应力筋时,张拉端宜分别设置在结构的两端。当两端同时张拉一根预应力筋时,宜先在一端锚固,再在另一端补足张拉力后进行锚固。

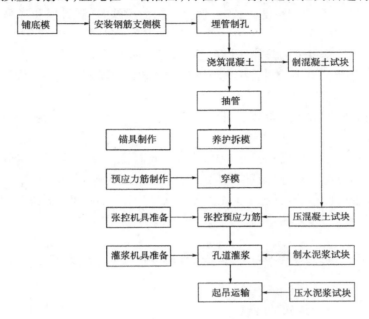

图 1-2-45　后张法工艺流程

②灌浆。孔道灌浆应采用标号不低于 425 号普通硅酸盐水泥配制水泥浆;对空隙大的孔道,可采用水泥砂浆灌浆。水泥浆及水泥砂浆的强度,均不应低于 20MPa。灌浆用水泥浆的水灰比不大于 0.45,搅拌后 3h 泌水率宜控制在 2% 以内,最大不超过 3%,水泥浆中可掺入对预应力筋无腐蚀作用的外加剂,增加孔道灌浆的密实性。矿渣硅酸盐水泥,按上述要求试验合格后,也可使用。

灌浆前孔道应湿润、洁净。灌浆顺序宜先灌注下层孔道。对曲线孔道和竖向孔道应由最低点的压浆孔压入,由最高点的排气孔排气和泌水。

灌浆应缓慢均匀地进行,不得中断,并应设排气通道。在灌满孔道并封闭排气孔后,宜再继续加压 0.5~0.6MPa,稍后再封灌浆孔。不掺外加剂的水泥浆,可采用两次灌浆法,提高密实度。

孔道内的水泥浆或水泥砂浆强度未达到设计要求时,不得移动构件、切割主筋、拆卸锚具。如设计无要求时,对一般拼装构件不低于 15MPa。预应力筋张拉后,对刚度大、稳性好的构件,如需在灌浆前移动时,应对构件截面进行核算,核算时应考虑构件的纵向弯曲和吊装的影响。

压浆过程中及压浆后 48h,结构温度不得低于 +5℃。否则应采取保温措施。

预应力筋锚固后的外露长度,当无要求时,不宜小于 15mm。锚具应用封端混凝土保护,如需长期外露时,应采取措施防止锈蚀。

三、预制构件养护

预制构件的养护方法有自然养护、蒸汽养护、热拌混凝土热模养护、太阳能养护、远红外线养护等。自然养护成本低,简单易行,但养护时间长,模板周转率低,占用场地大,我国南方地区的台座法生产多用自然养护。蒸汽养护可缩短养护时间,模板周转率相应提高,占用场地大大减少。

蒸汽养护效果与蒸汽养护制度有关,它包括养护前静置时间、升温和降温速度、养护温度、恒温养护时间、相对湿度等。

(1)蒸汽养护的过程可分为静停、升温、恒温、降温四个阶段。

(2)静停阶段混凝土构件成型后在室温下停放养护叫做静停,时间为2~6h,以防止构件表面产生裂缝和疏松现象。

(3)升温阶段是构件的吸热阶段。升温速度不宜过快,以免构件表面和内部产生过大温差而出现裂纹。

(4)恒温阶段是升温后温度保持不变的时间。此时混凝土强度增长最快,这个阶段应保持90%~100%的相对湿度;最高温度不得大于95℃,时间为3~8h。

(5)降温阶段是构件散热过程。降温速度不宜过快,每小时不得超过10℃;出池后,构件表面与外界温差不得大于20℃。

第五节 特殊施工条件和特殊工艺的混凝土施工

一、大体积钢筋混凝土结构的浇筑

大体积钢筋混凝土结构特点是混凝土浇筑面和浇筑量大,整体性要求高,以及浇筑后水泥的水化热量大且聚集在构件内部,形成较大的内外温差,易造成混凝土表面产生收缩裂缝等。

1. 浇筑方案

浇筑方案一般分为全面分层、分段分层和斜面分层三种,见图1-2-46。全面分层即在第一层浇筑完毕后,再回头浇筑第二层,如此逐层浇筑,直至完工为止。分段分层是混凝土从底层开始浇筑,进行2~3m后再回头浇第二层,同样依次浇筑各层。斜面分层是要求斜坡坡度不大于1/3,适用于结构长度大大超过厚度3倍的情况。

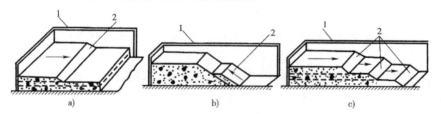

图1-2-46 大体积混凝土结构浇筑方案
a)全面分层;b)分段分层;c)斜面分层
1—模板;2—新浇筑的混凝土

2. 大体积混凝土防裂措施

(1)浇筑大体积混凝土时,原材料的选择宜符合下列要求:水泥宜选用中、低热水泥;骨料宜选用线膨胀系数较小的骨料;外加剂应选用缓凝型减水剂。

(2)混凝土配合比设计应符合下列要求:在满足设计、施工要求的情况下,宜减少混凝土的单位水泥用量;粗骨料级配宜为三级配;在综合考虑混凝土耐久性的情况下,可适当增加粉煤灰掺量;采用微膨胀水泥或掺用膨胀剂。

(3)混凝土施工中应采用下列措施:

①施工中应降低混凝土的浇筑温度:充分利用低温季节,避免夏季浇筑混凝土。若夏季施工,应尽量利用温度稍低的夜间施工;夏季应在骨料堆场搭棚遮阳,使骨料在通风良好的棚内储存2~3d后再使用;水泥降至自然温度后方能使用;宜使用低温拌和水,如自来水、地下水;混凝土内部设置冷却水管;混凝土在运输和浇筑过程中,应设法遮阳,防止曝晒;冷天施工时,大体积混凝土的入模温度应控制在2~5℃,浇筑后应采取保温措施,注意防止冷却。

②无筋或少筋大体积混凝土中宜埋放块石,埋放块石时按规范有关规定执行。

③对混凝土早期温升应采取下列散热措施:分层浇筑;顶面洒水或用流动水散热;宜用钢模板。

④在混凝土降温阶段应采取保温措施:在寒冷季节可推迟拆模时间,不宜在混凝土可能受冷击时拆模;拆模后,应采取用草袋、帆布、塑料薄膜覆盖等保温措施;在已浇筑的混凝土块上浇筑新混凝土时,间隔时间应尽量缩短,不宜超过10d;对于地下结构应尽早进行回填保温,减小干缩。

⑤合理设置施工缝:在岩基或老混凝土上浇筑的混凝土结构,纵向分段长度应在15m以内;在底板上连续浇筑墙体的结构,墙体上的水平施工缝应设置在墙体距底板顶面≥1.0m的位置;对不宜设置施工缝的结构,可采取跳仓浇筑和设置闭合块的方法,减小一次浇筑的长度;上下两层相邻混凝土应避免错缝浇筑。

⑥岩石地基表面宜处理平整,防止因应力集中而产生裂缝。在地基与结构之间可设置缓冲层,减小约束。

(4)养护时按下列规定进行:

①应加强混凝土的潮湿养护,养护期宜延长。

②热天宜采用流水养护;在不冻地区,冷天宜采用滞水养护。

③应根据气候条件采取保温、保湿或降温措施,并应设置测温孔或埋设热电偶等测定混凝土内部和表面温度,使温度控制在设计要求的温差内,当设计无要求时温差不宜超过25℃。

二、水下混凝土施工

在不能排水的情况下直接在水下灌筑混凝土,这在港口航道工程中使用较多。如水下基础、灌注桩以及各种修复工程等。

水下灌筑混凝土应考虑水流和波浪等荷载的影响。水下模板应具有较高的稳定性,宜采用钢模板、素混凝土或钢筋混凝土制成的永久式(不拆卸的)模板。在选择混凝土配合比时,配置强度一般应比陆上施工时提高1/3~1/2,要求混凝土有更好的流动性和抗离析性能。水下模板的接缝应严密,混凝土灌筑时应不间断地进行,尽量做到新浇的混凝土表面不与水流接触。绝对不允许将混凝土直接倾倒于水中。

浇筑水下混凝土,当水深大于1.5m时宜采用导管法、泵压法及吊罐法;当水深小于1.5m时宜采用夯击法及振捣法;临时性工程可采用袋装法。

1. 袋装法

袋装法有袋装混凝土和袋装砂浆两种工艺。

袋装混凝土系将拌制好的混凝土(坍落度50~70mm)装入透水的纤维编织袋内,然后由潜水工在水下将它叠置起来,为保证填筑密实,袋内装料一般为袋容量的2/3,袋中的水泥在水中硬化。堆筑时应交错叠置、相互紧靠,层与层之间宜用短钢筋插入,以加强连接。

袋装堆筑法常用于填平基坑及临时工程和次要工程。

在进行河岸、渠道护坡工程时,常采用化纤模袋混凝土,将高强土工布织成特殊的袋垫(图1-2-47)铺于被护岸坡的表面,当注入砂浆后形成扁平的混凝土面板。

如果将织物做成布套套在受腐蚀的钢管桩及混凝土桩周围,注入砂浆进行修补和防蚀也可以取得满意的效果。

2. 振捣法

水深在1.5m以内时,可用振捣法施工。例如建筑桩台、近岸浅水的水下基础、修补堤岸等。此法先从岸边小心地向水中堆填第一批混凝土,由岸向水赶浆振捣。通常用自卸汽车、溜槽等将混凝土浇筑出水面上,用振捣器在露出水面的混凝土的内侧自下而上反复振捣,使液化泛浆的首批混凝土在水下向前流动。逐渐挤开水向前进占,以后堆填的混凝土应该堆置在已经堆填好的混凝土体之上,使得在自重、夯击和振捣作用下逐渐向前摊开,保持后填的混凝土不直接与水接触,且与水位线的距离不应小于20~40cm(仅第一批混凝土与水接触),并保持混凝土面始终高于水面,以免影响质量。

采用此法时,混凝土应有良好的和易性和粘聚力,其坍落度宜为30~60mm。

混凝土灌筑要连续进行,尽量缩短灌筑时间。全部水下浇筑在首批混凝土凝固前完成。

3. 导管灌筑法

在1.5~20m水深灌筑水下混凝土,现在广泛采用导管法(图1-2-48)。其主要特点如下:

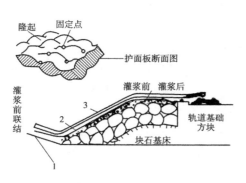

图1-2-47 化纤模袋护面板敷设及砂浆灌筑后的情况
1-φ19钢筋(下端固定桩);2-堵孔;3-防水布灌浆孔

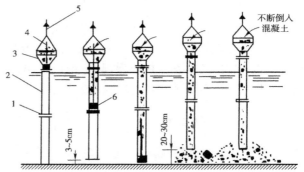

图1-2-48 导管法灌筑水下混凝土
1-密封接头;2-导管;3-漏斗;4-铁丝;5-起重设备吊索;6-球塞

(1)拌制好的高流动性混凝土料由设在一定位置(模板中)上的垂直导管灌注到水下,此管只能垂直移动。

(2)混凝土料在导管的流动和在模板中的分配主要是靠重力作用。

(3)在管子下端流出的混凝土料能排出模板中的水和上层已浇的混凝土,并自动同四面流动,填满空间。

(4)下端导管口埋入混凝土至少1m,但也不要超过6m,通常保持存2~4m、新混凝土在灌筑的整个过程中都进入到先灌筑的混凝土中而不与水接触。

整筑前,在高出水面10cm的模板上开设孔洞,以便混凝土不断灌入而向外排水。导管的管径一般为200~300mm、每节长1.0~2.0m的金属管组成,每节之间用法兰盘加胶皮垫圈连接紧密,以防漏水。导管顶部有灌筑漏斗,其容积应能保证开始灌筑时在导管下端筑成小堆,并将导管下口埋在堆内2m以上,以防止水从外部反流进导管。整个管筒悬捧在灌筑地点的工作台上,并通过专门的滑车和卷扬机上提或下放。

为了避免混凝土与管中的水接触混合,在漏斗的颈处放一球塞,其直径略小于导管内径,用麻绳或铁丝拉住。先将管筒下放到底部,待漏斗中装满混凝土,稍将管筒提起一点,将球塞冲开,混凝土和球塞在重力作用下下落。当混凝土将球塞自管底挤出时,亦挤出模板内的水,混凝土便形成堆并将导管口埋起来,以后随着混凝土的上升,相应地提升导管。

此法要求混凝土有较大的流动性,有足够的抵抗泌水和分离的稳定性。选择配合比时,要求混凝土配制强度比设计标准提高40%~50%;坍落度宜为160~220mm;粗骨料最大粒径不得大于导管内径的1/4或钢筋净距的1/4,亦不得大于6cm。掺入加气剂或塑化剂,并适当提高含砂率以改善和易性。

混凝土灌筑应从深水处开始,用几根导管同时灌筑一个灌筑块,应保证混凝土表面均匀。导管平面布置的位置与数量,依浇筑范围和流动半径而定,流动半径不宜大于3m,当采用减水剂或导管管径较大时,可适当加大。

混凝土浇筑的顶标高应高于设计标高值约50cm,这部分混凝土因其与水经常接触而质量较差,此超高部分在硬化后清除。

三、混凝土冬季施工

1. 基本概念

冬季施工:室外平均气温在5℃及以下的施工,此温度需求连续5d。冬季施工要求:材料、设备、能源及保温材料应提前准备,工人应进行技术培训。

(1)混凝土冬季施工的起止日期。根据当地多年气象资料,室外日平均气温连续5d稳定低于5℃时,取初日作为冬季施工的起始日期,气温回升时,取第一个日平均气温低于5℃的末日作为冬季施工的终止日期。

(2)冬季施工结构强度降低的原因。温度<5℃,水化反应速度缓慢;温度降至0℃,水化反应基本停止;温度降至-4~-2℃时,内部游离水开始结冰,混凝土由于体积膨胀产生微裂缝,强度降低。

(3)混凝土受冻的临界强度:
①定义:混凝土受冻而不致使其各项性能遭到损害的最低强度称为混凝土受冻临界强度。
②临界强度的影响因素:与水泥品种,混凝土强度有关。
③混凝土的临界强度,不应低于设计强度标准值的50%或10MPa。

2. 混凝土冬季施工应采取的措施

(1)原材料选择:
①冷天施工时,应优先选用硅酸盐水泥或普通硅酸盐水泥,标号不应低于425号;若使用矿渣硅酸盐水泥,宜优先考虑采用蒸汽养护;使用其他品种水泥,应注意其中掺和料对混凝土抗冻、抗渗等性能的影响;掺防冻剂的混凝土严禁使用高铝水泥。

②骨料不得含有冰、雪等冻结物及易冻裂的矿物质;掺含钾、钠离子防冻剂的混凝土,不应采用含活性物质的骨料。

③宜使用无氯盐类防冻剂或低温早强剂,对有抗冻性要求的混凝土尚应掺入引气剂。必要时可降低混凝土水灰比。配制防冻剂溶液应由专人负责,严格控制防冻剂掺量。

(2)原材料预热。应首先考虑用热水搅拌,保证混凝土的出机温度,如仍不能满足出机温度的要求时,再考虑加热粗细骨料。当采用热水拌和时,应先将热水与粗细骨料搅拌,防止热水首先与水泥直接接触产生"假凝"现象,并控制拌和物的温度不超过35℃。搅拌时间应比常温搅拌延长50%。

混凝土的出机温度应综合考虑气候条件、材料温度、保温方法、运输过程中的热量损失等因素,在保证混凝土的浇筑入模温度不低于+5℃的条件下,通过试算和试验确定。

(3)混凝土养护。混凝土出机后,应采取适当保温措施减少热量损失。对已浇筑的混凝土,覆盖养护时的温度,应不低于+5℃。冷天施工宜采用蓄热法或蒸汽加热法养护混凝土。当结构表面系数(冷却表面积与结构体积的比值)大于5,且日最低气温低于-10℃时,不宜采用蓄热法养护。

采用蓄热法养护时,应符合下列要求:

①不采用钢模板而采用木模板,加强养护中的保温,可用盖草帘、帆布或塑料泡沫等保温材料把混凝土表面遮盖,并力求把入仓时所含的热量及不断产生的水化热积蓄和保存起来使混凝土在达到抗冻强度以前,始终保持正温。对结构物的棱角部分也应加强保温,迎风面应增设挡风设施。

②养护期间,如气温急剧下降,应立即采取有效措施,避免混凝土受冻。

③当新浇筑的混凝土与暴露在外的老混凝土(或岩基、土基)接触时,应在老混凝土周围1.0~1.5m范围内,进行防寒保温。对外露的粗钢筋或其他预埋铁件,亦应在长1.0~1.5m的范围内进行防寒保温。

④混凝土浇筑后,应立即进行防寒保温。铺设保温材料时,不得使混凝土表面受到污染,一般先铺设防水隔离层,然后铺设保温材料。

采用蒸汽加热法养护时,应符合下列要求:

①混凝土浇筑后立即覆盖保温,并在+5℃以上保持4~6h,再进行升温。升温速度不应大于下列数值:

A.表面系数大于和等于5的结构,每小时升温15℃;

B.表面系数小于5的结构,每小时升温10℃;

C.配筋稠密、连续长度较短(6~8m)的细薄构件,每小时升温20℃。

②恒温时间应根据恒温温度、混凝土强度要求,通过试验确定。恒温的允许最高温度普通硅酸盐水泥为75℃,矿渣硅酸盐水泥、火山灰质硅酸盐水泥为85℃。

③降温速度每小时不应大于10℃。

④先张法施工的预应力混凝土构件,其允许最高温度应根据设计规定的允许温度差(张拉钢筋的温度与养护温度之差)经计算确定,当混凝土强度养护至7.5MPa(粗钢筋配筋)或10MPa(钢丝、钢纹线配筋)以上时,则不受设计规定的温差限制,可按非预应力构件的蒸汽养护规定进行。

四、雨天施工

1. 雨天施工应符合的规定

(1) 砂石堆料场应有排水和防止污水浸染的设施。
(2) 运输工具宜有防雨、防滑措施。运输路线宜缩短。
(3) 周密安排施工，并宜避免下雨时浇筑混凝土。
(4) 应适当增加骨料含水率的测定次数，随时调整搅拌用水量。

注：雨天指降雨强度在 1mm/h 以上的天气，地面已湿。

2. 浇筑混凝土时如遇小雨，应采取的措施

(1) 应适当减少拌和物用水量或增加水泥用量。
(2) 宜缩短每层混凝土的浇筑时间，加强振捣，保证层间粘结良好。
(3) 应及时排除模内积水，防止周围雨水流入。对新浇筑面应及时防护。

注：小雨指降雨强度为 1～3mm/h，地面已全湿，但没有积水。

3. 浇筑混凝土时如遇中雨，应采取的措施

(1) 对浇筑面较小的薄壁构件(如沉箱、扶壁的立墙部分)应按照小雨的规定执行。
(2) 对具有一定浇筑面的结构(如桩、梁、方块、胸墙)宜中止浇筑。如浇筑不能中止时，除按小雨时的规定外，尚应在浇筑面上架设临时防雨棚。
(3) 对浇筑面较大的构件(如基础、板式结构)应停止浇筑，并加遮盖。

注：中雨指降雨强度为 3～10mm/h，下雨时可以听到雨声，地面有积水。

4. 浇筑混凝土如遇大雨，应立即停止浇筑，并应采取表面防冲措施

在浇筑过程中，遇大雨、暴雨，应立即停止进料，已入仓混凝土应振捣密实后遮盖。雨后必须先排除仓内积水，对受雨水冲刷的部位应立即处理，如混凝土还能重塑，应加铺接缝混凝土后继续浇筑，否则应按施工缝处理。

注：大雨指降雨强度为 10～20mm/h，雨声激烈可闻，遍地积水。

本 章 小 结

1. 工程常用的钢材有钢筋和高强钢丝。钢筋的验收和存放必须按有关规定进行。

2. 钢筋加工包括：调直去锈、画线剪切、弯曲、绑扎及焊接等工序。钢筋的冷拉是指在常温下对钢筋进行强力拉伸，以超过钢筋的屈服强度的拉应力，使钢筋产生塑性变形，达到调直钢筋、提高强度的目的。冷拉应遵守一定的规定。

3. 钢筋配料是根据结构施工图，先绘出各种形状和规格的单根钢筋简图并加以编号，然后分别计算钢筋下料长度、根数及质量，填写配料单，申请加工。钢筋下料长度应考虑：钢筋长度、混凝土保护层厚度、弯曲量度差值、钢筋弯钩增加值、箍筋调整值。

4. 钢筋连接方式有：绑扎连接、焊接或机械连接。钢筋的焊接方法有闪光对焊、电弧焊、电渣压力焊、埋弧压力焊和气压焊等。

5. 模板工程一般由模板本身和支架系统两部分组成。常见的模板有：木模板、组合钢模板、滑升模板。模板本身及其拆除都有一定的要求。

6. 混凝土工程包括：混凝土配料、现场搅拌、运输、浇筑、养护等工序，每道工序均应遵守相应的规定。浇筑过程中应防治质量缺陷，完成后应注意质量检查。

7. 混凝土预制构件的制作工艺有台座法、机组流水法、传送带法。预应力钢筋混凝土构件的制作基本方法有先张法和后张法。先张法的设备主要有台座、张拉机具和夹具。后张法的设备主要有锚具、千斤顶和高压油泵。

8. 对大体积混凝土的浇筑应有浇筑方案和防裂措施。水下混凝土的浇筑有导管法、泵压法、吊罐法、夯击法、振捣法、袋装法等。冬雨季浇筑混凝土应有相应措施。

思 考 题

1. 混凝土和钢筋混凝土工程施工，一般分为哪两大工艺？
2. 钢筋混凝土工程施工，主要由哪些工序组成？
3. 什么叫钢筋冷拉？
4. 钢筋配料是如何进行的？
5. 钢筋代换的原则和方法是什么？
6. 钢筋连接方法有哪些？
7. 钢筋加工包括哪些内容？
8. 模板的基本要求有哪些？
9. 混凝土的运输要求有哪些？
10. 混凝土浇筑的内容和一般规定有哪些？
11. 混凝土缺陷有哪些？如何进行缺陷修补？
12. 预制构件制作工艺有哪些？
13. 试述先张法工艺及内容。
14. 试述后张法工艺及内容。
15. 大体积混凝土浇筑有什么要求？
16. 水下混凝土施工有什么方法和要求？
17. 冬雨季混凝土施工有什么措施？

第三章 桩基础工程

本章学习提示：
　　本章主要阐述预制桩的生产工艺工程，预制桩施工设备、施工工艺及质量控制方法；灌注桩不同的施工方法及其施工工艺、常见质量缺陷及预防处理。要求了解钢筋混凝土预制桩的预制、起吊、运输机堆放方法，掌握锤击法施工过程和施工要点，掌握泥浆护壁成孔灌注桩和干作业成孔灌注桩的施工要点，了解套管成孔灌注桩和爆扩桩的施工过程。

第一节 概 述

　　桩基础是广义深基础中的一种，利用承台和基础梁将深入土中的桩联系起来，以便承受整个上部结构重量。如图 1-3-1 中高桩码头中的基础为桩基础。

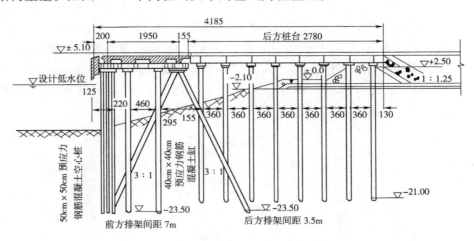

图 1-3-1　高桩码头示意图（单位：m）

　　桩的种类较多，可分类如下：
　　1. 按桩的受力情况分类
　　按桩的受力情况可分为端承桩和摩擦桩两种类型。端承桩是指桩顶荷载主要由端桩阻力承受的桩；摩擦桩是指桩顶荷载主要由桩侧摩阻力承受的桩。
　　2. 按桩身的材料分类
　　按桩身的材料可分为木桩、混凝土或钢筋混凝土桩和钢桩三种类型。
　　3. 按施工方法分类
　　按施工方法分为预制桩和灌注桩两种类型。

4. 按成孔方法分类

按成孔方法可分为沉入桩、钻孔灌注桩、人工挖孔桩三种类型。

第二节 预 制 桩

预制桩是在工厂或施工现场制成的各种型式的桩（如混凝土方桩、预应力混凝土管桩、钢桩等），用沉桩设备将桩打入、压入或振入土中。目前预制桩主要有混凝土预制桩和钢桩两大类。混凝土预制桩能承受较大的荷载、坚固耐久、施工速度快，是广泛应用的桩型之一，但因为要施打入地基，其施工对周围环境影响较大，常用的有混凝土实心方桩和预应力混凝土空心管桩。钢桩主要有钢管桩和 H 形钢桩两种。

预制桩施工流程如下：

一、桩的制作

1. 钢筋混凝土预制桩

钢筋混凝土预制桩分实心桩和预应力管桩两种。

（1）钢筋混凝土实心桩。钢筋混凝土实心桩的优点：长度和截面可在一定范围内根据需要选择，由于在地面上预制，制作质量容易保证，承载能力高，耐久性好。因此，工程上应用较广。实心桩截面为了便于预制一般做成正方形断面。断面尺寸一般为 200mm×200mm～600mm×600mm（图 1-3-2）。钢筋混凝土实心桩桩身长度限于桩架高度，现场预制桩的长度一般在 30m 以内；限于运输条件，工厂预制桩桩长一般不超过 12m，否则应分节预制，然后在打桩过程中予以接长。接头不宜超过 2 个。

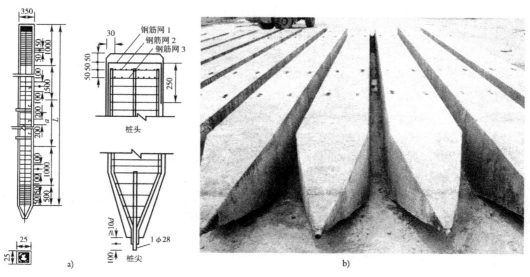

图 1-3-2　钢筋混凝土预制桩
a) 桩体尺寸示意图；b) 桩体示意图

预制桩的制作有并列法、间隔法、重叠法和翻模法等法。底模和场地应平整坚实,防止浸水沉陷;上下层桩及桩与底模间应刷隔离剂,使接触面不粘结,拆模的混凝土达到设计强度的30%后才能浇筑;混凝土应由桩顶向桩尖进行连续浇注,不得中断,以保证桩身混凝土有良好的匀质性和密实性;制作完成后应及时浇水养护且不得少于7d。

(2)预应力混凝土管桩(图1-3-3)。预应力混凝土管桩一般由工厂用离心旋转法制作。管桩按混凝土强度等级分为预应力混凝土管桩和预应力高强混凝土管桩。预应力混凝土管桩代号为PC,预应力高强混凝土管桩代号为PHC。管桩按外径(mm)分为300、350、400、450、500、600、800、1000等规格,长度为7～15m,按管桩的抗弯性能或混凝土有效压预应力值分为A型、AB型、B型、C型。其混凝土有效预压应力值(N/mm^2)分别为4.0、6.0、8.0、10.0。

2. 钢管桩(图1-3-4)

钢管桩直径一般为250～1200mm,壁厚820mm,分段长度一般不大于15m,可采用无缝钢管(直径为250～300mm)或直缝焊接钢管(直径300>mm)。

制作钢管桩的材料规格及强度应符合设计要求,并有出厂合格证和实验报告。桩材表面不得有裂缝、起鳞、夹层及严重锈蚀等缺陷。焊缝的电焊质量除常规检查外,还应做10%的焊缝探伤检查。

用于地下水有侵蚀性的地区或腐蚀性土层的钢管桩,应设计要求作防腐处理。

图1-3-3　预应力混凝土管桩

图1-3-4　钢管桩

二、桩的起吊和运输

预制桩应在混凝土达到设计强度的70%后方可起吊,达到设计强度的100%后才可运输和沉桩。如需提前吊运和沉桩,则必须采取措施并经承载力和抗裂度验算合格后方可进行。桩在起吊和搬运时,必须做到平稳并不得损坏棱角,吊点应符合设计要求。如无吊环,设计又未作规定时,可按吊点间的跨中弯矩与吊点处的负弯矩相等的原则来确定吊点位置。常见的几种吊点合理位置见图1-3-5。

钢管桩在运输过程中,应防止桩体撞击而造成桩断、桩体损坏或弯曲。

三、桩的堆放

桩运到工地现场后,应按不同规格将桩分堆,以免沉桩时错用;堆放桩的场地应靠近沉桩地点,地面必须平整坚实,设有排水坡度;多层堆放时,各层桩间应放置垫木,垫木的间距可根据吊点位置确定,并应上下对齐,位于同一垂直线上(图1-3-6)。混凝土管桩堆放层数:直径

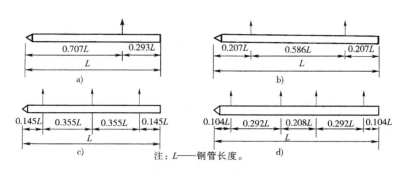

图 1-3-5 吊点的合理位置
a)1 个吊点；b)2 个吊点；c)3 个吊点；d)4 个吊点

400mm 的管桩最高可堆放 6 层；直径 550mm 的管桩不宜超过 4 层。钢管桩的堆放层数：直径 900mm 放置 3 层；直径 600mm 放置 4 层；直径 400mm 放置 5 层。H 形钢桩的堆放层数最多 6 层。

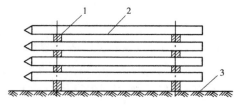

图 1-3-6 预制桩堆放图
1-垫木；2-预制桩；3-地坪

四、沉桩前的准备工作

为使桩基施工能顺利进行，沉桩前应根据设计图纸要求、现场水文地质情况和施工方案，做好以下施工准备工作。

1. 清除障碍物

沉桩前应认真清除现场（桩基周围 10m 以内）妨碍施工的高空、地面和地下的障碍物（如地下管线、地上电杆线、旧有房基和树木等），同时还必须加固邻近的危房、桥涵等。

2. 平整场地

在建筑物基线以外 4～6m 范围的整个区域，或桩机进出场地及移动路线上，应作适当平整压实（地面坡度不大于 1%），并保证场地排水良好。

3. 进行沉桩试验

沉桩前应先进行不少于 2 根桩的沉桩工艺试验，以了解桩的沉入时间、最终贯入度、持力层的强度、桩的承载力以及施工过程中可能出现的各种问题和反常情况等，确定沉桩设备和施工工艺是否符合设计要求。

4. 抄平放线、定桩位

在沉桩现场或附近区域，应设置数量不少于 2 个的水准点，以作抄平场地标高和检查桩的入土深度之用。根据建筑物的轴线控制桩，按设计图纸要求定出桩基础轴线和每个桩位。桩位的放样允许偏差为：群桩 20mm，单排桩 10mm。定桩位的方法是在地面上用小木桩或撒白灰点标出桩位，或用设置龙门板拉线法定出桩位。龙门板拉线法可避免因沉桩击动土层而使小木桩移动，故能保证定位准确，同时也可作为在正式沉桩前，对桩的轴线和桩位进行复核之用。

5. 确定沉桩顺序

确定沉桩顺序是合理组织沉桩的重要前提，它不仅与能否顺利沉入、确保桩位正确有关，而且还与预制桩堆放场地布置有关。桩基施工中宜先确定沉桩顺序，后考虑预制桩堆放场地布局。

沉桩顺序一般有:逐排沉没、自中间向四周沉没、分段沉没等三种情况(图1-3-7)。确定沉桩顺序时应考虑的因素很多,如桩的供应条件和桩的起吊进入桩架导管是否方便;沉桩时的挤土,是否会造成先沉入的桩被后沉入的桩推挤而发生位移,或后沉入的桩被先沉入的桩挤紧而不能入土;桩架位移是否方便,有无空跑现象等。其中挤土影响为考虑的主要因素。为减少挤土影响,确定沉桩顺序的原则如下:

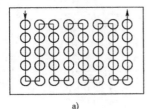 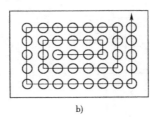 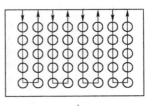

a)   b)   c)

图1-3-7 沉桩顺序图
a)逐排沉没;b)自中间向四周沉没;c)分段沉没(可同时施工)

(1)从中间向四周沉没,由中及外。
(2)从靠近现有建筑物最近的桩位开始沉没,由近及远。
(3)先沉没入土深度深的桩,由深及浅。
(4)先沉没断面大的桩,由大及小。

沉桩顺序确定后,还需考虑桩架是往后"退沉桩"还是向前"顶沉桩"。当沉桩地面标高接近桩顶设计标高时,由于桩尖持力层的标高不可能完全一致,而预制桩又不能设计成各不相同的长度,因此桩顶高出地面是不可避免的,在此情况下,桩架只能采取往后"退沉桩",不能事先将桩布置在地面,只能随沉桩随运桩。如沉桩后桩顶的实际标高在地面以下,则桩架可以采取往前"顶沉桩"的方法,此时只要场地允许,所有的桩都可以事先布置好,避免场内二次搬运。

五、桩的沉设

预制桩按沉桩设备和沉桩方法,可分为锤击沉桩、振动沉桩、静力压桩和射水沉桩等数种。

1. 锤击沉桩

锤击沉桩又称打桩。它是利用打桩设备的冲击动能将桩打入土中的一种方法。

(1)打桩设备及选用。打桩设备主要包括桩锤、桩架和动力位置三部分。桩锤是对桩实施加冲击,把桩打入土中的主要机具。桩架的作用是将桩提升就位,并在打桩过程中引导桩的方向,以保证桩锤能沿着所要求的方向冲击。动力装置包括驱动桩锤及卷扬机用的动力设备(发电机、蒸汽锅炉、空气压缩机等)、管道、滑轮组和卷扬机等。

①桩锤。桩锤的种类繁多,一般有落锤、蒸汽锤、柴油锤、液压锤等数种。

A.落锤。落锤用钢铸成,一般锤重0.5~2t。其工作原理是利用人力或卷扬机,将锤提升至一定高度,然后使锤子自由下落到桩头上而产生冲击力,将桩逐渐击入土中(图1-3-8)。落锤适用于粘土和含砂、砾石较多的土层中打桩。但因冲击能量有限,打桩速度慢(6~10次/min),对桩顶的损伤较大,故只有当使用其他型式的桩锤不经济或小型工程中才被使用。

B.蒸汽锤。蒸汽锤是利用蒸汽的动力进行锤击,其效率与土质软、硬的关系不大,常用在较软弱的土层中打桩。按其工作原理可分为单动汽锤(图1-3-9)和双动汽锤两种。蒸汽锤打桩效率低、设备笨重、成本高,但锤质量大,使用稳定可靠。

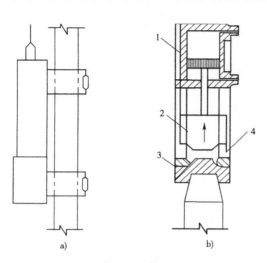
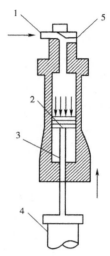

图1-3-8 落锤
1-活塞;2-气锤;3-锤砧;4-桩

图1-3-9 单动汽锤
1-进气孔;2-活塞;3-汽缸;4-桩;5-出气孔

C.柴油锤。柴油锤是利用锤的冲击部分(活塞或往复运动的缸体)下落时的冲击能量使桩下沉。它在低温时启动困难,在软土上打桩贯入度大,不易反弹,往往不能连续工作,打击力不易控制,施工时存在残油飞溅、噪声和振动等问题。

D.液压锤。液压锤由锤筒、锤头活塞、无杆活塞等组成。筒腔内充满高压氮气和油。打桩时锤身被两个液压缸驱动顶起,下落时锤头接触桩顶,因重量很大的锤筒继续下降,大量动能通过高压氮气紧压在桩顶上,将桩压入土中。

合理选用桩锤是保证桩基施工质量的重要条件,桩锤必须有足够的锤击能量,才能将桩打到设计要求的标高和满足贯入度的要求。因此,桩锤必须要有足够的重量。如重量过大,使桩受锤击时产生过大的锤击应力,易使桩头破碎,故应在采用重锤低击打桩的原则下,恰当地选择锤重。锤重应根据工程地质条件、桩的类型与规格、桩的密集程度、锤击应力、单桩竖向承载力以及现有施工条件等因素综合考虑后进行选择,对钢桩,在不使钢材屈服的前提下,尽量选用重锤。

②桩架。桩架的作用是吊桩就位,固定桩的位置,承受桩锤和桩的重量,在打桩过程中引导锤和桩的方向,并保证桩锤能沿着所要求的方向冲击桩体。

A.桩架的型式:通常有以下四种:塔式打桩架(图1-3-10)、直式打桩架(图1-3-11)、悬挂式打桩架(图1-3-12)和三点支撑式履带行走打桩架(图1-3-13)。

塔式和直式打桩架大多用于蒸汽锤,也有用于柴油锤。其特点是稳定性好,起吊能力大,可打较长(≤30m)的桩,但占地面积大,架体笨重,装拆较麻烦。悬挂式打桩架是利用履带起重机的起重臂来吊住导架(或称龙门架)进行打桩的。三点支撑式履行带行走打桩架是以履带起重机为底盘,把导管挂装在起重臂的底铰,并加支撑而成,其特点是移动方便,回转良好。打钢桩通常选用三点支撑式履带行走打桩架。

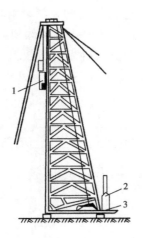

图 1-3-10 塔式打桩架
1-蒸汽锤;2-锅炉;3-卷扬机

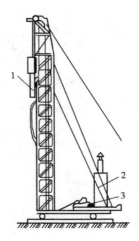

图 1-3-11 直式打桩架
1-蒸汽锤;2-锅炉;3-卷扬机

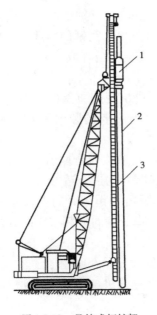

图 1-3-12 悬挂式打桩架
1-柴油锤;2-桩;3-龙门架

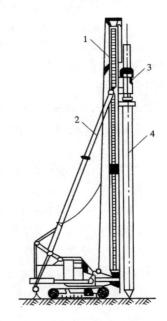

图 1-3-13 三点支撑式履带行走打桩架
1-导杆;2-支撑;3-柴油锤;4-桩

B. 桩架的选用。首先要满足锤形的需要。若是柴油锤,最好选用三点支撑式履带行走桩架,若是蒸汽锤,只能选用塔式桩架或直式桩架。其次,选用的桩架还必须符合如下要求:使用方便,安全可靠,移动灵活,便于装拆;锤击准确,保证桩身稳定,生产效率高,能适应各种垂直和倾斜角的需要;桩架的高度＝桩长＋桩锤高度＋桩帽及锤垫高度＋滑轮组高度＋1～2m起锤工作余地。

(2)打桩工艺。桩的沉没工艺流程如下:

①吊桩就位。按既定的打桩顺序,先将桩架移动至桩位处并用缆绳拉牢,然后将桩运至桩

架下,利用桩架上的滑轮组,由卷扬机提升桩。当桩提升送入桩架的龙门导管内,同时把桩尖准确地安放在桩位上,并与桩架导管相连接,以保证打桩过程中桩不发生倾斜或移位。桩就位后,在桩顶放上弹性垫层如草袋、废麻袋等,放下桩帽套入桩顶,桩帽上再放上垫(硬)木,即可降下桩锤压住桩帽。在桩的自重和锤重的压力下,桩便会沉入土中一定深度。待下沉到稳定状态,并经全面检查和校正合格后,即可开始打桩。

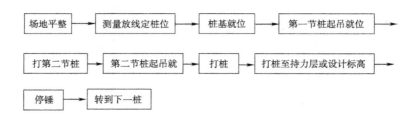

②打桩。用自由落锤施打时,初始段落距应小些,宜 0.5m 左右,待桩入土一定深度并稳定后,经检查桩尖不发生偏移,再逐渐增大落距,按正常落距锤击。用柴油锤施打时,开始阶段可使柴油锤不发火,用锤重加一定冲击力将预制桩压入一定深度后,再按正常方式施打。

打桩宜采用"重锤低击"。实践经验表明:在一般情况下,若单动汽锤的落距≤0.6m,落锤的落距≤1.0m,以及柴油锤的落距≤1.5m 时,能防止桩顶混凝土被击碎或开裂。

(3)打桩注意事项:

①打桩属隐蔽工程,为确保工程质量,分析处理打桩过程中出现的质量事故和为工程质量验收提供必要的依据,因此打桩时必须对每根桩的施打,进行必要的数值测定并做好详细记录。

②打桩时严禁偏打,因偏打会使桩头某一侧产生应力集中,造成压弯联合作用,易将桩打坏。为此,必须使用桩锤、桩帽和桩身轴线重合,衬垫要平整均匀,构造合适。

③桩顶衬垫弹性应适宜,如果衬垫弹性合适会使桩顶受锤击的作用时间以及锤击引起的应力波波长延长,而使锤击应力值降低,从而提高打桩效率并降低桩的损坏率。故在施打过程中,对每一根桩均应适时更换新衬垫。

④打桩入土的速度应均匀,连续施打,锤击间歇时间不要过长。否则由于土的固结作用,使继续打桩受阻力增大不易打入土中。钢管桩或预应力混凝土管桩施打如有困难,可在管内取土助沉。

⑤打桩时如发现桩的回弹较大且经常发生,则表示桩锤太轻,锤的冲击动能不能使桩下沉,应及时更换重的桩锤。

⑥打桩过程中,如桩锤突然有较大的回弹,则表示桩尖可能遇到阻碍。此时必须减小锤的落距,使桩缓慢下沉,待穿过阻碍层后,再加大落距并正常施打。如降低落距后,仍存在这种回弹现象,应停止锤击,分析原因后再进行处理。

⑦打桩过程中,如桩的下沉突然加大,则表示可能遇到软土层、洞穴,或桩尖、桩身已遭受破坏等。此时也应停止锤击,分析原因后再进行处理。

⑧若桩顶需打至桩架导杆底端以下或打入土中,均需送桩。送桩时,桩身与送桩的纵轴线应在同一垂直轴线上。

⑨若发现桩已打斜,应将桩拔出,探明原因,排除障碍,用砂石填孔后,重新插入施打。若拔桩有困难,应在原桩附近再补打一桩。

⑩打桩时尽量避免使用送桩,因送桩与预制桩的截面有差异时,会使预制桩受到较大的冲击力。此外,还会导致预制桩入土时发生倾斜。

(4)打桩质量要求与验收。打桩质量评定包括两个方面:一是能否满足设计规定的贯入度或标高设计要求;二是桩打入后的偏差是否在施工规范允许的范围以内。

①贯入度或标高必须符合设计要求。桩端达到坚硬、硬塑的粘性土、碎石土、中密以上的粉土和砂石或风化岩等土层时,应以贯入度控制为主,桩端进入持力层深度或桩尖标高可作为参考;若贯入度已达到而桩端标高未达到时,应继续锤击3阵,其每阵10击的平均贯入度不应大于规定的数值(一般在30~50mm);桩端位于其他软土层时,以桩端设计标高控制为主,贯入度可作为参考。

上述所说的贯入度是指最后贯入度,即施工中最后10击内的平均入土深度。贯入度大小应通过合格的试桩或试打数根桩后确定,它是打桩质量的重要控制指标。最后贯入度的测量应在下列正常条件下进行:桩顶没有破坏;锤击没有偏心;锤的落距符合规定;桩帽与弹性垫层正常。打桩时如桩端达到设计标高而贯入度指标与要求相差较大,或者贯入度指标已满足,而标高与设计要求相差较大时,说明地基的实际情况与设计原来的估计或判断有较大的出入,属于异常情况,应会同设计单位研究处理。打桩时如发现地质条件与勘察报告的数据不符,亦应与设计单位研究处理,以调整其标高或贯入度控制的要求。

②平面位置或垂直度必须符合施工规范要求。桩打入后,在平面上与设计位置的偏差不得大于100~150mm,垂直度偏差不得超过0.5%。因此,必须使桩在提升就位时要对准桩位,桩身要垂直;桩在施打时,必须使桩身、桩帽和桩锤三者的中心线在同一垂直轴线上,以保证桩的垂直入土;短桩接长时,上下节桩的端面要平整,中心要对齐,如发现端面有间隙,应用铁片垫平焊牢;打桩完毕基坑开挖时,应制定合理的挖土施工方案,以防挖土而引起桩的位移和倾斜。

③打入桩桩基工程的验收必须符合施工规范要求。打入桩桩基工程的验收通常应按两种情况进行:当桩顶设计标高与施工场地标高相同时,应待打桩完毕后进行;当桩顶设计标高低于施工场地标高需送桩时则在每一根桩的桩顶打至场地标高,应进行中间验收,待全部桩打完,并开挖到设计标高后,再做全面验收。桩基工程验收时应提交下列资料:A.桩位测量桩线图;B.工程地质勘察报告;C.材料试验记录;D.桩的制作与打入记录;E.桩位的竣工平面图;F.桩的静载和动载试验资料及确定桩贯入度的记录。

2. 振动沉桩

振动沉桩与锤击沉桩的施工方法基本相同,其不同之处是用振动桩机代替锤打桩机施工。振动桩机主要由桩架、振动锤、卷扬机和加压装置等组成。

(1)振动锤(图1-3-14)。利用振动锤沉桩的工作原理是:沉桩时,当启动电动机后,由于偏心块转动而产生离心力,其水平分力相互抵消,垂直分力则相互叠加,形成垂直振动力。由于振动锤与桩顶为刚性固定连接,当锤振动时,迫使桩和桩四周的土地处于振动状态,因此土被扰动,从而使桩表面摩阻力降低在锤和桩的自重共同作用下,使桩能顺利地沉入桩中。

(2)振动沉桩方法。振动沉桩施工方法是在振动桩机就位后,先将桩吊升并送入桩架导

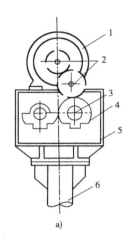

图 1-3-14 振动锤
a) 结构图;b) 实图
1-电动机;2-传动齿轮;3-轴;4-偏心块;5-箱壳;6-桩

管内,落下桩身直立插于桩位中。然后在桩顶扣好桩帽,校正好垂直度和桩位,除去吊钩把振动锤放置于桩顶上并连牢。此时在桩自重和振动锤重力作用下,桩自行沉入土中一定深度,待稳定并经再校正桩位和垂直度后,即可启动振动锤开始沉桩。振动锤启动后产生振动力,通过桩身将此振动力传递给土壤,迫使土体产生强迫振动,导致土壤颗粒彼此间发生位移,因而减少了桩与土壤之间的摩擦阻力,使桩在自重和振动力共同作用下沉入土中,直沉至设计要求位置。振动沉桩一般控制最后三次振动(每次振动10min),测出每分钟的平均贯入度,或控制沉桩深度,当不大于设计规定的数值时即认为符合要求。

振动沉桩具有噪声小、不产生废气污染环境、沉桩速度快、施工简便、操作安全等优点。振动沉桩法适用于砂质粘土、砂土和软土地区施工,但不宜用于砾石和密实的粘土层中施工。如用于砂砾石和粘土层中时,则需配以水冲法辅助施工。

3. 静力压桩

静力压桩是在软土地基上,利用桩机本身产生的静压力将预制桩分节压入土中的一种桩方法。具有施工时无噪声、无振动、施工迅速方便、沉桩速度快(压桩速度可达2m/min)等优点,而且在压桩过程中,还可预估单桩承载力。静力压桩适用于软弱土层,当存在厚度大于2m的中密以上砂夹层时,不宜采用静力压桩。

(1)静力压桩设备。静力压桩机有机械式和液压式两种类型。其中机械式压桩机目前已基本上淘汰。

液压压桩机主要由夹持机构、底盘平台、行走回转机构、液压系统和电气系统等部分组成,其压桩能力有80t、120t、150t、200t、240t、320t等,其构造见图1-3-15。

(2)压桩施工程序及终压控制原则。压桩施工的一般程序是:平整场地并使它具有一定的承载力,压桩机安装就位,按额定的总重量配置压重,调整机架水平和垂直度,将桩吊入桩机夹持机构中并对中,垂直将桩夹持住,正式压桩。压桩过程中应通常观察压力表,控制压桩阻力,记录压桩深度,做好压桩施工记录。如为多节桩,中途接桩可采用浆锚法或焊接法。压桩的终压控制,应按设计要求确定,一般摩擦桩以压入长度控制,压桩阻力作为参考;端承桩以压

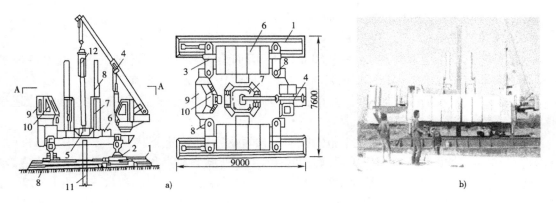

图 1-3-15　全液压式静力压桩机(单位:mm)
a)结构图;b)实图

1-长船行走机构;2-短船行走及回转机构;3-支腿式底盘结构;4-液压起重机;5-夹持与压板装置;6-配重铁块;7-导向架;8-液压系统;9-电控系统;10-操纵室;11-已压入下节桩;12-吊入上节桩

桩阻力控制,压入深度作为参考。

(3)压桩施工注意事项:

①压桩机应根据土质情况配足额定重量,场地应平整且有一定承载力。压桩时,桩帽、桩身和送桩的中心线应重合。

②压桩应连续进行,不得中断,接桩时间应尽量缩短,上下节桩应在同一轴线上,桩头应平整光滑。

③遇有地下障碍物,使桩在压入过程中倾斜时,不能用桩机行走方式强行纠正,应将桩拔起,待地下障碍物清除后,重新压桩。

④当桩在压入过程中,夹持机构与桩侧打滑时,不能任意提高液压油的压力强行操作,而应找出打滑原因,采取有效措施后方能进行施工。

⑤由于桩的贯入阻力太大,使桩不能压至标高,不能任意增加配重,否则将引起液压元件和构件损坏。

⑥压桩中如遇砂层,压桩阻力突然增大,致使压桩机上抬,此时可在最大桩压力作用下维持一定时间,使桩有可能缓慢下沉穿过砂层。如维持定时压桩无效,难以压至设计标高时,可截去桩顶。

⑦遇到下列情况应暂停压桩,并及时与有关单位研究处理:

A.初压时,桩身发生较大幅度的移位、倾斜;压入过程中桩身突然下沉或倾斜。

B.桩顶混凝土破坏,或压桩阻力剧变。

4.水冲沉桩

(1)施工方法。水冲沉桩(图1-3-16)施工方法是在待沉桩身旁侧,插入两根用卡具与桩身连接的平行射水管,管下端设喷嘴,沉桩时利用高压水,通过射水管喷嘴射水,冲刷桩尖下的土壤,使土松散而流动,减少桩身下沉的阻力。同时射入的水流大部又沿桩身返回地面,因而减少了土壤与桩身间的摩擦力,使桩在自重或加重的作用下沉入土中。

(2)适用范围。水冲沉桩法适用于在砂土和砂石土或其他坚硬土层中沉桩施工。水冲沉桩在锤击沉桩或振动沉桩结合适用,则更能显示其工效。方法是当桩尖水冲沉至离设计标高

1~2m处时,停止射水,改用锤击或振动将桩沉到设计标高。

5. 多节桩的连接

预制桩的长度往往很大,有的长达60m以上,因而须将长桩分节逐段沉入。通常一根桩的接头总数不宜超过3个,接桩时其接口位置以离地面0.8~1.0m为宜。

(1) 钢筋混凝土预制桩的连接。目前,国内通常采用的连接方式有焊接、法兰盘螺栓连接和硫黄泥锚接。

①焊接连接。焊接连接即在上下桩的接头处预埋钢帽铁件,上下接头对正后用金属件(如角钢)现场焊牢。预埋钢板宜用低碳钢,焊条宜用E43。焊接连桩适用于单桩设计承载力高、细长比大、桩基密集或需穿过一定厚度软硬土层、估计沉桩较困难的桩,其接头构造见图1-3-17。

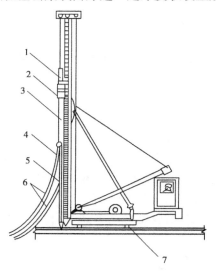
图1-3-16 水冲沉桩
1-桩锤;2-桩帽;3-桩;4-卡具;5-射水管;6-高压软管;7-轨道

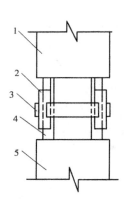
图1-3-17 焊接连接
1-上节桩;2-连接角钢;3-连接板;4-与主筋连接的角钢;5-下节桩

②法兰盘螺栓连接接桩。法兰盘螺栓连接接桩即在上下桩接头处预埋带有法兰盘的钢帽预埋件,上下桩对正用的螺栓拧紧。法兰盘螺栓连接桩的适用条件基本上与焊接桩相同。连桩时上下节桩之间用石棉或纸板衬垫,拧紧螺栓螺母,经锤击数次再拧紧一次,并焊死螺母。

③硫黄胶泥锚接接桩。硫黄胶泥锚接接桩即在上节桩的下端预留垂直锚筋孔。呈螺纹形,孔径为锚筋直径的2.5倍,一般内径采用50mm,孔深大于锚筋长度50mm。将溶化的硫黄胶泥注满锚筋孔并溢出桩面,迅速落下上桩头使互相胶结。待其冷却一段时间后即开始沉桩。该连接方法一般适用于软土层。

(2) 刚桩的连接:

①钢管桩的连接。装接头构造见图1-3-18,其连接用的衬环是斜面切开的,比钢管内径略小,搁置于挡块上,以专用工具安装,使之与下节钢管桩内壁紧贴。

②H形钢桩。采用坡口焊接对接连接,将上节桩下端作坡口切割,连接时采取措施(如加填块)使上下节桩保持2~3mm的连接间隙,使之对焊接长。每个焊接接头除按规定做外观检查外,还应按要求做探伤检查。

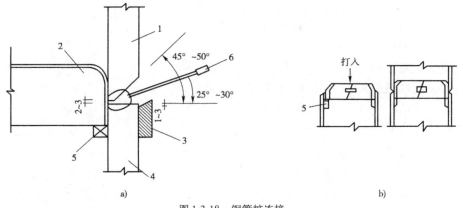

图 1-3-18 钢管桩连接
a)钢管桩连接构造;b)内衬安装
1-上节钢管桩;2-内衬环;3-铜夹箍;4-下节钢管桩;5-挡块;6-焊枪

第三节 混凝土灌注桩施工

混凝土灌注桩(简称灌注桩)是在预定桩位上钻(或挖)一定直径的孔,或打入钢管成孔至设计深度(钢管可在浇混凝土时边浇边拔起回收),并在孔中灌注混凝土(或先在孔中吊放钢筋骨架)而成的桩。

按成孔方法不同,灌注桩可分为钻孔灌注桩、人工挖孔灌注桩、沉管灌注桩和爆扩灌注桩等几种。

一、钻孔灌注桩

钻孔灌注桩是指利用钻孔机械钻出桩孔,并在孔中浇筑混凝土(或先在孔中吊放钢筋骨架)而成的桩。所以灌注桩的施工过程主要有成孔和混凝土灌注两道施工工序。按成孔方法,钻孔灌注桩可分为泥浆护壁成孔灌注桩和干作业成孔灌注桩两种。

1. 泥浆护壁成孔灌注桩施工

在钻孔过程中,为了防止孔壁坍塌,孔中注入一定稠度的泥浆(或孔中注入清水直接制浆)护壁。泥浆护壁成孔灌注桩适用于在地下水位较高的含水粘土层、流沙、夹砂和风化岩等各种土层中的桩基成孔施工,因而使用范围较广,其具体施工工艺流程见图 1-3-19。

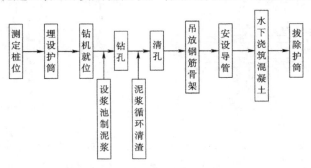

图 1-3-19 泥浆护壁成孔灌注桩施工工艺流程

(1)施工准备。包括:选择钻机、钻具,场地布置,挖设排水沟,设泥浆池制备泥浆,做试桩成孔,设置桩基轴线定位点和水准点,放线定桩及其复核等工作。

钻机是钻孔灌注桩施工的主要设备,钻机有潜水钻机、回转钻机、冲抓钻机、冲击钻机等几种。可根据地质情况和各种钻孔机的应用条件来选择。

①潜水钻机(图1-3-20)。国产的潜水钻机钻孔直径为450~3000mm,最大钻孔深度可达80m,反循环潜水钻机甚至可达100m。适用于粘土、粉土、淤泥质土、砂土、强风化岩、软质岩层,尤其适用于地下水位较高的土层中成孔。不宜用于碎石土、卵石地基。可采用正、反两种循环方式。采用正循环潜水钻时泥浆起悬浮钻渣并护壁的作用,采用反循环潜水钻时泥浆起护壁的作用。

②回转钻机(图1-3-21)。回转钻机是由动力装置带动钻机回转装置转动,再由其带动带有钻头的钻杆移动,由钻头切削土壤。根据泥浆循环方式的不同,分为正循环回转钻机和反循环回转钻机。回转钻机适用于地下水位较高的碎石类土、砂土、粘性土、粉土、强风化岩、软质与硬质岩层等多种地质条件。该钻机最大的钻孔直径可达2500mm,钻进深度可达40~100m。主机功率22~95kW。

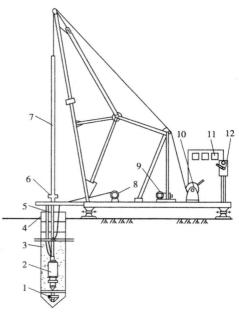

图1-3-20 潜水钻机
1-钻头;2-潜水钻机;3-电缆;4-护筒;5-水管;6-滚轮(支点);7-钻杆;8-电缆盘;9-5kN卷扬机;10-10kN卷扬机;11-电流电压表;12-启动开关

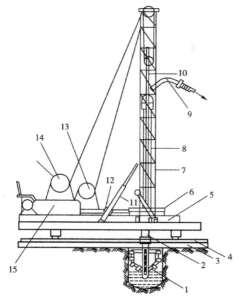

图1-3-21 回转钻机
1-钻头;2-钻管;3-轨枕钢板;4-轮轨;5-液压移动平台;6-回转盘;7-机架;8-活动钻管;9-吸泥浆弯管;10-钻管进导槽;11-液压支杆;12-传力杆方向节;13-副卷扬机;14-主卷扬机;15-变速箱

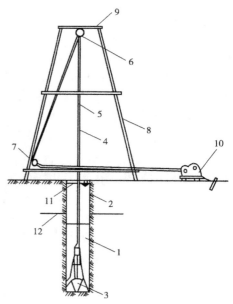

图1-3-22 冲抓钻机工作示意图
1-钻孔;2-护筒;3-冲抓锥;4-开合钢丝绳;5-吊起钢丝绳;6-天滑轮;7-转向滑轮;8-钻架;9-横梁;10-双筒卷扬机;11-水头高度;12-地下水位

③冲抓钻机(图1-3-22)。冲抓钻机采用冲抓锥张开抓瓣冲入土石中,然后收紧锥瓣绳,抓瓣便将土抓入锥中,提升冲抓锥出井孔,开瓣卸土,钻孔时采用泥浆护壁,也有配用钢套管全长护壁的,又称贝诺特钻机。冲抓钻机适用于淤泥、腐殖土、密实粘性土、砂类土、砂砾石和卵石,孔径1000～2000mm。该种钻机不需要钻杆,设备简单,施工方便、经济,适用范围广。

④冲击钻机(图1-3-23)。用冲击式装置或卷扬机提升钻锥,上下往复冲击,将土石劈裂、劈碎,部分挤入壁内,由于泥浆的悬浮作用,钻锥每次都能冲击到孔底土层,冲击一定时间后,掏渣清孔,然后继续钻进,当采用空心钻锥时,可利用钻锥收集钻渣,不需掏筒清渣。冲击钻机适用于所有土层,采用实心锥钻进时,在漂石、卵石和基岩中显得比其他钻进方法优越。其钻孔直径可达2000mm(实心锥)或1500mm(空心锥),钻孔深度一般为50m以内。

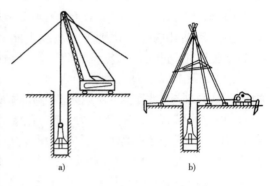

图1-3-23 冲击钻机工作示意图

⑤旋挖钻机(图1-3-24、图1-3-25)。旋挖成孔灌注桩施工是利用钻杆和斗式钻头的旋转及重力使土屑进入钻斗,提升斗式钻头出土成孔,人工配置的泥浆在孔内仅起护壁作用。成孔直径最大可达2m,深度60m,是最近几年从国外引进的新工艺。

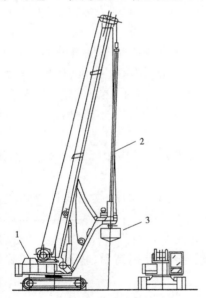

图1-3-24 旋挖钻机示意图(一)
1-主机;2-钻杆;3-钻头

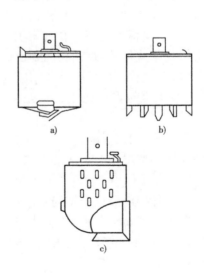

图1-3-25 旋挖钻机示意图(二)
a)锅底式钻头;b)多刃切削式钻头;c)锁定式钻头

该钻机适用于填土、粘土、粉土、淤泥、砂土及含有部分卵石、碎石的地层。一般需采用泥浆护壁,干作业时也可不用泥浆护壁。

(2)施工平台和钻孔机的安装与定位。除在旱地施工外,场地为浅水时,宜采用筑岛法施工。岛的高度应高出最高施工水位0.5~1.0m。场地为深水时,可采用固定式平台或浮式平台。平台须稳固牢靠,能承受施工时的静载和动载。钻孔机安装如果不稳定,施工中易产生钻孔机倾斜、桩倾斜和桩偏心等不良影响,因此要求安装施工平台稳固。

(3)埋设护筒。护筒一般由钢板加工而成,其内径宜比桩径大200~400mm。护筒中心线竖直线应与桩中心重合,平面误差为50mm,倾斜不大于1%。旱地或筑岛平台处护筒可用挖坑埋设法,护筒底部和四周所填粘土须分层夯实。护筒宜高出地面0.3m或水面1.0~2.0m。埋设护筒使钻孔内保持比地下水位或水面高的水头,增加孔内静水压力,防止坍孔。在杂填土或松软土层中钻孔时,也应设护筒,起定位、保护空口、存贮泥浆的作用。

(4)泥浆制备。钻孔泥浆由水、粘土(膨润土)和添加剂组成。并根据需要参入小量其他物质。钻孔时应在孔中注入泥浆。因孔内泥浆比水重,泥浆所产生的液柱压力可平衡地下水压力,并对孔壁有一定的侧压力,成为孔壁的一种液态支撑。同时,泥浆中胶质颗粒在泥浆压力下,渗入孔壁表层孔隙中,形成一层泥皮,从而可以防止塌孔,保护孔壁。泥浆除护壁作用外,还具有携渣、润滑钻头、降低钻头发热、减少钻进阻力等作用。

应根据成孔所用的不同设施、工艺以及地质条件调整泥浆的配合比,以获得适用的泥浆。

(5)钻孔。钻孔是一道关键工序,在施工中必须严格按照操作要求进行,才能保证成孔质量,首先要注意开孔质量,为此必须对好中线及垂直度,并压好护筒。在施工中要注意不断添加泥浆和抽渣(冲击式用),还要随时检查成孔是否有偏斜现象。采用冲击式或冲抓式钻机施工时,附近土层因受到震动而影响邻孔的稳固。所以钻好的孔应及时清孔,下放钢筋骨架和灌注水下混凝土。钻孔的顺序也应实事先规划好,既要保证下一个桩孔的施工不影响上一个桩孔,又要使钻机的移动距离不要过远和相互干扰。

(6)清孔。钻孔的深度、直径、位置和孔形直接关系到成桩质量与桩身曲直。为此,除了钻孔过程中密切观测监督外,在钻孔达到设计要求深度后,应对孔深、孔位、孔形、孔径等进行检查。在终孔检查完全符合设计要求时,应立即进行孔底清理,清孔之目的是清除钻渣和沉淀层,同时也为泥浆下浇筑混凝土创造良好条件,确保浇筑质量。也避免隔时过长以致泥浆沉淀,引起钻孔坍塌。

清孔方法有换浆、抽浆、掏渣、空压机喷射、砂浆置换等方法。应根据设计要求、钻孔方法、机具设备条件和地层情况来决定清孔方法。

(7)混凝土浇筑(图1-3-26)。桩孔钻成并清孔完毕后,应立即吊放钢筋骨架和浇筑水下混凝土。吊放钢筋骨架前要检查钢筋骨架加工是否符合设计要求;可设置定位钢筋环或混凝土垫块以保证有60~80mm钢筋保护层。钢筋骨架要垂直吊放到孔内,吊放时要细心轻放,切不可强行下插,以免产生回击落土;吊放完毕并经检查符合设计标高后,将钢筋骨架临时固定(如绑在护筒或桩架上),以防移动。

钢筋骨架放入桩孔后4h内必须浇筑混凝土;用导管灌注混凝土,浇筑混凝土应连续进行不得中断;导管的埋置深度宜控制在2~6m,并应常测探井孔内混凝土面的位置,及时调整导管埋深。灌注混凝土时应防止钢筋骨架上浮。灌注的桩顶标高应高出设计标高0.5~1.0m,多余部分在接桩前凿除。

(8)施工中常遇问题及处理方法。泥浆护壁成孔灌注桩施工中,常会遇到护筒冒水、钻孔倾斜、孔壁坍陷和颈缩等问题,其原因和处理方法简述如下:

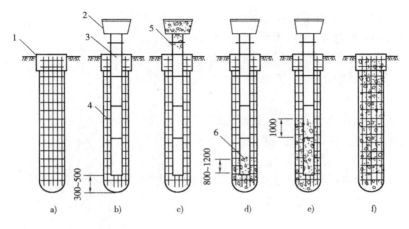

图 1-3-26 水下混凝土浇筑示意图(单位:mm)
a)吊放钢筋骨架;b)插下导管;c)漏斗满灌混泥;d)除去隔水栓混凝土下落孔底;e)随浇混凝土随提升导管;f)拔除导管成桩
1-护筒;2-漏斗;3-导管;4-钢筋骨架;5-隔水栓;6-混凝土

①护筒冒水。施工中发生护筒外壁冒水,如不及时采取防止措施,将会引起护筒倾斜、位移、桩孔偏斜,甚至产生地基下沉。护筒冒水的原因是由于埋设护筒时周围填土不密实,或者起落钻头时碰动护壁。处理方法是,若在成孔施工开始时就发现护筒冒水,可用粘土在护筒四周加固,若在护筒已严重下沉或位移时发现护筒冒水,则应返工重埋。

②孔壁缩颈。当在软土地区钻孔,尤其在地下水位高、软硬土层交界处,极易发生颈缩。施工过程中,如遇钻杆上提或钢筋骨架下放受阻现象时,就表明存在局部颈缩。孔壁颈缩的原因是由于泥浆相对密度不当,桩的间距过密,成桩的施工时间相隔太短,钻头磨损过大等造成。处理方法是采取将泥浆相对密度控制在 1.15 左右,施工时要跳开 1~2 个桩位钻孔,成桩的施工间隔时间要超过 72h,钻头要定时更换等措施。

③孔壁塌陷。在钻孔过程中,如发现孔内冒细密水泡,或护筒内的水位忽然下降,这些都表明有孔壁塌陷的迹象。塌孔会导致孔底沉淀增加、混凝土灌注量超方和影响临桩施工。孔壁塌陷的原因是由于土质松散。泥浆护壁不良;泥浆吸出量过大,护筒内水位高度不够;钻杆刚度不足引起晃动而导致碰撞孔壁和吊放钢筋骨架时碰撞孔壁引起的。处理方法:如在钻进中出现塌孔时;首先应保持孔内水位,并可加大泥浆相对密度,减少泥浆泵排出量,以稳定孔壁;如塌孔严重,或泥浆突然漏失时,应停钻并在判明塌孔位置和分析原因后,立即回填砂和粘土混合物到塌孔位置以上 1~2m,待回填物沉积密实,孔壁稳定后再进行钻孔。

④钻孔倾斜。钻孔时由于钻杆不垂直或弯曲,土质松软不一,遇上孤石或旧基础等原因都会引起钻孔倾斜。处理方法:如钻孔时发现钻杆有倾斜,应立即停钻,检查钻机是否稳定,或是否有地下障碍物,排除这些因素后,改用慢钻速,并提动钻头进行扫孔纠正,以便削去"台阶";如用上述方法纠正无效,应回填砂和粘土混合物至偏斜处以上 1~2m,待沉积密实后,重新进行钻孔施工。

2. 干作业成孔灌注桩施工

干作业成孔灌注桩的施工方法是先利用钻孔机械(机动或人工)在桩位处进行钻孔,待孔深达到设计要求时,立即进行清孔,然后将钢筋骨架吊入桩孔内,再浇筑混凝土而成的桩。干作业成孔灌注桩,适用于地下水位以上的干土层中桩基的成孔施工。

干作业成孔灌注桩施工工艺流程:测定桩位→钻孔→清孔→下钢筋骨架→浇筑混凝土。干作业成孔与泥浆护壁施工在于钻孔过程中的施工方法不同,其他的过程都差不多。

(1)成孔机械与成孔方法。干作业成孔灌注桩所用的成孔机械有螺旋钻机、钻孔扩机、机动或人工洛阳铲等几种。

①螺旋钻机。图1-3-27为步履式螺旋钻机示意图。螺旋钻机适用于地下水位以上的粘性土、砂类土、含少量砂砾石、卵石的土。

采用螺旋钻机的施工方法是先使钻机就位,钻杆对准桩孔中心点,然后使钻杆往下运动,待钻头刚接触地面时,立即使钻杆转动。应注意钻机放置要平稳、垫实,并用线锤或水平尺检查钻杆是否平直,以保证钻头沿垂线方向钻进。在钻孔过程中如出现钻杆跳动,机架摇晃,钻不进或钻头发出响声时,表明钻机以出现异常情况,或可能遇到孔内有坚硬物,应立即停车检查,待查明原因都再作处理。操纵中要随时注意钻架上的刻度标尺,当钻孔钻至设计深度要求时,应先在原处空转清土,然后停止回转,提升钻杆出孔外。

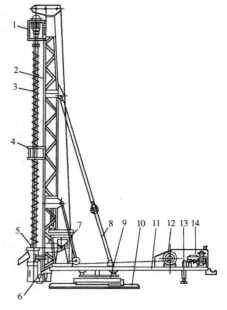

图1-3-27 步履式螺旋钻机示意图
1-减速箱总成;2-臂架;3-钻杆;4-中间导向套;5-出土装置;6-前支腿;7-操纵室;8-斜撑;9-中盘;10-下盘;11-上盘;12-卷扬机;13-后支腿;14-液压系统

②钻扩机。钻扩机是用于钻孔扩底灌注桩中的成孔机械,它的主要部分是由两根并列的开口套管组成的钻杆和钻头。钻头上装有钻孔刀和扩孔刀。

(2)混凝土浇筑及质量要求。桩孔钻成并清孔后,先吊放钢筋骨架,后浇筑混凝土。为防止孔壁坍塌,避免雨水冲刷,成孔经检查合格后,应及时浇筑混凝土;如土层较好,没有雨水冲刷,从成孔至混凝土浇筑的时间间隔也不得超过24h。

混凝土坍落度一般采用80~100mm,混凝土应连续浇筑,分层捣实,每层的高度不得大于1.50m;混凝土浇筑应适当超过桩顶设计标高,以保证在凿除浮浆层后,桩顶标高和混凝土质量能符合设计要求。

孔底虚土清理的好坏,不仅影响桩的端承力和虚土厚度范围内的侧摩阻力,而且还影响孔底向上相当一段桩的侧摩阻力,因此必须认真对待孔底虚土的处理。通常采用加水泥来固结被钻具扰动的孔底虚土,或向孔底夯入砂石混合料,或扩大桩的侧面以增大其与土的接触面等措施,以提高钻孔灌注桩的承载力。

二、人工挖孔灌注桩

人工挖孔灌注桩是指桩孔采用人工挖掘方法进行成孔,然后安放钢筋骨架,浇筑混凝土而成的桩。是以硬土层做持力层、以端承力为主的一种基础形式,如果桩底部再进行扩大,则称"大直径扩底灌注桩"。特点是单桩承载力高,受力性能好,既能承受垂直荷载,又能承受水平荷载,设备简单;无噪声、无振动,对施工现场周围原有建筑物的危害影响小;施工速度快,必要时可各桩同时施工;土层情况明确,可直接观察到地质变化的情况;桩底沉渣能清理干净;施工质量可靠,造价较低。但其缺点是人工耗量大,开挖效率低,安全操作条件差等。

1. 施工机具

人工挖孔桩机具设备可根据孔径、孔深和现场具体情况加以选用,常用的有:

(1)电动葫芦和提土桶。用于施工人员上下、材料和弃土的垂直运输。

(2)潜水泵。用于抽出桩孔中的积水。

(3)鼓风机和输风管。用于向桩孔中输送新鲜空气。

(4)镐、锹等。用于挖土的工具,如遇坚硬土或岩石,还需另备风镐。

(5)照明灯、对讲机及电铃。用于桩孔内照明和桩孔内外联络。

2. 施工工艺

人工挖孔桩的直径除了要满足设计承载力外,还应考虑施工操作所需的最小尺寸要求,故桩径不宜小于800mm。人工挖孔桩施工时,为确保挖土成孔施工安全,必须预防孔壁坍塌和流砂现象的发生。施工前应根据地质勘察资料,拟订出合理的护壁措施和降排水方案。护壁方法很多,可以采用现浇混凝土护壁、喷射混凝土护壁、混凝土沉井护壁、砖砌体护壁、钢套管护壁、型钢—木板桩工具式护壁等多种。当采用现浇混凝土护壁时(图1-3-28),护壁厚度一般为($D/10+50$)mm(D——桩径),护臂内等距放置8Φ6~Φ8、长度约1m的直钢筋,插入下层护壁内,使上下层护壁有钢筋拉结,以防当某段护壁因出现流沙、淤泥,使摩擦力降低时,也不会造成护壁因自重而沉裂的现象发生。

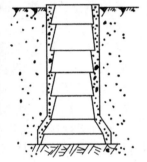

图1-3-28 现浇混凝土护壁

当制作现浇混凝土护壁时,人工挖孔桩的施工工艺流程如下:

(1)放线定桩位。

(2)开挖桩孔土方。桩孔土方采取往下分段开挖方法,每段挖深高度取决于土壁保持直立状态而不塌方的深度,一般取0.9~1.2m为一段。开挖面积的范围为设计桩径加护壁的厚度。

(3)支设护壁模板。模板高度取决于开挖土方施工段的高度,一般每步高为0.9~1.2m,由4块或8块活动弧形钢板组合而成,支成有锥度的内模(有75~100mm放坡)。每步支模均以十字线吊中,以保证桩位和截面尺寸准确。

(4)放置操作平台。内模支设后,吊放用角钢和钢板制成的两半圆形合成的操作平台入桩孔内,置于内模顶部,以放置料具和浇筑混凝土。

(5)浇筑护壁混凝土。环形混凝土护壁厚150~300mm(第一段护壁应高出地面150~200mm),因它具有护壁与防水的双重作用,故护壁混凝土浇筑时要注意捣实。上下段护壁间要错位搭接50~75mm(咬口连接),以便连接上下段。

(6)拆除模板继续下段施工。当护壁混凝土强度达到1N/mm(常温下约经24h)后,拆除模板,开挖下段的土方,在支模浇筑混凝土,如此重复循环直至挖到设计要求的深度。

(7)排出孔底积水。当桩孔挖到设计深度,检测孔底土质是否已达到设计要求,再在孔底挖成扩大头。待桩孔全部成型后,用潜水泵抽出孔底的积水。

(8)浇筑桩身混凝土。待孔底积水排除后,立即浇筑混凝土。待混凝土浇筑至钢筋骨架的底面设计标高时,再吊入钢筋骨架就位,并继续浇筑桩身混凝土而形成桩基。

3.测量要求和施工注意事项

人工挖孔桩承载力高,一旦出现问题就很难补救,因此施工时必须注意以下几点:

(1)必须保持孔的挖掘质量。桩孔中心线的平面位置偏差不宜大于20mm,桩的垂直偏差不宜大于1%桩长,桩孔直径不得小于设计直径。在挖孔过程中,每挖深1m,应及时校核桩孔直径、垂直度和中心线偏差,使其符合设计对施工允许偏差的规定要求。桩孔的挖掘深度应由设计人员根据现场土层的实际情况决定,不能按设计图纸提供的桩长参考数据来终止挖掘。一般挖至比较完整的持力层后,再用小型钻机向下钻一深度不小于装孔直径3倍的深孔取样鉴别,确认无软弱下卧层及洞隙后才能终止挖掘。

(2)注意防止土壁塌落及流沙事故。在开挖过程中,如遇有特别松散的土层或流沙层时,为防止土壁坍落及流沙,可采用钢护套管或预制混凝土沉井等作为护壁。待穿过松软层或流沙层后,再改按一般的施工方法继续开挖桩孔。流沙现象较严重时,应在成孔、桩身混凝土浇筑及混凝土终凝前,采用井点法降水。

(3)注意清孔及防止积水。孔底浮土、积水是桩基降低甚至丧失承载力的隐患,因此混凝土浇筑前,应清除干净孔底浮土、石碴。混凝土浇筑时要防止地下水的流入,保证浇筑层表面不存有积水层。如果地下水量大,而无法抽干时,则可采用导管法进行水下浇筑混凝土。

(4)必须保证钢筋骨架的保护层及混凝土的浇筑质量。

(5)注意防止护壁倾斜。当倾斜无法纠正时,必须破碎并重新浇筑混凝土。

(6)必须制定切实可行的安全措施。工人在桩孔内作业,应严格按安全操作规程施工,并有切实可靠的安全措施。孔下操作人员必须戴安全帽;孔下有人时孔口必须有监护;护壁要高出底面150~200mm,以防杂物滚入孔内;孔内设有安全软梯,孔外周围设防护栏杆;孔下照明采用安全电压,潜水泵必须设有防漏电装置;应设鼓风机向井下输送洁净空气;孔内遇到岩层必须爆破时,应专门设计,以采用浅眼松动爆破法,爆破后应先通风排烟15min并经检查无有害气体后方可继续作业。

三、沉管灌注桩

沉管灌注桩是指用锤击或振动的方法,将带有预制混凝土桩尖或钢活瓣桩尖的钢套管沉入土中,待沉到规定的深度后,立即在管内浇筑混凝土或在管内放入钢筋骨架后再浇筑混凝土,随后拔出钢套管,并利用拔管时的冲击或振动使混凝土捣实而形成桩,沉管灌注桩又称打拔管灌注桩。

沉管灌注桩具有施工设备较简单、桩长可随实际地质条件确定、经济效果好、尤其在有地下水、流沙、淤泥的情况下可使施工大大简化等优点,但其单桩承载能力低,在软土中易产生颈缩。

沉管灌注桩按沉管的方法不同,分为锤击沉管灌注桩(图1-3-29)和振动沉管灌注桩(图1-3-30)两种。锤击沉管灌注桩适用于一般粘性土、淤泥质土、砂土、人工填土及中密碎石土地基的沉桩。振动沉管灌注桩适用于一般粘性土、淤泥质土、粉土、湿陷性黄土、松散至中密砂土以及人工填土等土层。沉管灌注桩的施工工艺流程见图1-3-31。

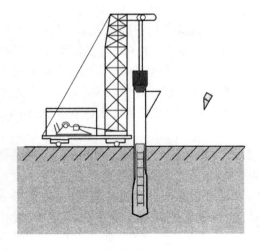
图 1-3-29 锤击沉管灌注桩

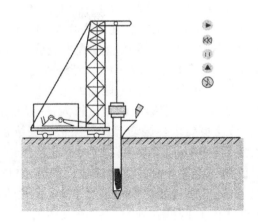
图 1-3-30 振动沉管灌注桩

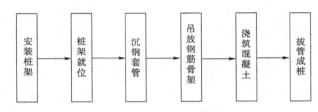
图 1-3-31 沉管灌注桩的施工工艺流程

1. 振动沉管灌注桩

振动沉管灌注桩是利用振动锤将钢套管沉入土中成孔。

（1）施工方法。先桩架就位，在桩位处用桩架吊起钢套管，并将钢套管下端的活瓣桩尖闭合起来，对准桩位后在缓慢地放下套管，使活瓣桩尖垂直压入土中，然后开动振动锤使套管逐渐下沉。当套管下沉到设计要求的深度后，停止振动，立即利用吊斗向套管内灌满混凝土，并再次开动振动锤，边振动边拔管，同时在拔管过程中继续向套管内浇筑混凝土。如此反复进行，直至套管全部拔出地面后即形成混凝土桩身。振动沉管原理与振动沉桩原理完全相同。

根据地基土层情况和设计要求不同，以及施工中处理所遇到问题时的需要，振动沉管灌注桩可采用单打法、复打法和反插法三种施工方法，现分述如下：

①单打法。即一次拔管成桩。当套管沉入土中至设计深度位置时，暂停振动并待混凝土灌满套管之后，再开动振动锤振动。先振动 5～10s，再开始拔管，并边振动边拔管。每拔管 0.5～1.0m 停拔振动 5～10s，如此反复进行，直至把桩管全部拔出地面即形成桩身混凝土。如采用活瓣桩尖时，拔管速度不宜大于 1.5m/min。单打法施工速度快，混凝土用量少，桩截面可比桩管扩大 30%，但桩的承载力低，适用于含水量较少的土层。

②复打法。在同一桩孔内进行再次单打，或根据需要局部复打。全长复打桩的入土深度接近于原桩长，局部复打应超过断桩或颈缩区 1m 以上。全长复打时，第一次浇筑混凝土应达到自然地坪。复打施工必须在第一次浇筑的混凝土初凝之前完成，应随拔管随清除粘在管壁上或散落在地面上的泥土，同时前后两次沉管的轴线必须重合。复打后桩截面可比桩管扩

大 80%。

③反插法。当套管沉入土中至设计要求深度时,暂停振动并待混凝土灌满套管之后,先振动再开始拔管。每次拔管高度为 0.5~1.0m,再把桩管下沉 0.3~0.5m(反插深度不宜超过活瓣桩尖长度的 2/3)。在拔管过程中应分段添加混凝土,保持套管内混凝土表面始终不低于地平表面,或高于地下水位 1.0~1.5m 以上,并应控制拔管速度不得大于 0.5m/min。如此反复进行,直至把套管全部拔出地面即形成混凝土桩身。反插法桩的截面可比桩管扩大 50%,提高桩的承载力,但混凝土耗用量较大,一般只适用饱和土层。

(2)质量要求。振动沉管灌注桩桩身配筋时混凝土坍落度宜为 80~100mm,当素混凝土时宜为 60~80mm;活瓣桩尖应具有足够承载力和刚度,活瓣之间的缝隙应严密。

在浇筑混凝土和拔管时应保证混凝土的质量,当测得混凝土确已流出套管后,方能再继续拔管,并使套管内始终保持不少于 2m 高度的混凝土,以便管内混凝土有足够的压力,防止混凝土在管内的阻塞。

为保证混凝土桩身免受破坏,若桩的中心距在 4 倍套管外径以内时,应进行跳打法施工,或者在邻桩混凝土初凝之前将该桩施工完毕;为保证桩的承载力要求,必须严格控制最后两个 2min 的沉管贯入度,其值按设计要求或根据试桩和当地长期的施工经验确定。

2. 锤击沉管灌注桩

锤击沉管灌注桩是采用落锤、蒸汽锤或柴油锤将钢套管沉入土中入孔。

(1)施工方法。先就位桩架,在桩位处用桩架吊起钢套管,对准预先设在桩位处的预制钢筋混凝土桩尖(也称桩靴)。套管与桩尖接口处垫以稻草绳或麻绳垫圈,以防地下水渗入管内。套管上端再扣上桩帽。检查与校正套管的垂直度,使套管的偏斜满足≤0.5% 要求后,即可起锤打套管。捶打套管开始时先用低锤轻击,经观察无偏移后,才进入正常施打,直至把套管打入到设计要求的贯入度或标高位置时停止锤击,并用吊锤检查管内有无泥浆和渗水情况。然后用吊斗将混凝土通过漏斗灌入钢套管内,待混凝土灌满套管后,即开始拔管。套管内混凝土要灌满,第一次拔管高度应控制在能容纳第二次所需灌入的混凝土量为限,一般应使套管内保持不少于 2m 高度的混凝土,不宜拔管过高。拔管速度要均匀,一般应以 1m/min 为宜,能使套管内混凝土保持略高于地面即可。在拔管过程中应保持对套管连续低锤密击,使套管不断受振动而振实混凝土。采用倒打拔管的打击次数,对单动汽锤不得少于 50 次/min,对自由落锤不得少于 40 次/min。在管底未拔到桩顶设计标高之前,倒打或轻击都不得中断。如此边浇筑混凝土边拔套管,一直到套管全部拔出地面为止。

为了扩大桩径,提高承载力或补救缺陷,也可采用复打法,复打法的要求同振动沉管灌注桩,但以扩大一次为宜,当作为补救措施时,常采用半复打法或局部复打法。

(2)混凝土浇筑及质量要求。锤击沉管灌注桩桩身混凝土坍落度:当配筋时宜为 80~100mm,当素混凝土时宜为 60~80mm;碎石粒径不大于 40mm。预制钢筋混凝土桩尖应有足够的承载力,混凝土强度等级不得低于 C30;套管下端与预制钢筋混凝土桩尖接触处应垫置缓冲材料;桩尖中心应与套管中心重合。

桩身混凝土应连续浇筑,分层振捣密实,每层高度不宜超过 1~1.5m;浇筑桩身混凝土时,同一配合比的试块每班不得小于一组;单打法的混凝土从拌制到最后拔管结束,不得超过混凝土的初凝时间;复打法前后两次沉管的轴线应重合,且复打必须在第一次浇筑的混凝土初凝之前完成工作。

当桩的中心距在套管外径的5倍以内或小于2m时,套管的施打必须在邻桩混凝土初凝时间内完成,或实施跳打施工。跳打时中间空出未打的桩,必须待邻桩混凝土达到设计强度的50%后,方可进行施打。

在沉管的过程中,如果地下水或泥浆有可能进入套管内时,应在套管内先灌入高1.5m左右的封底混凝土,方可开始沉管;沉管施工时,必须严格控制最后三阵10击的贯入度,其值可按设计要求或根据试验确定,同时应记录沉入每一根套管的总锤击次数及最后1m沉入的锤击次数。

3. 施工中常遇问题和处理方法

套管灌注桩施工过程中常会遇到发生断桩、瓶颈桩、吊脚桩和桩尖进水进泥等问题,现就其发生原因及处理方法简述如下:

(1)断桩。断桩一般发生在地面以下软硬土层的交接处,并多数发生在粘性土中,砂土及松土中则很少出现。断裂的裂缝贯通整个截面,呈水平或略带倾斜状态。产生断桩的主要原因有:桩距过小,打邻桩时受挤压、隆起而产生水平推力和上拔力;软硬土层间传递水平变形大小不同,产生水平剪力;桩身混凝土终凝不久,其强度尚软弱时就受振动而产生破坏。处理方法是经检查发现有断桩后,应将断桩段拔去,略增大断桩的截面面积或加箍筋后,再重新浇筑混凝土。

(2)瓶颈桩。瓶颈桩是指桩的某处直径缩小形成似"瓶颈",其截面面积不符设计要求。多数发生在粘性大、土质软弱、含水率高,特别是饱和的淤泥或淤泥质软土层中。产生瓶颈桩的原因是,在含水率较大的软土层中沉管时,土受挤压便产生很高的孔隙水压力,待拔管拔出后,这种水压力便作用到新浇筑的混凝土桩身上。当某处孔隙水压力大于新浇筑混凝土侧压力时,则该处就会发生不同程度的颈缩现象。此外,当拔管速度过快,管内混凝土量过小,混凝土流动性差也会造成缩颈。处理方法是在施工中应经常检查混凝土的下落情况,如发现有颈缩现象,应及时进行复打。

(3)吊脚桩。吊脚桩是指桩的底部混凝土隔空或混进泥沙而形成松散层部分的桩。产生的主要原因是,预制钢筋混凝土桩尖承载力或钢活瓣桩尖刚度不够,沉管时被破坏或变形,因而水或泥沙进入套管;预制混凝土桩尖被打坏而挤入套管,拔管时未及时被混凝土挤出或钢活瓣桩尖未及时张开,待拔管至一定高度时才挤出或张开而形成吊脚桩。处理方法:如发现有吊脚桩,应将套管拔出,填砂后重打。

(4)桩尖进水进泥。桩尖进水进泥常在地下水位高或含水量大的淤泥或粉泥土土层中沉桩时出现。产生的主要原因是:钢筋混凝土桩尖与套管接合处或钢活瓣桩尖闭合处不紧密;钢筋混凝土桩尖被打破或钢活瓣桩尖变形等。处理方法是将套管拔出,清除管内在泥沙,修整桩尖钢活瓣变形缝隙,用黄沙回填桩孔后再重打;若地下水位较高,待沉管至地下水位时,先从套管内灌入0.5m厚度的水泥砂浆作封底,再灌1m高度混凝土增压,然后再继续下沉套管。

四、爆扩灌注桩

爆扩桩的一般施工过程是:用钻孔或爆破方法使桩身成孔,孔底放进有引出导线的雷管炸药包;孔内灌入适量用作压爆的混凝土;通电使雷管炸药引爆,孔底便形成圆球状空腔扩大头,瞬间孔中压爆的混凝土即落入孔底空腔内；桩孔内放入钢筋骨架，浇筑桩身及扩大头混凝土而成爆扩桩(图1-3-32)。

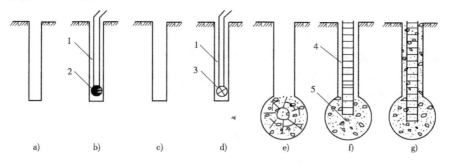

图1-3-32 爆扩成孔灌注桩
a)钻导孔；b)放炸药条；c)爆扩桩孔；d)放炸药包；e)爆扩大头；f)放钢筋骨架；g)浇筑混凝土
1-导线；2-炸药条；3-炸药包；4-钢筋骨架；5-混凝土

爆扩桩的特点是用爆扩方法使土壤压缩形成扩大头，既增加了地基对桩端的支承面，又提高了地基的承载力。这种桩具有成孔简便、节省劳力和成本低廉等优点。爆扩桩适用性广泛，除软土、砂土和新填土外，其他各种土层中均可使用，尤其适用于大孔隙的黄土地区施工。

1. 成孔

爆扩桩成孔的方法，可根据土质情况确定，一般有人工成孔(洛阳铲或手摇钻)、机钻成孔、套管成孔和爆扩成孔等多种。其中爆扩成孔的方法是先用洛阳铲或钢钎打出一个直孔，孔的直径当土质较好时为40~70mm，当土质差且地下水又较高时约为100mm；然后在直孔内吊入玻璃管装的炸药条，管内放置2个串联的雷管，经引爆并清除积土后即形成桩孔。

2. 爆扩大头

扩大头的爆扩，宜采用硝铵炸药和雷管进行，且同一工程中宜采用同一种类的炸药和雷管。炸药用量应根据设计所要求的扩大头直径，由现场试验确定。药包制成近似球体，用能防水的塑料薄膜等材料紧密包扎，并用防水材料封闭，以免受潮后出现瞎炮。每个药包内放2个并联的雷管与引爆线路相连接。药包制成后，先用绳子将其吊放入孔底，然后再灌150~200mm厚的沙子。如桩孔内有积水时，应在药包上绑扎重物，使其沉入孔底。随着从桩孔中灌入一定量的混凝土后，即进行扩大头的引爆。

扩大头引爆前，灌入的压爆混凝土量要适当。量过少会引起压爆混凝土"飞扬"现象；量过多则又可能产生混凝土"拒落"事故。一般情况下压爆混凝土量应达2~3m高，或约为扩大头体积的1/2为宜。为保证施工质量，必须严格遵守如下引爆顺序：当相邻桩的扩大头在同一标高时，若桩距大于爆扩影响间距，可采用单爆方式，反之宜用联爆方式；当相邻的扩大头不在同一标高时，必须是先浅后深，否则会造成深桩柱的变形或开裂。扩大头引爆后，压爆混凝土落入空腔底部。应检查扩大头的尺寸，并将扩大头底部混凝土捣实，再吊入钢筋骨架并灌入桩身混凝土。混凝土应分层捣实，连续浇筑，不留施工缝。

爆扩桩的平面位置和垂直度的允许偏差与钻孔灌注桩相同。桩身直径允许偏差为±20mm，桩孔底面标高允许低于设计标高150mm，扩大头直径允许偏差为±50mm。

本 章 小 结

1. 按桩的受力情况可分为端承桩和摩擦桩两种类型。按桩身的材料可分为木桩、混凝土或钢筋混凝土桩(常用的有混凝土实心方桩和预应力混凝土空心管桩)、钢桩。按施工方法分为预制桩和灌注桩。按成孔方法可分为沉入桩、钻孔灌注桩、人工挖孔桩。

2. 预制桩的施工流程包括:预制、起吊、运输、堆放、沉桩等工序。

3. 预制桩按沉桩设备和沉桩方法,可分为锤击沉桩、振动沉桩、静力压桩和射水沉桩等数种。钢筋混凝土预制桩的连接方式有焊接、法兰盘螺栓连接和硫黄泥锚接等。

4. 灌注桩按成孔方法不同,可分为钻孔灌注桩、人工挖孔灌注桩、沉管灌注桩和爆扩灌注桩等。钻孔灌注桩可分为泥浆护壁成孔灌注桩和干作业成孔灌注桩。

5. 泥浆护壁灌注桩的施工工序为:

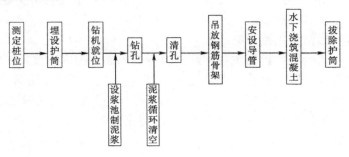

思 考 题

1. 试述桩基的构造。
2. 桩基的分类有哪些?
3. 试述预制桩施工流程。
4. 预制桩沉桩的方法有哪些及各自的适用条件?
5. 预制桩的沉桩控制指标有哪些及其各自的适用条件?
6. 试述灌注桩的种类及其各自的施工流程。

第四章 疏浚工程

> **本章学习提示:**
> 本章主要阐述挖泥船的类型及其施工方法;疏浚泥土的处理方法;吹填工程的类型。要求掌握挖泥船的类型及其施工方法,了解选择挖泥船时考虑的因素,了解挖泥船数量的确定,掌握疏浚泥土的处理方法及吹填工程。

采用人力、水利或机械方法为拓宽、加深水域而进行的水下土石方开挖工程,称为疏浚工程。疏浚工程由来已久,古代疏浚工程是靠人力使用简易的手工工具进行的,后逐步为机械所替代。现今机械方式通常使用挖泥船。

疏浚工程的主要目的是挖深河流或海湾的浅段以提高航道通航或排洪能力;开挖港池、进港航道等以兴建码头及港区。近百年来疏浚工程以进一步扩展到其他基础施工领域,其中最主要是吹填造陆工程。吹填就是将挖泥船挖取的泥沙,通过排泥管线输送到指定地点进行填筑的作业。由此可见疏浚工程对国民经济的发展,特别是对水上交通、水利防洪、城市建设等的作用是非常重要的。

第一节 挖泥船及其施工方法

挖泥船是开挖水下土石方的工程船舶,按其工作原理,通常分为水力式、机械式两大类。

水力式是通过机械使泥沙和水混合形成泥浆,利用泥泵进行吸泥和排泥,包括绞吸式和耙吸式挖泥船等;机械式是依靠泥斗挖掘水下土石方,包括链斗式、抓斗式和铲斗式挖泥船等几种方式。

一、绞吸式挖泥船及其施工方法

绞吸式挖泥船(图1-4-1、图1-4-2)一般为非自航式,是目前在疏浚工程中运用较广泛的一种船舶,它是利用吸水管前端围绕吸水管装设旋转的绞刀绞松河底土壤,与水混合成泥浆,借助强大的泵力经吸泥管吸入泵体并经排泥管输送至排泥区。绞吸式挖泥船的生产过程:挖泥、输泥和卸泥都是由自身连续完成的,生产效率较高,一般为 $40 \sim 400 m^3/h$,挖深可达一二十米,现代大型挖泥船生产率可达 $5000 m^3/h$ 以上,挖深可达 $35m$。它是一种效率高、成本较低的挖泥船,是良好的水下挖掘机械。它适用于风浪小、流速低的内河湖区和沿海港口的疏浚,以开挖砂、砂壤土、淤泥等土质较适宜,采用有齿的绞刀后也可挖粘土,但工效较低。

绞吸式挖泥船具有良好的性能:

(1)绞吸式挖泥船用途广泛,可以在江河湖海中作业,用以清淤,航道挖掘,吹填造地。在特殊情况下绞吸式挖泥船上安装大功率绞刀设备,不需爆破即可挖掘玄武岩和石灰石等岩石地层。

第四章 疏浚工程

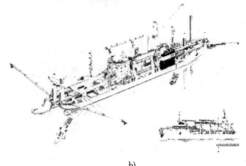

图 1-4-1　绞吸式挖泥船（一）

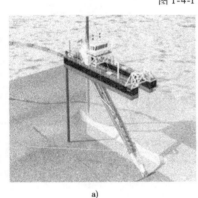
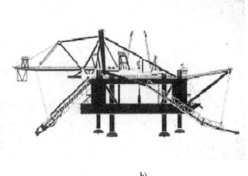

图 1-4-2　绞吸式挖泥船（二）
a）三维图形；b）船体可升降式

（2）绞吸式挖泥船工作效率高、产量大、泵距远。大型的绞吸式挖泥船每小时产量可达几千立方米；把泥沙或碎岩物料依靠强大动力通过泥泵和排泥管线，泵送出几千米之外。

（3）绞吸式挖泥船操作简单，易于控制。挖泥船依靠船艉的台车使钢桩定位和步进，利用绞刀臂架两侧钢缆与固定于挖槽两侧的锚，靠绞车牵引，两厢摆动绞切泥沙物料，在一定的控制摆角下工作，将绞动的物料，经过输泥管泵到堆积场。挖泥船的步进是由两根桩交替运动，迈步向前。

（4）大型绞吸式挖泥船带有自航系统，迁移时可以自航到位。中小型挖泥船多为无自航系统，靠拖轮拖行。中小型挖泥船可设计建造成组装式，通过陆路运输到现场，经组装后即可使用。

（5）绞吸式挖泥船经济性好。物料的挖掘和输送一次性完成，不需要其他船舶配合，几次搬运。相对工程成本较低。

开工展布是指挖泥开工前的准备工作，包括：定船位、抛锚、架接水上、水下及岸上排泥管线等。进点定位方法有很多种，目前多已采用 GPS（全球定位系统）来定位，特别是用于近海航道。其方法简单易行、精度高，是今后发展的方向。在定位抛锚时，先将挖泥船拖至起点导标附近，调正船位，使定位桩对准挖槽（或分条）的施工中心导标，绞刀位于起点导标线上，待拖轮航行惯性消失后，下放该定位桩定位。若遇水流流速较大或基床土质较硬、单靠一定位桩不足以稳住船位时，则应先抛尾锚，顺流松尾缆，待绞刀位于起点导标线上后，下放该定位桩定位。抛设控制绞刀摆动的左右锚时,锚位的超前角不宜大于25°,为了减少抛、移锚的时间,可沿挖泥前进方向按一定间距抛设若干对左、右锚。

绞吸式挖泥船挖泥时的施工方法根据所采用的定位装置不同而划分,其中最常用的是对称钢桩横挖法,还有钢桩台车横挖法。当在风浪较大的地区,装有三缆定位设备的挖泥船,应采用三缆定位横挖法施工。在水流流速较大或风浪较大的地区,对装有锚缆横挖设备的绞吸挖泥船应采用锚缆横挖法施工。挖泥时最简单的前移是利用两根钢桩轮流交替插入水底,作为船体摆动中心,收放左右锚,摆动绞刀,一边按扇形挖泥,一边移船前进,此法称为双桩前移横挖法。两定位桩前移轨迹见图1-4-3。

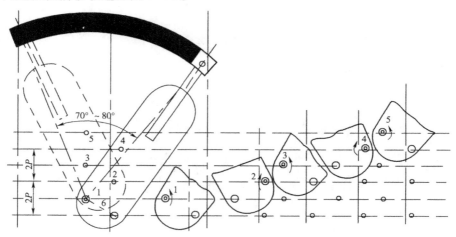

图1-4-3 两定位桩前移轨迹

单桩前移横挖法,即以一根钢桩为主桩,始终对准挖槽中心线,作为摆动中心,而以另一根钢桩作为副桩,为前移换桩之用。因只有一个摆动中心,故绞刀的挖泥轨迹互相平行。只要钢桩前移距保持适当,就可以避免重挖和漏挖。

当挖槽宽度大于绞吸挖泥船横移一次所能开挖的最大宽度时,应按下列情况将挖槽分成若干条进行开挖:

(1)采用钢桩横挖法施工时,分条的宽度宜等于钢桩中心到绞刀头水平投影的长度;分条的数量不宜太多,以免增加移锚、移船时间,降低挖泥船的工效;分条的最大宽度不得大于挖泥船一次开挖的最大宽度。绞吸挖泥船的最大挖宽一般不宜超过船长的1.1~1.2倍,视当地水流流速及横移锚缆抛放长度而定。当流速较大时,应减少开挖宽度;分条最小宽度应大于挖泥船的最小挖宽,最小挖宽按以下方法确定:当浚前水深小于挖泥船的吃水时,最小挖宽等于绞刀头挖到边线时首船体两角不至于碰撞岸坡时的最小宽度;当浚前水深大于挖泥船的吃水时,最小挖宽采用等于挖泥船前移换桩时所需的摆动宽度。

(2)采用三缆横挖法施工时,分条宽度由船的长度和摆动角确定,摆动角宜选用70°~90°,最大宽度不宜大于船长的1.4倍。

(3)采用锚缆定位横挖法施工时,分条宽度应根据主锚缆抛放的长度决定。最大宽度宜为100m左右。

当挖槽长度大于挖泥船水上管线有效伸展长度时或挖槽规格不一,以及工期要求不同时需分段施工。当疏浚区泥层厚度很厚时,应分层开挖,分层时上层宜厚,下层(接近设计标高时)宜薄,厚度范围应为绞刀直径的 0.5~2.5 倍。

二、耙吸式挖泥船及其施工方法

耙吸式挖泥船(图 1-4-4)是一种装备有耙头挖掘机具和水力吸泥装置的大型自航、装舱式挖泥船。挖泥时,将耙吸管下放河底,利用泥泵的真空作用,通过耙头和吸泥管自河底吸取泥浆进入挖泥船的泥舱中,泥舱满载后,起耙航行至排泥区开启泥门卸泥,或直接将挖起的泥土排出船外。有的挖泥船还可将装载于泥舱的泥土自行吸出进行吹填。它具有良好的航行性能,可以自航、自挖、自载、自卸,并且在作业中处于航行状态,不需要定位装置。它适用于无掩护、狭长和平整度要求低的沿海进港航道的开挖和维护,以开挖淤泥时效率最高。

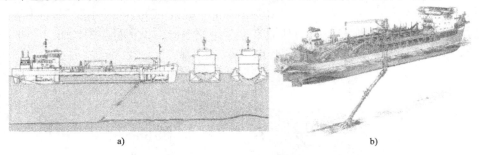

图 1-4-4 耙吸式挖泥船

耙吸式挖泥船施工作业无需抛锚展布,挖泥时,用陆上导标或水上浮标定向,也可用雷达、无线电定位或 GPS 卫星定位,罗经定向。耙吸式挖泥船一般采用逆流纵挖法施工,在水流流速较小,水域宽阔情况下采用顺流施工,根据挖槽的情况可以分段、分条、分层施工,根据其排泥方式可分为装舱法、旁通法、边抛法及吹填法施工几种。

旁通或边抛施工法宜在下列情况下采用:

(1)当地水流有足够的流速,可将旁通的泥沙携带至挖槽外,且疏浚增深的效果明显大于旁通泥沙对挖槽的回淤。

(2)施工区水深较浅,不能满足挖泥船装舱的吃水要求时,可先用旁通法施工,待挖到满足挖泥船装载吃水的水深之后,再进行装舱施工。

(3)在紧急情况下,需要突击疏浚航道浅段,迅速增加水深。

(4)环保部门许可,对附近水域的回淤没有明显不利影响。

吹填法施工是将装在泥舱中的泥浆,用挖泥船自身的泥泵排至填筑地点,但耙吸式挖泥船的泥泵多数扬程不高,一般排泥距离较短。

耙吸式挖泥船应根据开挖的土质选用下列不同类型的耙头:

(1)挖淤泥、淤泥质土、软粘土宜选用"IHC"耙头。

(2)挖松散和中等密实的砂宜选用"加利福尼亚"耙头。

(3)挖密实的砂应在耙头上加高压冲水。

(4)挖较硬粘性土或土砂混合土质,宜在耙头加切削齿或采用与推进功率相匹配的切削型耙头。

耙吸式挖泥船在施工时航行速度不宜过快,一般为 3~4km/h,航行方向要准,避免因左右摆动过大,致使泥耙、吸泥管等由于受到阻力而损坏,挖掘的垄沟左右交替也降低了平整度。在开挖边线时,要顶流、顶风、顶浪挖,以减小超宽。此外,在挖左右交替垄沟时,常易出现吸泥口堵塞或只吸清水的不良后果,必须注意。

三、链斗式挖泥船及其施工方法

链斗式挖泥船(图 1-4-5)是利用一连串带有挖斗的斗链,借上导轮的带动,在斗桥上连续转动,使泥斗在水下挖泥并提升至水面以上,同进收放前、后、左、右所抛的锚缆,使船体前移或左右摆动来进行挖泥工作。挖取的泥土,提升至斗塔顶部,倒入泥阱,经溜泥槽卸入停靠在挖泥船旁的泥驳,然后用拖轮将泥驳拖至卸泥地区卸掉。链斗挖泥船分为非自航和自航两种,其斗容一般为 0.1~1.0m³,生产率一般为 10~1000m³/h。由于其挖后平整度较其他类型挖泥船好,适用于开挖港池、锚地和建筑物基槽等。链斗挖泥船可以挖掘各种淤泥、软粘土、砂和砂质粘土等。但缺点是噪声大、振动大、部件磨损大、成本高。

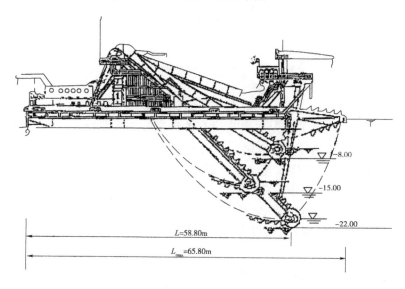

图 1-4-5 链斗式挖泥船

链斗挖泥船的定位,一般需用 6 根(即主、尾、边锚各 2 根)锚缆。顺流驻位时,将挖泥船拖至起点标附近,先抛尾锚,松尾缆使船体前移至起点标线上,后下落斗架,抛前锚和边锚。逆流驻位时,将挖泥船拖至起点标,待拖轮航行惯性消失后,先下落斗架,后抛前、后锚和边锚,再校准船位。

链斗挖泥船应采用横挖法施工,一般有下列规定:

(1)当施工区水域条件好,挖泥船不受挖槽宽度和边缘水深限制时,应采用斜向横挖法施工。

(2)挖槽狭窄、挖槽边缘水深小于挖泥船吃水时,宜采用扇形横挖法施工。

(3)挖槽边缘水深小于挖泥船吃水,挖槽宽度小于挖泥船长度时宜采用十字形横挖法施工。

(4)施工区水流流速较大时,可采用平行横挖法施工。

下面具体叙述以上四种施工方法：

1. 斜向横挖法（图 1-4-6）

斜向横挖法是最常用的挖泥方法，适用于挖泥船不受挖槽宽度和边缘水深限制的情况，优点是水流对船身产生横向压力，有利于横移，也有利泥斗充泥；挖边缘时规格较准。在横移挖掘过程中，挖泥船船身与挖槽纵向中线成较小角度，只有在挖到边线换边过程中才摆正船位。

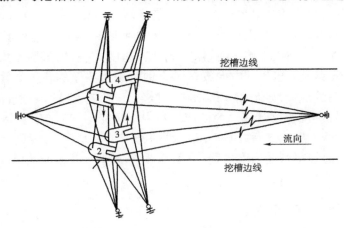

图 1-4-6 斜向横挖法

2. 扇形横挖法（图 1-4-7）

扇形横挖法即挖泥船船首横移而船尾基本不动的横挖法。此法适用于挖槽边线水深小于挖泥船吃水深度、挖槽较窄，即挖槽宽度约等于挖泥船总长度的情况。

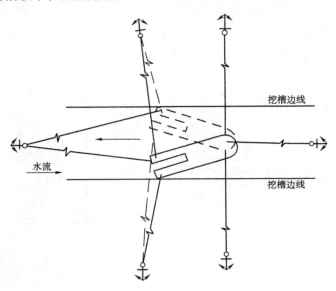

图 1-4-7 扇形横挖法

3. 十字形横挖法

十字形横挖法即横挖时挖泥船中部基本在原地转动，船首向一侧横移，而船尾向另一侧横移。此法适用于挖槽狭窄，宽度小于挖泥船长度，挖槽两边是浅滩或狭小港池等的情况。

4. 平行横挖法

平行横挖法即挖泥船船身平行于挖槽中线而横移。此法适用于施工区水流流速较大时的情况。缺点是泥斗充泥量少，横移吃力。平行横挖法已很少采用，但在逆流流速较大的工况条件下可以采用。

不论采取何种方式进行挖泥，挖泥船的斗链运转速度、横移速度和前移距（俗称进关）三者必须正确配合，以使泥斗达到最大充泥量。斗链运转速度以每分钟泥斗露出水面的个数计算。影响运转速度的因素是土壤的种类，它直接影响到泥斗充泥、倒净程度，因此，在抗切力大的硬质土和附着力很大的粘土上施工时，需降低运转速度；在松软薄层土壤上施工时，则可用较大的运转速度。横移速度以横移方向绞车每分钟收进边锚缆的长度计算。横移速度过快，将会使泥斗轨迹间遗留砂脊，甚至使斗链滑出下鼓轮，一般控制在 6~8m/min 之间。前移距以绞车收进主（尾）锚缆的长度计算。为了使泥斗内充满泥土，必须有一个适宜的前移距。在泥层厚、泥质硬的土壤上施工，前移距不宜过大（一般 0.3~0.5m），否则会使主机超载；在松软薄层土壤上施工，前移距可适当增大些（一般 0.8~1.0m），以保证挖槽的平整度；对极软的土，前移距一般可达 1.8~2.0m。

四、抓斗式挖泥船及其施工方法

抓斗式挖泥船（图1-4-8）有自航式和非自航式两种。自航式一般自带泥舱，泥舱装满后自航至排泥区卸泥；非自航式则利用泥驳装泥和卸泥。挖泥时运用钢缆上的抓斗，依靠其重力作用，放入水中一定深度，通过插入泥层和闭合抓斗来挖掘和抓取泥沙。然后通过操纵船上的起重机械提升抓斗出水面，回旋到预定位置将泥沙卸入泥舱或泥驳中，如此反复进行。抓斗式挖泥船可适用于中、小航道锚地的疏竣工防波堤、系船码头河床的开挖；同时能挖掘硬质土、珊瑚礁等，被广泛用于各种工程施工中。它适合于挖掘淤泥、砾石、卵石和粘性土等，但不适合挖掘细砂和粉砂土。若采用特制的抓斗，也可用于水下清除碎石。

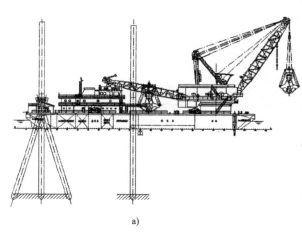

a)　　　　　　　　　　　　　　　　b)

图1-4-8 抓斗式挖泥船

抓斗挖泥船定位抛锚和链斗式挖泥船基本相同，顺流逆流均可挖泥，前边锚不考虑超前角，后边锚多向后抛，当流速比较小时，亦可不抛设边锚。见图1-4-9。一般采用纵挖法施工，可据施工条件而采用顺流、分条、分段、分层施工。当泥层厚度较薄,土质松软时,可采用梅花挖泥法,即挖泥时不连续下斗,而是斗与斗之间留有一定距离,前移后挖第二排时,在原第一排两斗之间处下斗,这样依次进行,使泥面呈梅花形土坑。

抓斗挖泥船的挖泥为非连续性的,质量控制比较困难,因此必须强化施工的深度和平面控制,加强定位和水深检测。控制挖泥船移动范围与船的大小,抛锚的方向和长度有关。一般抛一次锚可以前移

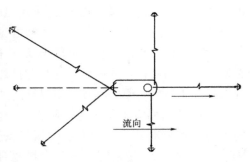

图1-4-9 锚缆布设示意图

40~50m,横移3倍船宽。作业宽度决定于抓斗吊杆的伸出跨度,但当水深流急时,也只能稍大于船宽(因水流作用,抓斗即便超出船舷入水,亦将被水流冲向船舷),前移距宜取抓斗张开宽度的0.6~0.7倍。疏浚厚度与抓斗开口宽度和土质有关,抓斗开口宽度一定,则完全取决于土质。抓斗开口宽度应以抓斗充泥"满而不外溢"为限。用抓斗挖泥船挖泥,平整度较差,一般有0.3~0.8m的误差。为了提高平整度,应根据水位,控制下抓斗的深度;根据土质,控制下抓斗的间距(重叠1/4~1/3的抓斗宽度)。必要时,最后一层上宜用小抓斗(轻)挖。

按土质选斗时,挖淤泥和松软土用普通斗;挖小石块和坚硬土用半齿斗。按挖深选斗时,挖深大用较重的斗,挖深小用较轻的斗。

五、铲斗式挖泥船及其施工方法

铲斗式挖泥船(图1-4-10)是一种非自航的单斗式挖泥船,其工作机构与反向铲、正向铲挖土机类似。挖起的泥土卸入停靠在船旁的泥驳,满载后运至卸泥区卸泥。铲斗式挖泥船常用的铲斗容量一般为2~4m³,最大的可达22m³,通常备有轻重不同类型的铲斗,以挖掘不同性质的土壤。铲斗式挖泥船因生产率不高而不能广泛采用,但由于有较大的切削力,故仍然得到一定的发展。它适用于挖掘粘土、砾石、卵石、珊瑚礁和水下爆破的石块等,还可以清理围堰、打捞沉物和排除水下障碍物等。

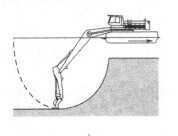 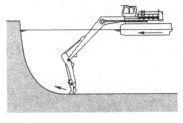

a)   b)

图1-4-10 铲斗式挖泥船
a)正铲挖泥船;b)反铲挖泥船

船舶定位时将挖泥船拖至挖槽起点导标附近,对准施工导标,待拖轮航行惯性消失后,放下铲斗和船尾定位桩,校正船位,然后下船首定位桩。定位后利用船首两定位桩将船体稍微升起,使船处于悬浮状态,定位桩在船重作用下再下沉。船首定位桩起定位作用,还承受掘土时的反作用力;船尾定位桩则起尾锚作用。挖泥船的移动分为前移、斜移和后退(挖完一段后)。移动

的方式可采用前述的锚缆式,也可采用定位桩—铲斗式。铲斗式挖泥船通常用后一种方式,这样它操作灵活、方便,特别是在狭窄水域内施工时,不会影响其他船舶航行。用定位桩—铲斗式移位时,为前移,下落铲斗于船首的正前方,提升船首两定位桩(船尾定位桩仍插入泥中不动),然后拔起船尾桩借助铲斗的锚着力,使船前移,距离一般为2~5m;斜移与前移基本相同,只是下落铲斗要偏向于斜移一侧;要后退,则提升前、后定位桩,下落铲斗,借助铲斗柄撑船后退。

铲斗挖泥船宜采用纵挖法施工。对坚硬土质、风化岩应采取推压和提升铲斗同步进行,同时为防止挖掘时的反向力而影响机具安全,应采用隔斗挖泥法挖掘(即在第一次挖掘时采用隔一斗铲挖一次,剩余部分第二次再挖掉);对软土质及质量要求高的工程宜采用推压制动、提升铲斗依次进行的梅花挖泥法。当挖槽宽度超过铲斗挖泥船一次所能开挖的宽度时应分条施工,泥层厚度过厚时应分层进行开挖。

挖泥作业宽度取决于铲斗的旋回半径和回转角,但由于需停靠泥驳,一般约等于船体的宽度,见图1-4-11。用铲斗挖泥船挖泥,如操作得当,挖泥平整度较高,一般可省0.3~0.4m的误差。

铲斗有轻、重两种。挖石块和硬质土用重铲斗;挖软土用轻铲斗。铲斗斗齿的形状对挖掘效率有显著的影响,特别是挖硬质土,宜用强度高、耐磨钢材制作的齿,齿形要易于切土。

挖泥船在进行边坡开挖时应注意,挖槽边坡

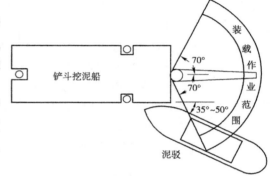

图1-4-11 铲斗挖泥船作业宽度示意图

需根据设计要求,计算放坡宽度,按矩形断面开挖,若泥层较厚,应分层按阶梯形断面开挖,使挖槽自然坍塌后,接近设计边坡。在开挖码头基槽和岸坡时,应严格控制超挖,防止出现滑坡。边坡分层的台阶厚度不应超过1m。若绞吸挖泥船装有挖泥剖面仪应使用计算机的图形显示控制绞刀位置,直接按设计的边坡开挖。耙吸挖泥船开挖边坡时,应先挖边坡顶层的泥土,然后逐层下挖,防止只挖槽底部宽度,最后形成较陡的边坡,达不到设计的边坡坡度。对于链斗挖泥船和绞吸挖泥船应根据挖泥船斗桥或绞刀架性能适当放缓坡度来确定开挖起点位置。耙吸挖泥船施工时的纵坡,软土质通常约为1:15,硬土质约为1:25。

以上五种挖泥船的疏浚特性综合比较如下:

(1)在挖掘不同土质的广泛性方面,绞吸、链斗、抓斗和铲斗式挖泥船可挖土质类别较广,耙吸式挖泥船仅适用软质土。

(2)在可以挖掘的水深尺度方面,抓斗式挖泥船挖深最大,最小挖深也可很小。其余各类铲斗挖泥船挖深较小,深浅变幅也小。

(3)在挖掘边角部位的性能方面,抓斗、铲斗式挖泥船最佳,耙吸式挖泥船最差。

(4)在用于填地、筑坝等方面,绞吸式挖泥船最适用,铲斗式挖泥船最差。

(5)在施工挖掘面的平整度方面,绞吸、链斗式挖泥船最好,抓斗、铲斗式挖泥船较差,耙吸式挖泥船最差。

(6)在远距离抛泥方面,耙吸式挖泥船最好,非自航的链斗、抓斗式挖泥船最差,必须依靠泥驳运卸。

(7)在影响施工水域的通航方面,耙吸式挖泥船影响最小,非自航的链斗、抓斗、铲斗式挖泥船影响较大,需要附带水上排泥管的绞吸式挖泥船影响最大。

(8)在单船独立施工作业能力方面,耙吸式挖泥船最好,不需要辅助船。

(9)在耐波浪方面,耙吸式挖泥船最好,绞吸、链斗式挖泥船较差。

(10)在疏浚作业的泥沙扩散影响方面,绞吸式挖泥船影响最小,其余各类挖泥船较差。

第二节　作业船类型和数量的选择

一、挖泥船的选择

选择挖泥船时要考虑工程土方量、施工地区自然条件、施工条件及泥土处理要求等因素。具体有以下几方面:

(1)挖泥船的性能。包括船长、船宽、吃水、动力、航速、排泥方法、泥泵性能、最大最小和最有效挖深、最大最小挖宽、船的抗风浪能力和各种条件下的生产率等,是否与所承担的任务和施工条件相适应。

(2)对土质的适应性。土质对挖泥船的生产率影响很大,对不同性质的土壤,应选择与之相适应的挖泥船类型。如前所述自航耙吸式和绞吸式挖泥船适宜挖淤泥、砂土;链斗式挖泥船适宜挖松软砂壤土,除细砂、石质外,其他土质一般也能适用;抓斗式挖泥船适宜挖松软成块土壤或坚硬夹石质土壤;铲斗式挖泥船适宜开挖硬土、碎石或砾石河床。

(3)考虑挖泥船的生产能力及经济合理性。如土方量较大的河口浅滩和进港航道,一般选用自航耙吸式挖泥船施工;港池、锚泊地以及要求质量较高的基槽开挖,一般选用链斗式和绞吸式挖泥船施工;土方量不大的码头泊位、基槽等,选用抓斗式挖泥船施工。

(4)考虑施工地区(包括抛泥区)的水文、气象及地理条件。如自航式挖泥船抗浪性能强,可进行外海作业,非自航挖泥船抗浪性能差,尤其是靠定位桩固定和输泥管拉得很长的绞吸式挖泥船抗风浪能力更弱,仅适于在内河、湖区和有掩护的港池施工。

(5)考虑挖槽条件及排泥方式。挖槽条件主要是指挖槽宽度、水深和泥层厚度。排泥方式主要有运到远处深水抛弃、直接或间接吹填等。

二、辅助船只配备

当确定某种类型的挖泥船作为施工主体船后,就必须选择配备相应的辅助船只,组成挖泥船队。辅助船只应根据挖泥船的类型、大小和卸泥方法来配备。如采用链斗式、抓斗式和铲斗式挖泥船施工,应配备拖轮和泥驳;采用绞吸式挖泥船施工,则需配备排泥管、水上浮筒、拖轮和绞锚艇。

此外,尚需配备供应船(包括供水、供煤、供油船)、抛锚艇、宿舍船、交通船和舢板等。

三、作业船数量的确定

1.挖泥船数量计算

若已知疏浚工程的工期和挖泥船的计算生产率 $P_c(\text{m}^3/\text{h})$,则每艘挖泥船可以完成的工程量 $E(\text{m}^3)$ 为:

$$E = T_e h_e P_c \quad (1\text{-}4\text{-}1)$$
$$T_e = k_d T \quad (1\text{-}4\text{-}2)$$
$$h_e = k_h t \quad (1\text{-}4\text{-}3)$$

式中：T_e——挖泥船在规定的工期中进行实际疏浚作业的天数(d)；

T——疏浚的工期(d)；

k_d——工作天利用率，我国华东和华北地区其值为 0.55，华南地区为 0.50；

h_e——每天平均工作小时数（即在一天中实际进行疏浚作业的小时数）(h)；

k_h——工时利用率，一般不小于 0.75；

t——一天的工作时间(h)，三班制按 24h 计算。

所需挖泥船数量 N(艘)

$$N = Q/E \quad (1\text{-}4\text{-}4)$$

2. 泥驳和拖轮数量计算

用链斗或抓斗、铲斗等挖泥船作业时，必须配备足够数量的泥驳和拖轮（自航泥驳则不需拖轮），以保证挖泥船连续工作。设 t_1 为泥驳到抛泥地点抛泥及往返所需时间，t_2 为每只泥驳装泥所需时间，则每艘挖泥船所需配备的泥驳数 n 和拖轮数目 B 为：

$$n = t_1/t_2 + n_0 \quad (1\text{-}4\text{-}5)$$
$$B = t_1/(t_2 D) \quad (1\text{-}4\text{-}6)$$

式中：n_0——停靠在挖泥船旁备用的泥驳数；

D——拖轮一次拖带的泥驳数。

在上述关系中，是假定所有的泥驳容量、拖轮能力都是相同的，而实际上很难集合相同的泥驳和拖轮来施工，这时 t_1 和 t_2 都各不相同，则可先求 t_1 和 t_2 的平均值，再按上述原则进行估计。

第三节 疏浚泥土的处理和吹填工程

一、疏浚泥土的处理方法

疏浚泥土的处理，是疏浚工程施工中一个极其重要的问题。经验表明，疏浚泥土处理方法恰当与否，直接关系到工程进度、挖泥效率、巩固疏浚成果、工程成本以及环境保护等，因此必须从经济和环保的角度作出分析和评价。疏浚泥土的处理方法随挖泥船的类型、生产方式和施工条件而异，主要有水下抛泥法、边抛法和吹填法三种。

1. 水下抛泥法

将疏浚泥土运往指定的水下抛泥区，抛弃不用，称为水下抛填法。若有关部门未事先规定抛泥区，可自由选择适宜的抛填区时，要考虑以下几点：

(1) 尽量靠近挖泥地点，以缩短抛泥距离，降低费用。

(2) 抛泥区要有一定的水域面积和水深，以便于船只出入和掉头，节省抛泥时间。

(3) 抛泥区沿途的水域风浪，不妨碍抛泥作业。

(4)不影响其他船只航行,不妨碍其他用水行业(如水利、筏运、渔业等),不影响环境,选择的抛泥区要征得港航、海事和环保部门及其他有关部门的同意。

(5)在满足上述要求的前提下,同时必须摸清水流情况,把抛泥区选在流速小、流向偏离挖槽一侧的地区,以避免抛弃的泥土重新返回港池或航道。

2. 边抛法

自航耙吸式挖泥船在疏浚作业中,一边挖泥,一边将吸起的泥浆排入水中,随水流带走,称为边抛法。具体内容见耙吸式挖泥船的施工方法。

3. 吹填法

是将疏浚泥土送往陆地或水下边滩等进行填筑,这不仅增加了港口陆域面积,可使废土得到利用,而且避免了疏浚泥土回淤航道的可能性,是一种较优的方案。

二、吹填工程

吹填工程按其性质可分为:以挖泥为主,结合处理疏浚泥土的吹填工程;以吹填为主,专为某些建设项目服务的吹填工程。吹填工程现已广泛应用于围垦造地,扩大陆域,吹砂填筑路基及结合河道整治等,可节省大量的建设资金。

1. 接力泵站的布置

当疏浚泥土需经中转并进行远距离输送时,必须设立固定的接力泵站。它是把几台泥泵用输泥管线串联起来工作的输泥系统。

接力泵站与吹泥船的连接方式:一种是设中间站池(泥浆池)贮存泥浆方式,吹泥船和接力泵站分别单独工作,互不干扰;另一种是将吹泥船与接力泵站直接串联的方式,但在吹泥船换驳时,为了不使接力泵停顿需改吸清水,相互串联的泥泵可以集中串在一起,也可以分段设置。前一种管理方便,但输泥管内的压力成倍增加,输泥管的管壁需要增厚;后一种两泵站距离越远,输泥管内压力降得越低,所以应保证后面接力泵的吸泥管具有正压力,以免空气进入管路。

2. 泥场的选择

用来储存吹填泥浆的区域,称为泥场。泥场的选择条件因工程性质而异。对以吹填为主的吹填工程,主要取决于所需吹填的范围,选择时要考虑:

(1)根据挖槽的土质、数量来决定泥场的范围和容量大小。

(2)选择有低洼、废坑、荒地等有利于容泥的地区。

(3)附近有沟渠(河浜)相通,以便于排水。

(4)在没有接力泵条件时,只能就近吹填,此时,泥场的数量和容量需根据挖泥船扬程和排泥管线长度等决定。

3. 围堤的修筑

吹填工程中设置围堤的作用在于构造泥场,促使泥浆在规定的范围内沉积,使其不能任意漫流;在水中吹填时,围堤可起到护岸或护坡的作用,保护吹填土不受水流和风浪的淘刷。围堤的布置要按照地形,尽量把堤线布置在有高岗、土埂处,以减少工程量。围堤的断面形式一般为梯形。

围堤的尺度,依不同的土质而定。当围堤高度大于3m时,一般采用分期吹填分层填筑以减小围堤断面,防止坍塌事故。

$$H = H_0 + \Delta H \qquad (1\text{-}4\text{-}7)$$

式中：H——围堤标高(m)；

H_0——要求吹填的泥场设计标高(m)；

ΔH——预留超高，即考虑吹填终了时泥场水位超出泥场设计标高和围堤本身的沉降所预留的高度，一般为 0.3~0.5m。

围堤基础处理应满足下列要求：

(1)围堤地基上的树根、杂草、淤泥及腐殖土应清除。

(2)围堤地基为坚硬或旧堤基时，应将表土翻松再填新土，使之结合紧密。

(3)围堤地基为淤泥时可用小型柴排或竹排、土工织物垫底或用其他方法加固。

(4)围堤地基为沙质土时，可事先在堤的中间开槽，填以粘土防渗。

土围堤施工应满足下列要求：

(1)应就近取土，并离开围堤坡脚一定距离从围堤内侧取土，以保证吹泥时围堤的稳定性。

(2)土围堤应分层修筑并分层夯实。宜每铺 0.3~0.5m 土厚为一层，夯实后再铺第二层直到达到设计堤顶高程。围堤的顶部和边坡应整平、夯实。

4.泄水口的布置

泄水口是泥场的重要排水措施，其作用是排除残留在泥场中的大量清水；在吹填过程中调节泥场内的水位，以控制土方的流失和达到吹填面的平整。泄水口安装应牢固，不能漏水否则影响吹填质量和围堤的巩固。

泄水口的施工应满足下列要求：

(1)泄水口水门的基础应夯实。

(2)泄水口与围堤结合处应采取护坡措施，防止水流冲刷。

(3)泄水口出水处底面应用块石、土袋和软体排等护底，防止冲刷。

(4)采用埋没排泥管做泄水口时，排泥管应伸进泥塘内并超过堤身1m，管与管之间的泥土应夯实，泄水管与堤的结合应紧密。

泄水口的布设位置，一般距排泥管出口越远越好，使泥浆流程长，少排出浑水；从排水口排出的水流不使附近的码头、桥梁、堤岸和管道等发生冲刷或淤积；在潮汐河口地区，应考虑在高潮延续时间内泄水畅通。

5.排泥管线的布设

排泥管线是输送吹填泥浆的重要设施，它的布置是否合理，直接影响到挖泥船、吹泥船或泵站等的主机功率、泥泵扬程和排泥距离；排泥管线尽量取直，避免急弯，应尽量缩短管线长度和减小坡度，以减少管路的总水头损失；尽量减少水上排泥管线的工程量，水上排泥管架的头部位置和标高要适应潮差变化，便于与输泥管或吹泥船的排泥管连接，陆上排泥管线一般应选在平坦、空旷地区，并尽量不设管架；泥场内管线的架设应按吹填土质量来定，吹淤泥时要一次将管线架好，吹砂时应边吹填边接长管路。某吹填工程施工工艺及施工方法案例如下：

(1)施工工艺：

①绞吸船。公司拟投入的绞吸船，船首均有吊锚杆；3000m^3/h 型以上船舶均有钢桩台车推进系统，因此施工时船舶操作非常灵活。

②主要工艺流程：

A. 基本原理。绞吸式挖泥船由拖轮拖带至施工区，利用DGPS（差分全球定位系统）精确定位在施工区挖槽起点，在完成与排泥管线的接卡等展布工作后，根据DGPS定位系统显示设定的绞刀位置定深下放绞刀桥梁，进行开挖，被绞刀破碎的泥土通过挖泥船的大功率离心式泥泵将泥土通过排泥管线输送至指定的吹填区。

B. 船舶定位方法。采用DGPS。该系统定位精度优于1m。其工作流程是陆地基准台与船台的接收机共同观测同一组卫星（不少于4颗），由基准台求出观测值改正数，通过数传电台传输到船台，并对船台观测值进行实时修正，进而求得船台所在船位的坐标，利用数据采集、数据处理、自动绘图功能的HYPACK软件通过计算机进行数据处理，在电子显示屏上显示出设计挖泥区段轮廓线，设计挖槽边线，绞刀挖泥运行轨迹，实时导航数据，同时它与水位遥报仪、绞刀深度深度指示仪相连接，可实时显示挖深、瞬时水位、挖槽横断面图或水下三维立体图等。

C. 抛设横移。根据风流情况，确定抛锚顺序，一般先抛设上风、上流锚。抛锚时，将绞刀转移到挖泥边线上，下放到泥里定住船身，要掌握好抛锚的位置，约在边锚缆与当时船身的前夹角45°的位置，但不要小于45°，到位后即行抛锚。抛锚后收紧横移缆，待锚抓住后，方可将绞刀提出泥面。

D. 水上管线的布设。水上管线连接绞吸船的排出管系，使用长度应根据需要而定。在与水下管连接处的水上管线上，必须安装自动排气阀，要足以能排去开车时的空气，以免水下管浮起。水上管线连接好后要布设管子锚，布设数量及位置视风流情况而定。

E. 泥泵工况的确定。泥泵工况系指泥泵工作的流量和水头，泥泵工况的选定要在泥泵及其主机的可用性能范围内，排泥管路能够输送，且磨损较小，并使土方生产率较佳。泥泵工作的流量范围，最小不致使排泥管路中的流速太小，而产生泥沙沉积，出现堵塞现象；最大不致使泥泵产生气蚀，或主机超功率，或超转矩。在泥泵工作流量范围内，选定的施工流量，要使挖泥船能发挥挖吹能力，达到较佳生产率，同时要考虑减小泥泵、管路的磨损和节约能耗等。

（2）施工方法：

①分区施工。按照工程特点，工程吹填分为三个施工区域。本着尽量减小流失的原则，先吹填靠近堤的一侧。

②吹填方向。总的吹填从西北向东南推进，三艘绞吸船的出泥口分别在垂直围堤方向吹填，设置管口距离200~250m，均匀吹填。

③取砂区施工方法。吹填取砂本着"近吹远、远吹近"的原则进行。施工船打开作业面后，分条施工，分条宽度100m。

④分层取土。结合土质分布特点，采取分层施工的方法，分层厚度3m，分三层施工。

⑤施工船舶进点。工程取砂区水深满足船舶进点要求，船舶乘潮就位，就位后立即开始挖船窝，保证船舶安全。

（3）排泥管线布置方案（图1-4-12）：

①管线类型。工程的排泥管线计划由水上管、水下管、陆地管组成。工程施工水域水深浅，水域部分主要采用水下管，吹填上岸后采用陆地管。

②管线结构：

A. 管线规格：$\varPhi 800\text{mm} \times 6000\text{mm}$，胶皮套规格 $\varPhi 800\text{mm} \times 1800\text{mm}$。

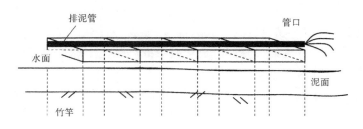

图 1-4-12 管架示意图

B. 水上管线组成:采用 1+1 型式,即 1 节钢管与 1 节胶皮套相连,浮体采用钢板制作的浮筒或高分子材料的浮体。

C. 水下管线组成:根据本工程的水下地形条件,水下管线主要采用 4+1 型式,即 4 节钢管与 1 节胶皮套相连接。水下管提前在现场分段组装,乘高平潮沉放。

D. 陆地管线组成:根据现场地形及吹填进展,采用硬性连接,即钢管直接连接的型式。根据现场吹填推进情况,管线逐渐加长。

③排泥管线出口布置。每条船使用的排泥管线,其出口至少布设 2 个,即 1 条干线至少 2 条支线。其主要目的是保证施工船减少非生产性停歇,提高时间利用率。为确保吹填的平整度,尽可能减小流失量,在进行陆地排泥管线布置时,将随时调整出口位置力求吹填平整,同时排泥管出口的布设尽可能远离泄水口,以便延长泄水流径、加速泥沙沉淀、减小流失量。

考虑到水流冲刷围堰,采用木桩打管架的方式将出口垂直围堰布设,打架长度为进入泥塘内 40m,管口高度在高出设计高度 0.5m。

④管线加固方法:

A. 水上管线锚固:采用布设管线锚缆的方式进行锚固。布设时要综合考虑风流压差、施工干扰、施工顺序等。

B. 水下管线的加固:在水上、水下管线连接处,布设八字形锚缆,在水下管与陆管相连处如有浮筒则需布设八字形锚。

C. 排泥管线出口的加固:每个排泥管线出口处均采用松木杆作 H 形字架支撑,用钢缆予以加固。

⑤管线过堤措施。管线过堤形式是此次吹填工程排泥管路布设的关键之一,由于风浪、潮、水流对过堤管的作用力较大,使过堤管处的橡胶管出现撕裂现象。为此,在上堤前用八字形锚将过堤管线进行固定,减小管线的摆动,减轻橡胶管的受力并保护大堤不受损坏。

⑥水下管线的布设。采用水泵注水或绞吸船吹水的方式进行沉放布设。

本 章 小 结

1. 疏浚工程的主要目的是挖深河流或海湾的浅段以提高航道通航或排洪能力;开挖港池、进港航道等以兴建码头及港区。疏浚工程最主要是吹填造陆工程。吹填就是将挖泥船挖取的泥沙,通过排泥管线输送到指定地点进行填筑的作业。

2.挖泥船按其工作原理,通常分为水力式、机械式两大类。水力式包括绞吸式和耙吸式挖泥船等。机械式包括链斗式、抓斗式和铲斗式挖泥船等。

3. 选择挖泥船时要考虑工程土方量、施工地区自然条件、施工条件及泥土处理要求等因素。选好挖泥船后,选择配备相应的辅助船只,组成挖泥船队。辅助船只应根据挖泥船的类型、大小和卸泥方法来配备。

4. 疏浚泥土处理方法恰当与否,直接关系到工程进度、挖泥效率、巩固疏浚成果、工程成本以及环境保护等方面。疏浚泥土的处理方法随挖泥船的类型、生产方式和施工条件而异,主要有水下抛泥法、边抛法和吹填法三种。

5.吹填工程有接力泵站的布置、泥场的选择、围堤的修筑、泄水口的布置、排泥管线的布设等内容。

思 考 题

1.试述挖泥船的类型及其施工方法。
2.试述疏浚泥土的处理方法。
3.试述吹填工程的类型。

第五章　导流与基坑排水

> **本章学习提示：**
> 　　本章主要阐述导流工程的分类与施工方法；围堰工程的分类与设计；基坑排水工程设计与施工方法。要求了解导流工程的基本分类与常见施工方法；掌握围堰工程的施工方法；掌握水泵站排水能力计算方法、地基渗水的计算方法；能够根据现场地质条件选择地下渗水排除方法。

第一节　导　　流

对坐落在河道中或河岸边的水运建筑物，为了进行干地施工作业，需要用围堰将现场围护起来，水流从围堰外或专设泄水道流走，这就是施工导流。

施工导流有两类基本方法：一类是原河床导流、局部围护、分期施工的方法。以葛洲坝水利枢纽为例（图1-5-1）。第一期利用江中两个岛先行围护河床一部分，进行三江船闸、二江泄水闸、电厂及挡水坝的施工、河水从大江流走；第二期再围护河床的另一部分，进行大江船闸部分闸坝电厂的施工，河水从已建成的三江船闸及二江泄水闸发电厂流走。

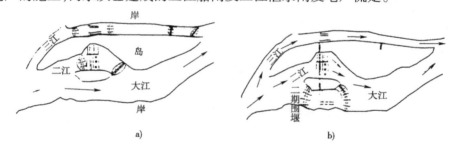

图1-5-1　原河床导流的方案
a) 一期导流；b) 二期导流

另一类是全河床断流，使水从预设的施工隧洞或明渠流走的导流方案，见图1-5-2。

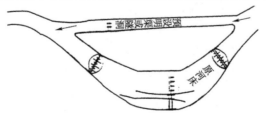

图1-5-2　全河床断流的导流方案

第二节 围　　堰

围堰是围护施工现场进行干地作业的一种临时性挡水建筑物。

一、围堰的结构型式

按构造和使用材料分,水运工程中常用的围堰型式有以下几种:

1. 土围堰

土围堰是一种常用的不能过水的围堰,断面型式见图 1-5-3,其特点是构造简单、就地取材、施工方便、造价较低,适用于各种地基。并可利用挖方的弃土进行填筑,所以是工程中优先考虑的一种围堰型式,但它的抗冲能力较差,挡水高度大时断面也较大。

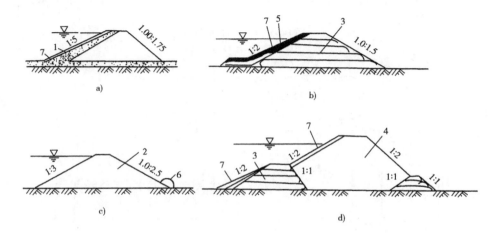

图 1-5-3　土围堰
a)粘土斜墙围堰;b)复合土工膜防渗充填泥土围堰;c)均质壤土围堰;d)水力冲填土围堰
1-斜墙;2-粘性土;3-聚丙烯编织袋;4-水力冲填土;5-防渗土工膜;6-压重;7-护面

2. 土石混合围堰

土石混合围堰的一般断面型式见图 1-5-4,它较土围堰的抗冲能力大,能在流速较大的河流中进行水下填筑,必要时可做成过水围堰。但这种围堰的修建与拆除都比较困难,仅适用于当地有大量清基石渣可供利用、围堰不需要拆除的情况。

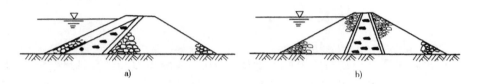

图 1-5-4　土石围堰

3. 钢板桩围堰

钢板桩围堰的结构型式有单排钢板桩、双排钢板桩(图 1-5-5)和格形钢板桩围堰(图 1-5-6)三种。双排钢板桩围堰的断面型式,由两排平行板桩墙组成,用钢拉杆拉牢,中间填以土料。双排钢板桩围堰的挡水高度为10~12m,堰顶加钢筋混凝土盖可以过水;单排钢板桩围堰的挡水高度较小,为6~12m。格形钢板桩围堰的挡水高度可达10~30m。钢板桩围堰抗冲、抗渗能力大,断面小,修建和拆除可以机械化施工,板桩可以重复使用,适用于建在各类地基上的围堰。

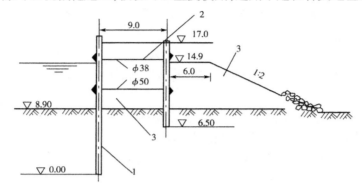

图1-5-5 双排钢板桩围堰
1-钢板桩;2-拉杆;3-填土

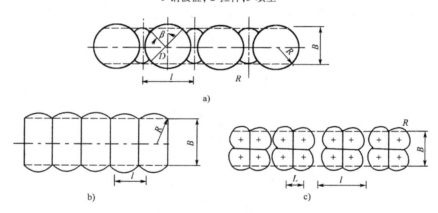

图1-5-6 格形钢板桩围堰
a)单圆柱形格式围堰;b)隔板形格式围堰;c)花瓣形格式围堰

4. 混凝土与钢筋混凝土围堰

混凝土与钢筋混凝土围堰具有抗冲能力大、挡水高度大,但难以拆除等特点,适用于在岩基上建造,常与永久性建筑物结合,作为结构的一部分,不予拆除。

二、围堰设计

1. 围堰布置

围堰的布置应保证建筑物有充分的干地施工场地,但面积不能过大,以使基坑围护排水量维持在低水平上。尽可能利用地形、永久建筑物等有利条件,以减少围堰的工程量。应考虑到水流条件顺水流布置,以减少水流的冲击力。应考虑到地基的条件,尽可能避免设在较弱地基或多裂缝和强风化的岩基上,以减少渗漏和保证建筑物地基的稳定。

2. 围堰高程的确定

围堰即使是临时性挡水建筑物,原则上应保证施工期内施工场地不被淹没,可根据工程的等级、淹没后的危害程度来确定挡水标准,一般以 20 年一遇的高水位作为围堰的设计挡水位,并考虑风浪爬高及预留安全超高。

3. 围堰型式选择和结构设计

应根据围堰挡水高度、地基条件、工程等级及工期、材料供应及施工条件等进行技术经济比较,确定围堰型式,并进行结构受力及稳定计算。

4. 围堰的防护设计

对于施工期较长的围堰,外坡应设可靠地护面,护面材料为块石、袋装碎石、土工膜等,承受水力冲击较大的围堰还可以用混凝土格栅护面。当用块石护面时,要考虑防止土料被水从块石缝隙中带走,为此要考虑采用反滤措施。如在块石与土之间铺以砂碎石反滤层或土工织物滤布等。对于围海工程的围堤还应考虑双向水流作用下的渗流和稳定。

5. 围堰拆除

除了作为永久建筑物一部分和特别指定的以外,所有施工围堰都应拆除,因此在设计时就要考虑围堰的拆除方法。拆除方法可以先用机械挖或用炸药炸,炸开一个缺口,再利用水流冲走其余部分。

第三节　基坑排水

基坑排水包括排除围堰围护范围内的积水及施工期间地基渗水。

一、排除积水

积水是指围堰建成后贮留在围护范围内的地表水,以及施工期围护范围内的雨水。

1. 贮留积水的排除

通常采用固定的或浮动的水泵站,按水深的情况进行布置,见图 1-5-7。

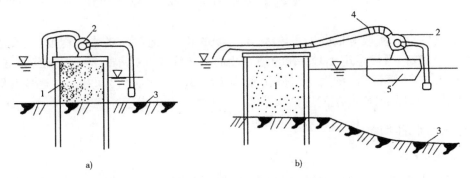

图 1-5-7　水泵站的布置方式

a)固定式;b)浮动式

1—围堰;2—水泵;3—基坑;4—橡皮管;5—方驳

水泵站配置的抽水能力取决于排水量及要求排除时间。可按式 1-5-1 计算

$$q = \frac{V}{T} \tag{1-5-1}$$

式中:q——抽水能力或排水强度(m^3/s);

V——排除水的总体积(m^3),依水头差及围堰和围堰基础的防渗能力而定,但很难准确确定,一般根据经验取为基坑积水量的 4~10 倍;

T——排水的时间,受基坑水位下降速度的限制,视围堰型式及地基土质而定。一般限制在 0.5~1.0m/d 以内。

若已知水泵单机的流量,即可计算出需要配置的水泵台数,配备时应考虑20%以上的备用率。为了运转方便,应选择容量不同的水泵,以便适应不同排水量的情况,组合运用。

2. 雨水的排除

在施工期间有时会遇到大暴雨,如果不及时排除,可能会淹没基坑,影响干地施工,甚至造成损失。为此需要配备排水系统。

排水系统包括排水沟、集水井及水泵站,排水系统应布置在建筑物轮廓线以外,距边坡坡脚不小于 0.3~0.5m,在开挖基坑内采用层层截流、分级抽水的办法。见图1-5-8,集水井布置在建筑物轮廓线以外低处,防止井底流沙和井壁坍塌。排水沟的断面尺寸决定于排水流量的大小。

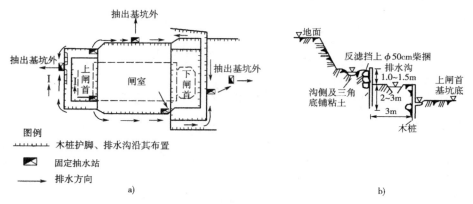

图 1-5-8 船闸排水系统布置
a) 平面图; b) 剖面 1-1

排水系统的设计流量应根据工程等级、施工期的长短、淹没后的影响程度,以及当地历年的降雨资料来确定,通常是用小时暴雨量或几小时内排完作为排水标准。如葛洲坝工程,根据 1954~1971 年的降雨资料,最大小时降雨量为 109.5mm,其次为 80.9mm,根据工程情况取 80mm/h 作为排水标准,以此来配置排水系统。

二、地基渗水的排除

1. 计算渗流量

渗流量的计算,在《水文地质学》课程中有较详细的阐述。工程施工中,常结合工程具体情况作近似的计算,不必要作精确计算。

(1) 按单井公式计算。通常将长宽比小于10的规则或不规则的基坑,化作一个等面积的圆形井,按单井的降水公式计算。

对不规则基坑:

$$R_0 = \sqrt{\frac{F}{\pi}} \tag{1-5-2}$$

对长方形规则基坑：

$$R_0 = \eta \frac{L+B}{4} \tag{1-5-3}$$

式中：R_0——基坑化引半径(m)；

　　　F——基坑底部面积(m^2)，当基坑周围布置井群时，以井群所围面积计算；

　　　L、B——分别为基坑底部的长度和宽度(m)，当基坑周围布置井群时，为井群所围面积的长和宽；

　　　η——系数，当$B/L=0.1$，$\eta=1.0$；当$B/L=0.2$，$\eta=1.12$；当$B/L=0.4$，$\eta=1.16$；当$B/L=0.6\sim1.0$，$\eta=1.18$。

在无承压水层中，基坑开挖至不透水层时，渗流量可按无压完整井公式计算。即：

$$Q = 1.37 \frac{K(H^2-h^2)}{\log(R-R_0)-\log R_0} \tag{1-5-4}$$

在承压水层中，基坑开挖至不透水层时，渗流量可按有压完整井公式计算。即：

$$Q = 1.37 \frac{K(2HM-M^2-h^2)}{\log(R-R_0)-\log R_0} \tag{1-5-5}$$

式中：Q——基坑渗透流量(m^3/d)；

　　　K——渗透系数；

　　　H——天然地下水面至不透水层的深度(m)；

　　　M——含水层厚度(m)；

　　　h——地下水位下降曲线逸出点离不透水层的高度(m)；

　　　R、R_0——分别为地下水位下降曲线的影响半径和基坑化引半径(m)。

R 的数值最好由抽水试验决定，亦可按经验公式(1-5-6)计算。

$$Q = 2(H-h)\sqrt{H \cdot K} \tag{1-5-6}$$

(2)按沟槽公式计算。对窄长形、长宽比不大于10的基坑，可按沟槽公式计算流量。在无承压水层，基坑底开挖至不透水层时，每米长度内的渗流量可按式(1-5-7)计算：

$$q = \frac{K(H^2-h^2)}{2R} \tag{1-5-7}$$

式中：q——基坑每米长度内的渗流量(m^3/m)。

不完整井和不完整承压井的计算较为复杂，近似计算时，也可先用完整井公式计算，然后将求得的渗流量值增加10%～20%，据此算出所需排水设备的容量。

2. 地下渗水排除方法

基坑开挖以后地下水即从边坡或基坑底逸出，如果处理不好就有可能造成边坡失稳滑坡或基坑底发生涌砂或泉眼。

(1)明沟排水法。对地下渗水最简单经济的处理方法，就是利用层层布置的排水沟(明沟)排水。由于地下渗水从基坑边坡逸出，边坡必须较为平缓。若基坑开挖较深，将大大增加挖方量。

(2)管井法。在基坑四周布置一个个的水井。在水井中放入水泵的吸水管进行抽水，降低基坑周围的地下水至基坑底以下(图1-5-9)。井壁可以用下部带有网式滤头的钢管做成(图1-5-10)，也可以利用无砂混凝土管作管井壁。

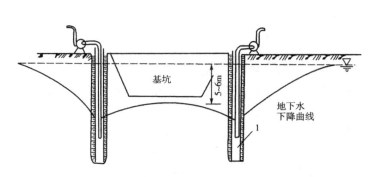
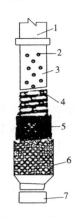

图1-5-9 管井法降低地下水位
1-井管

图1-5-10 网式滤头
1-井管;2-进水孔;3-滤头;4-粗铅丝;5-细铅丝网;6-粗铅丝网;7-沉淀管

管井法的抽水设备主要是离心式水泵和深水泵。受离心式水泵吸水高度的限制,一般地下水的有效降深不超过 5~6m,基坑的开挖深度不超过4~5m。当要求降低地下水位的深度较大时,应分层布置管井,分层排水,见图1-5-11。

当要求降深很大时,可以选用深井泵。深井

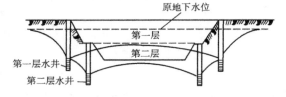

图1-5-11 分层降低地下水位布置图

泵是多级离心式水泵,水泵潜入井水内,深井泵直径很小,所以用井管直径为200~450mm。每个深井泵都是独立进行工作的,井的间距较大。但深井泵的井管下沉较为困难,泵的安装也较为复杂。

(3)井点法。井点法和管井法不同,它把井管和水泵的吸水管合二为一,成为针状滤水管,而且若干个针状滤水器通过总管连在一起合用一台真空泵和抽水机,因而简化了井的构造,简化了排水系统,便于施工。图1-5-12为浅井点系统布置图。

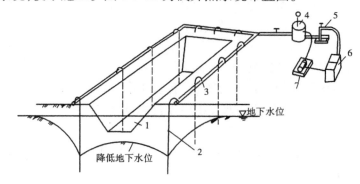

图1-5-12 浅井点降低地下水位布置图
1-基坑;2-针滤管;3-总管;4-真空管;5-水泵;6-集水箱;7-真空泵

用井点法作降低地下水位的设备,根据其降深能力分为浅井点、喷射井点(深井点)和电渗井点。

①浅井点。浅井点的设备包括主机、集水总管和针滤管等。主机由普通离心式水泵与真

空装置组成,过去真空装置包括真心泵及真空罐,现在采用射流泵,抽真空的效率比真空泵大,其降深也大。

浅井点降深的能力受真空装置的效率及土的渗透性能影响,变动于3～6m之间,在砂性土中降低地下水位的深度比在粘土中的大。当要求降深大时,可多层布置浅井点,但一般不超过3层。浅井点适用于渗透系数小于1.0m/d的土层。

②喷射井点(深井点)。当降低地下水位深度较大时,往往采用喷射井点,又叫深井点。喷射井点是在每根针滤管内部装有扬水器,因此它不受水泵吸水高度的限制,有较大的降深能力。图1-5-13为带有扬水器的喷射井点设备工作示意图。高压水泵的扬程为60～100MPa,一台高压水泵可带动几十个针滤管。喷射井点与深井泵比较,构造简单、安装方便、工作可靠,水中含砂较多时对机件的影响也不大,但喷射井点设备的机械效率不高,只有20%～30%,最适宜的降低水位范围为5～18m,一般用于渗透系数为8～50m/d的土层。

③电渗井点。在渗透系数小于0.1m/d的粘土或淤泥中降低地下水位,用上述排水设备都很困难,只能采用电渗井点方法。电渗井点排水时,沿基坑四周布置井点针滤管作为负极,另相应地布置金属管作为正极。在正负极之间通直流电,见图1-5-14,土中所含的水便从正极向负极移动集中,然后由井点将水抽走。

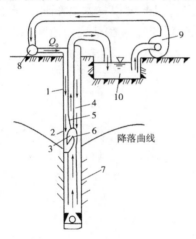

图1-5-13　喷射井点工作原理
1-喷射针滤器外套管;2-喷管;3-混合室;4-分管;5-扩散管;6-喷嘴;7-滤头;8-总管;9-高压水泵;10-水池

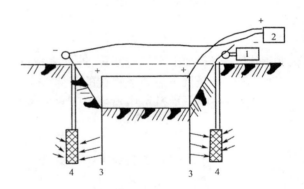

图1-5-14　电渗井点排水示意图
1-水泵;2-直流电机;3-钢杆;4-井点

3. 降低地下水位的设计与计算

采用管井法、井点法降低地下水位时,应根据要求降低地下水位的深度、水文地质条件、施工条件等进行降低地下水位的设计计算,其设计的程序如下:

(1)计算基坑总渗流量。根据基坑中心要求降低地下水位的深度进行计算时,总渗流量 Q 按单井或沟槽公式估算。

(2)确定井的数量和间距。井的数量 n 由式(1-5-8)计算:

$$n = Q/q \tag{1-5-8}$$

式中:q——降低水位设备在每个井中的抽水能力(m^3/d),通常取

$$q = 0.8 q_{max} \tag{1-5-9}$$

式中：q_{max}——允许抽水能力（m³/d）；

$$q_{max} = 2\pi r_c l V_\varphi \tag{1-5-10}$$

其中：r_c——滤头半径（m），包括四周的滤层厚度在内，管井为 50～100mm，喷射井点一般为 40～60mm；

l——滤头长度（m），一般为 2～6m；

V_φ——土壤允许不冲流速（m/d），可取

$$V_\varphi = 65 \sqrt[3]{K} \tag{1-5-11}$$

式中：K——渗透系数（m/d）。

求出井的数量后，考虑到抽水过程中，井管有可能被堵失效，井数应再增加 5%～10%，故井的间距 d（m）为：

$$d = L/(1.05 \sim 1.1)n \tag{1-5-12}$$

式中：L——井点总长（m）。

在具体进行布置时，d 还要考虑满足下列要求：①为了使井的侧面进水量不至于过分减少，井的间距不宜过小，对浅井点 $d = (5 \sim 10) 2\pi r_c$；对深井点 $d = (15 \sim 25) 2\pi r_c$。②在渗透系数较小的土层中，若间距过大，则地下水位降低时间过长，因此要以抽水降低地下水位的时间来控制间距。③井的间距要与集水总管上三通的间距相对应。④在基坑四角和靠近水源一侧井点来水量较多，井距应适当缩短。

（3）校核井深：

$$H = S - \Delta S + \Delta h + h_c + l \tag{1-5-13}$$

式中：H——自地下水位线起算，井的埋深（m）；

S——基坑中点地下水位的降深（m）；

ΔS——降低后基坑中点的地下水位线与井点处地下水逸出点高差（m），计算如下：

$$\Delta S = \frac{q}{2.73 Kl} \lg \frac{1.32 l}{r_c} \tag{1-5-14}$$

Δh——水流进入滤头的水头损失，约 0.5～1.0m；

h_c——滤头淹没深度，取 0.5～2.0m。

（4）配备抽水设备。根据 Q（或 q）及工作水头选择抽水设备，在最终确定抽水设备数量时，要考虑一定的备用量。

（5）抽水设备的布置。管井或井点布置成为环形，在靠水源一面的井布置得密一些，当基坑有不同深度时，在深的部位要考虑用浅井点补充降水。此外，还应考虑基坑在施工时避免互相干扰，以免损坏排水系统。

本 章 小 结

1. 对坐落在河道中或河岸边的水运建筑物，为了在干处施工作业，需要用围堰将现场围护起来，水流从围堰外或专设泄水道流走，这就是施工导流。施工导流有两类基本方法，一类是原河床导流、局部围护、分期施工的方法；另一类是全河床断流，水从预设的施工隧洞或明渠流

走的导流方案。

2. 围堰是围护施工现场进行干地作业的一种临时性挡水建筑物。按构造和使用材料分,水运工程中常用的围堰型式有土围堰、土石混合围堰、钢板桩围堰、混凝土与钢筋混凝土围堰。

3. 围堰设计包括:围堰布置、围堰高程的确定、围堰型式选择和结构设计、围堰的防护设计、围堰拆除等内容。

4. 基坑排水包括排除围堰围护范围内的积水及施工期间地基渗水。积水是指围堰建成后贮留在围护加范围内的地表水,以及施工期围护范围内雨水。地下渗水排除方法有:明沟排水法、管井法、井底法等几种。

思 考 题

1. 导流工程的基本施工方法有哪些?
2. 围堰有哪几种型式?
3. 围堰设计时主要考虑哪些因素?
4. 在基坑经常性排水中,建筑物修建时排水系统应如何布置?

第六章 地基处理工程施工

> **本章学习提示：**
> 本章主要阐述岩石地基、砂卵石地基的问题及其处理方法，港口工程软土地基问题及其处理方法。要求了解岩石地基中断层和裂隙的施工方法，掌握砂卵石及砂土地基的常见施工方法，掌握港口工程软土地基问题常见的结构和地基处理方法，掌握铺垫法、排土置换法、排水预压固结法、密实法的施工过程。

建筑物的牢固稳定很大程度上有赖于建筑物的基础和地基，在施工中经常会遇到一些地基问题，不仅影响工程施工进度，还会影响工程质量和安全。由于地基问题导致工程失事、失败的实例不在少数，造成的经济损失也很惊人，为了保持建筑物的安全稳定，花费在处理基础与地基上的工程费用往往占总费用1/3以上，可见地基处理的重要性。

水运工程建筑物地基有基岩、砂卵（砾）石和砂石地基、土基几种。

第一节 岩石地基问题及处理方法

一、岩石风化

岩石地基经常碰到的工程问题之一是岩石被风化，甚至被强烈风化，风化后岩石的石质被泥化，强度大为降低。对于这种地基，必须彻底清除风化岩层，直至新鲜岩层为止。对于弱风化的岩层，则应经过试验鉴定合格后，才允许作为岩石地基使用。

二、断层和裂隙

岩石地基经常遇到的工程问题之二是断层以及由于地质构造运动造成的裂隙。断层和裂隙均破坏了岩石地基的整体性，形成岩石地基的破碎带，不仅强度低，而且可能形成地基的一个滑裂面，影响建筑物的稳定。如有承压水层，会大量涌水，使施工无法进行。对这种地基尽量避开，实在避不开的，就必须采取以下措施予以处理。

1. 补强

通常采取的措施是进行灌浆。用压力将化学浆液（主要是水泥浆）通过钻入岩石断层或裂隙中的灌浆管（管上有喷射孔）压入岩石缝隙中去，以填充或渗透的方式，排出缝隙中的水分和空气，并占据其空间，待浆液固化后，破碎的岩石固化成为一体，岩石的强度、稳定性和抗渗性得到提高，见图1-6-1。

灌浆作业主要包括：钻孔、冲洗、压水试验、灌浆、回填封孔等项工作。

根据化学浆液的固化反应，灌浆工艺有单管法及二重管法之分。单管法适用于化学浆液是单一药液的情况,见图1-6-2a);二重管法适用于两种化学浆液混合后即发生化学反应的情况,见图1-6-2b)、图1-6-2c)。

2. 堵塞泉眼

当有承压水灾裂隙中发生泉眼涌水时,要依泉眼所处的位置采用不同的处理方法。当泉眼位于建筑物底部时,要在泉眼上浇灌混凝土,先在泉眼处挖一小坑,铺砂石滤层,预埋灌浆管和排水管,然后用泵不断抽水。浇完混凝土后,向灌浆管及排水管内灌水泥浆(必要时,在水泥浆液中加入速凝剂),使之在几秒到几分钟之内固化堵死管子。如果泉眼在其他部位,只要在泉眼上抛一层粗砂、一层小石子,使涌出来的水是清水,并将泉水引流至附近排水沟。

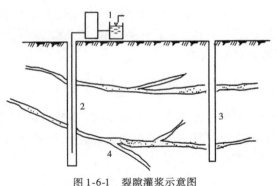

图1-6-1 裂隙灌浆示意图
1-灌浆机组;2-灌浆孔;3-出浆孔;4-裂隙

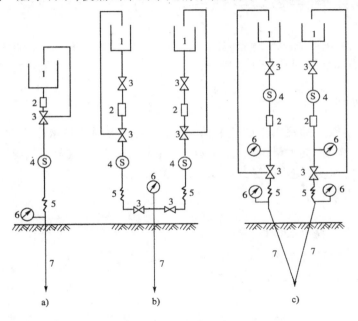

图1-6-2 灌浆工艺
a)单管法(单液单管);b)二重管法(双液单管);c)二重管法(双液双管)
1-溶解缸或搅拌器;2-泵;3-阀门;4-流量计;5-灰浆管;6-压力表;7-注浆管

第二节 砂卵(砾)石及砂土地基问题和处理方法

砂卵(砾)石地基是散粒体地基,这种地基整体性不好、渗透性大。地基承载力取决于地基土的相对密度,相对密度大,承载力大。

一、固结与防渗

这种地基的处理方法主要是采用固结灌浆。在砂卵石地基上打入头部带有许多孔眼的灌浆管,进行水泥或化学灌浆。灌浆孔为多排布置,且孔深不大。待浆液固化后,形成有一定强度的整体基础,为了解决渗漏,常常设置粘土或混凝土的防渗墙,也可在砂卵(砾)石层中进行帷幕灌浆,见图1-6-3。

二、防止流沙

在砂土地基上开挖基坑时,要减少渗入基坑的地下水量和降低地下水逸出的渗透压力,以避免在基坑底及边坡发生流沙。一旦发生流沙,可采用打钢板桩(图1-6-4)和降低地下水位到基坑底以下的措施。

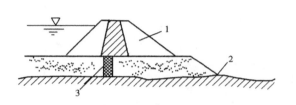

图1-6-3 防渗墙或帷幕灌浆
1-围堰;2-基坑;3-防渗墙或灌浆帷幕

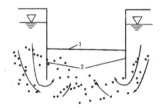

图1-6-4 打钢板桩
1-基坑;2-板桩

三、承压水的处理

在有承压含水层以上的覆盖土层开挖基坑时,若上覆土层的自重小于承压水头的上托力时,土层薄弱处产生泉眼,会大量涌水,发生流沙,造成渗透变形,给施工带来困难,解决的办法是降低承压水的上托水头,使之满足式(1-6-1)的关系。即:

$$H_1 = \frac{h_w r_w + h_s r_s}{(1.2 \sim 1.5) r_w} \qquad (1-6-1)$$

式中:H_1——承压水上托水头(m);

h_w、h_s——分别为基坑内水深、承压水层以上的覆盖土层厚度(m);

r_w、r_s——分别为水、土的重度(kN/m^3)。

第三节 港口工程软土地基问题及处理方法

一、软土地基的工程问题及解决途径

在筑港工程中,常会遇到地基为软基的情况。在软基上建筑港口工程主要问题是地基的强度低,地基承载力低,引起建筑物下陷量大,建筑物极易失稳。如果不对港口工程的软基进行处理或采取的措施不当,不仅加大工程量,花费过高的工程费用,拖长工程建设期限,甚至可能会造成工程失败。为了解决这个问题,在长期工程建设的实践中积累了许多经验和教训,也创造应用了许多新技术和方法。

在软土地基上建造建筑物,需要解决地基承载力和强度不够的问题,通常从建筑物结构及地基两个方面来解决。

二、在建筑物结构方面采取的措施

1. 采用轻质材料

在建筑物的墙后或建筑物的上部及建筑物本身采用煤渣、聚苯乙烯泡沫塑料（简称EPS）等轻质材料作为填料，以减轻作用在建筑物上的外力。

2. 采用轻型结构

从结构型式和布局上采取措施，减少建筑物的自重以减轻对地基的压力，例如采用空箱式结构、扩大基础等。

3. 采用镇压层（又称反压层）

在建筑物的两侧设置镇压层作为压载，以减少建筑物作用于地基上的压力差，提高建筑物的稳定性。

4. 采用深基础结构，避开软土层

通过桩基或沉井基础将建筑物及上部荷载传到地基深层承载力较高的持力层上去。

三、在地基方面采取的措施

主要是对软土地基进行加固处理，或是采用对地基进行补强的措施。在港口工程中采用的措施按其作用的原理可分为：铺垫法、排土置换法、排水预压法、密实法、固化法。

1. 铺垫法

在软基的表面铺设垫层，使上部载荷均匀地分布到地基上去，起应力扩散的作用，有的垫层还起防止块石陷入淤泥的隔离作用，起加筋、反滤排水和防冲的作用。

常用的铺垫材料为：砂、碎石、灰土、三合土；用树枝柴草捆扎的埽捆、柴排；用高分子材料的有纺、无纺土工织物制成的垫层等。

土工织物的出现为软土地基的处理提供了一种很好的手段，它在20世纪70年代末引进到我国工程建设上来，起初是在铁路路基上使用，作为防止路基翻浆冒浆的措施，后来用于水利工程堤坝的反滤。在80年代初铺于防波堤的垫层中，作为加筋，用以提高地基的稳定性。有的直接将土工织物铺于天然软土地基的表面，主要起隔离的作用，防止其上的荷载陷入淤泥之中形成不均匀地基和加大抛石工程量。在一些河道堤基的防护中，将几层土工织物夹尼龙绳缝起来做成软体排，或中间灌砂制成砂被，以代替柴排，防止水流的冲刷和作为堤基垫层。

土工织物材料性能应根据要求发挥的作用进行选择。材料的主要性能包括单位面积重量、单丝形态、经纬丝编织密度、抗拉强度、延伸率、透水性等。

土工织物宜在低潮位露滩时铺设，通常是事先将几幅工厂出产的土工织物拼成10～30m宽、适当长的大幅土工织物，趁潮水未退尽时用船运到现场，待潮水快退尽时铺设，铺设时要注意土工织物铺设位置准确，要保证两幅土工织物之间的搭接宽度，铺设要平顺和注意张弛程度、锚锭和抛放足够的临时压块；当水深太大不能露滩时，用船载水上铺设，见图1-6-5，前面的船施

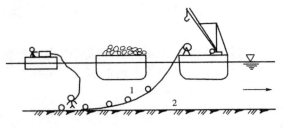

图1-6-5 水下铺设土工织物施工示意图
1-压块；2-土工布

放土工织物,后面的船抛投压块,施工时要注意船舶定位及土工织物的施放速度。为保证土工织物铺设位置的正确和锚锭固定,保证土工织物的搭接宽度,因此需要潜水员配合。

2. 排土置换法

(1)重力挤淤置换(重力排土置换)。传统上对于厚度较小(如小于4m)的淤泥质软土层,通常用挖出法将其搬走换以好土或砂垫层。如挖除施工不便时,也可直接在淤泥面层抛堆以土砂、碎石、块石之类重物,利用重物的重力作用将淤泥排开。由这些重物填补排开淤泥的空间,形成良好的地基。如遇淤泥层较厚时,不适宜用重力排土置换法。因为,一方面,地基上堆载重物的重力是有限的,当重力不能克服天然地基的抗滑力时,淤泥就挤不动,置换的堤身不能落底,稳定性不够,施工达不到要求。另一方面,淤泥层越厚,需要的重力越大。形成稳定堤身的断面积越大,工程量和工程造价将大大增加,有可能失去重力置换法的优越性。

(2)爆炸挤淤置换(爆炸填石排淤置换)。爆炸挤淤置换是在深厚软土层上建造海堤的新施工工艺。它是先在软土层面上堆以足够的石料,在堆石前的淤泥中埋设适量的炸药包,利用炸药的强大爆炸力排除淤泥,形成一定的空间,在这瞬时,水中的石料在冲击波的作用下液化而流动,堆存石料的临时稳定状态被破坏而坍塌,填补了淤泥排走的大部分空间,少部分空间被回流或回落的淤泥占领,形成最终的淤泥面下面伸有"石舌"的断面形状。每爆炸一次向前推进一个石舌的长度,见图1-6-6。这种施工工艺大大地发展了排土置换法,不仅突破传统排土置换法加固处理的深度,如连云港海堤工程排土置换的深度达到12m,而且与爆夯法配合,就可以形成密实稳定的全段面堤身结构。在就近有大量石料供应和保证临时建筑物安全的前提下,有可能是一个工程造价最低,施工速度最快的软基加固方法。

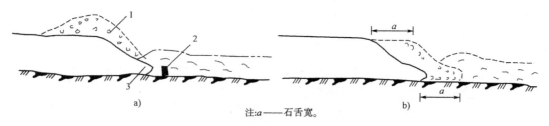

图1-6-6 爆炸排土置换法施工过程示意图
a)堆石及布设药包;b)形成爆炸断面
1-堆石;2-炸药包;3-石舌

根据淤泥层厚度可采用一次爆填处理或多次爆填处理,爆填处理都要配以爆夯处理。对于断面较宽的堤,先用爆炸挤淤法沿轴线形成一定落底宽度的稳定堤心,当堤心推进到一定长度后,再沿中心堤的两侧用爆炸挤淤法和爆夯法扩展堤身,造成有一定落底密实稳定断面堤身结构。

爆填法的设计和施工时需要确定的参数有:抛石体高度与淤泥层厚度之比、布药宽度、石舌宽度、炸药包埋深、爆堆水深与线布药量。这些参数需要通过现场试爆确定。

3. 排水预压固结法

软土地基含水量大、强度低、受荷后变形大。一种有效的改善方法就是在地基表面铺一层排水层,上面加压载,在附加的压载作用下,使地基土孔隙中的水压力升高,土中水顺着孔隙经排水层排走,在附加压力作用下土颗粒挤紧密,空隙减小,实现软土地基的固结(图1-6-7),使地基的强度得到提高。如果在施工的过程中就完成大部分地基土的固结,建筑物建成投入使用后所残余的沉降量不大,不会危及建筑物的安全和使用。这种处理方法不需要将软土挖掉以换填好土,减少工程的挖填方量,节省工程投资。

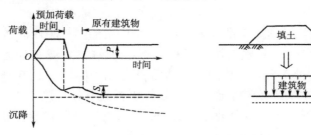

图 1-6-7　排水预压固结法原理

(1)提高排水预压固结法效果的措施。欲使地基完成固结,需要一定的时间。据研究,固结所需的时间与排水距离的平方成正比。如果软土层比较厚或埋藏比较深(>4m)时,单纯在地基表面施加附加荷载,需要固结的时间就比较长;而且,附加荷载的作用将随深度的增加而急剧减小,固结的效果不好,必须打设竖向排水通道,减小排水距离,缩短地基固结的时间。

竖向排水通道的种类有砂井(直径 20~40cm)、袋装砂井(直径我国多为 7cm,少数工程为 12cm)、塑料排水板[断面尺寸为 100mm×(3~6)mm,可换算成 7cm 直径的砂井设计]三种。图 1-6-8 为塑料排水板的示意图。

由于用塑料排水板作为竖向排水通道具有施工中用沙量小,不会发生断井、缩井等质量事故,重量轻,可用轻型机械在超软地基上施工,施工简便速度快,工程造价低等优点,现在塑料排水板已几乎代替砂井、袋装砂井,成为排水预压固结法加固软基工程中首选的竖向排水通道方案。图 1-6-9 为浙江沈家门东港开发区围海海堤断面。

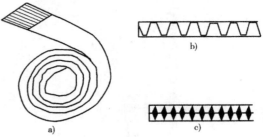

图 1-6-8　塑料排水板的示意图
a)塑料排水板成品;b)梯形槽断面塑料板;c)Δ槽断面塑料板

(2)排水预压法的施工。排水预压法的施工措施过程如下:

铺排水砂垫层→竖向排水通道施工→加载预压→卸载。

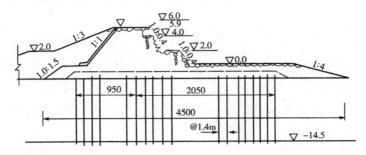

图 1-6-9　海堤中应用竖向排水预压固结法加固软基实例(单位:m)

竖向排水通道施工及加载预压是排水预压固结法加固软基技术两个必不可少的组成部分。而竖向排水通道施工包括选择排水通道材料和竖向排水通道的打设两项工作。

①选择竖向排水通道材料。对排水通道的要求是通水性好、通水阻力小、土中的水能很容易的进入通道,也能顺畅地沿通道排水地基的表面。

排水砂井和袋装砂井所灌的砂料必须是含泥量小于5%的中粗砂,袋装砂井所用的袋子可用聚丙烯或麻的编织布制成,其透水性及强度应满足施工和排水的需要。

如图1-6-8所示,国内生产的塑料排水板由带38个沟槽的塑料芯片板和无纺布滤膜套所组成,在工厂生产,一般200m一卷,塑料排水板材料的主要性能是:滤套有足够的透水能力和防细颗粒泥沙淤堵的能力;排水板有足够的过水断面和通水阻力小,保证在侧压力作用下和因地基沉降变形而弯折时仍然保持必要的通水能力和排水板具有抵抗施工外力作用的强度等。这些性能的好坏直接影响到低级加固处理的效果,必须认真选择和检验。我国颁布的《塑料排水板质量检验标准》(JTJ/T 257)和《塑料排水板施工规程》(JTJ/T 256),针对我国目前塑料排水板的生产状态,规定了为了保证施工质量必须进行的检验和检验方法。

②插设竖向排水通道。无论袋装砂井或是塑料排水板都需要专门的打设机械将之埋入地下至设计深度,对打设机械的要求是重量轻、便于移动、打设时对土壤的扰动少。打设机械主要的工作装置包括机架、导管、导管的驱动装置,除了导管不同外,袋装砂井和塑料排水板的打设机械可以通用。图1-6-10为国内目前常用的几种类型打设机械。

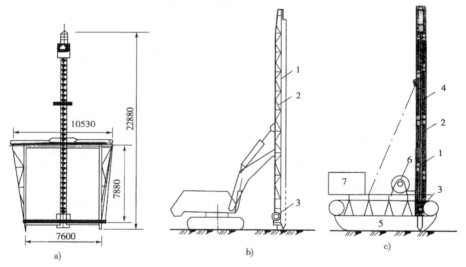

图1-6-10 国内常用的打设机械(单位:mm)
1-套管;2-导架;3-液压启动机;4-链条;5-宽履带;6-排水板;7-动力机

打设袋装砂井时,导管的断面用圆形;打设塑料排水板时最好用菱形或用带加劲的矩形,见图1-6-11。

导管的驱动方式用静压式、震动式,不能用锤击式,静压式对土壤的扰动小;震动式能克服较大的阻力,穿透较硬土层。

打设排水通道时,为了要保证打设的深度满足设计要求,打设机应满足设计要求,安装打设深度检测仪,以便机械操作人员及时发现问题及时补救。这一点对打设塑料排水板而言特别重要。因为在打设塑料排水板上拔导管时,已插到设计深度的塑料排水板常常被带上来,这称为"回带",回带过大,则塑料排水板打设深度不够,将严重影响地基的加固效果。

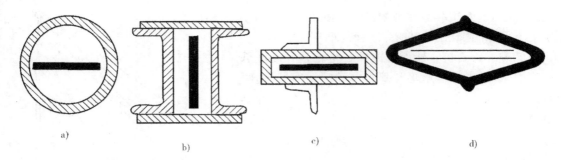

图 1-6-11 导管断面形式

③加载预压。加载预压的过程即地基排水固结的过程,也就是地基强度增长的过程。预压的方法有堆载预压和抽真空预压两种。

堆载预压所用的压载材料,对海堤、路堤可用堤本身作压载材料,围海工程的造陆和码头堆场场地等则用砂土石料或矿渣等作为临时压载物,预压完后拆走。堆载需根据地基强度的增长分级进行,要控制加载速度。

当采用真空预压时,不需要分级,可一次加足预压荷载。打设完排水通道后,在砂垫层中铺设抽真空管道,再在其上铺设塑料密封薄膜,密封薄膜四周应埋在密封沟内。根据工程实践经验,真空预压所能达到的真空压力(真空膜内外的压力差)最大可达 0.09MPa,一般为 0.080~0.085MPa。

要保证足够的预压时间,以待排水固结地基强度的增长符合设计要求,达到预期效果。

(3)排水预压法施工中应注意的主要问题:

①排水砂垫层应选用含泥量小的中粗砂,垫层的厚度应满足要求,陆上不小于 0.5m,水下不小于 1.0m。

②应按规范的规定严格控制所用塑料排水板的质量,保证执行现场抽检验收制度。

③打设塑料排水板时必须使用套管,套管的驱动方式可以用震动也可以用静压,但在边坡上插板时,为保持边坡的稳定,只能采用静压方式;插板时除了保证平面位置准确外,最主要的是要保证排水通道的插设深度,控制排水板的回带量小于规范规定。

④当采用堆载预压时要分级加载控制速度,防止地基失稳;当采用真空预压加载时,保持抽真空设备、管路以及预压区的密封,使真空长期稳定在 80~90kPa 之间,是保证预压加固效果的关键,如地基中有与外界相通的透水夹层时,必须采取阻断措施。

⑤为保证达到预计的加固效果和防止施工过程中发生地基失稳,必须加强施工检测,对于大中型或地基条件复杂的工程最好设典型实验区先期施工,为大面积施工和修改设计提供必要的参数。

排水预压固结法用于加固处理软粘土和疏浚新吹填形成的软土地基,适用于处理码头堆场、广场、机场跑道、公路铁路地基、建筑物基础等大面积场地地基加固及基坑开挖时边坡保护,也常用于消散打桩引起的空隙水压力,以减轻打桩对周围建筑物的影响和加快打桩进度。

4. 密实法

密实法原理是用外加的能量将砂碎石矿渣等骨料贯入软土地基,以改变其整体密实度,提高地基的承载力和抗剪强度,或形成一个个密实的桩柱,与桩柱间土组成复合地基共同承担上部荷载,亦达到提高地基强度和承载力的目的。在港口及围海工程中用密实法加固软土地基的方法有震冲碎石桩等。

（1）震冲碎石桩。所谓震冲碎石桩就是开动底部中心有喷水口，能产生水平和垂直震动的震冲器，边喷射水边进行垂直震动冲击破坏土壤的阻力，使震冲器下沉至设计深度，在地基内完成造孔工作然后自下而上分段的制桩，边往桩孔中灌碎石；边喷水边开动水平震动器使震冲器产生水平震动，并上下抽动震冲器，使孔中碎石液状化后，颗粒重新排列被挤紧密，形成密实的桩柱体，对砂性土改变了地基土的相对密度，其相对密度可达到75%以上，起震冲置换的作用。对粘性土桩柱体与其间的土组成复合地基，共同承担上部荷载。图1-6-12为震冲法施工配套机械。

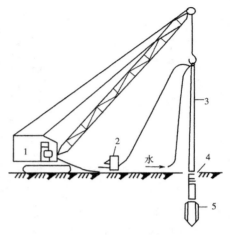

图1-6-12 震冲法施工配套机械
1-起重机；2-操作台；3-吊管；4-活接头；5-震冲器

这种加固地基的方法一般用来加固地基有一定强度（根据规范，地基土的不排水抗剪强度不小于20MPa）的粘性土和砂性土，适用于房屋、涵闸之类建筑物以及承载力要求较高的堆场或场地。

震冲碎石桩的主要施工过程为：

震冲器就位→水冲造孔→底段填料→底段震密→上一段填料→上一段震密→顶部松散桩体的处理。

震冲法设计和施工的参数包括桩孔布置与加固范围、桩距、加固深度、震冲器出水口水压和水量、灌砂量、密实电流、置换率等。

震冲碎石桩施工中注意的主要问题是：防止塌孔，保证填料数量，保证填料的密实度，顶部松散桩体的处理，注意泥水的环境处理。

（2）强夯法（有时称为动力压密法）。这种加固地基的方法设备简单、施工方便。它是先在欲加固地基表面铺一层碎石之类粗骨料，将履带式起重机重锤（10~25t）升至规定高度（10~25m），让锤自由下落冲击地面。一方面，在强大的冲击能作用下，锤下粗骨料垫层被冲切挤入土层之中，同时正下方的土被击实，不仅地基的密实度增加，强度和承载力得到提高，而且在施工期即可消除绝大部分沉降，使工程完工后的残余沉降很小。另一方面，锤对土的冲击产生震动，这种震动以压缩波、剪切波、瑞利波的形式在地基内传播，对周围建筑物产生影响。

这种地基加固方法适于加固砂性土地基，特别适于处理建筑垃圾等杂填土地基，对粘性土地基需要采取打设竖向排水通道、间隔跳夯等措施后才能使用。

强夯法在设计施工时需要确定以下技术参数：

①有效加固深度：是反映地基加固处理效果的重要参数，它与土质、夯锤重量Q、落锤高度H有关；有效加固深度h可由式（1-6-2）计算：

$$h = \alpha \sqrt{E} = \alpha \sqrt{HQ} \tag{1-6-2}$$

式中：α——经验修正系数，由试夯确定。

②单位夯击能量：指单位面积上所施加的总夯击能，其大小与地基土的性质有关，也要通过试夯确定。单位夯击能过大，不仅浪费能源，对饱和粘性土来说，强夯反而会降低。根据我

国工程实践,《建筑地基处理技术规范》(JGJ 79)规定,在一般情况下,对于粗颗粒土单位夯击能可取 1000~3000kN·m/m², 细颗粒土为 1500~4000kN·m/m²。

③夯点的夯击次数与夯击遍数:这也与土的性质和锤的性状有关,受夯坑周围土隆起量和夯沉量控制,可从现场试夯得到的锤击数和夯沉量关系曲线确定,要求最后两击的平均夯沉量不大于 50mm。

④两遍夯击之间的时间间隔:待一遍夯击之后,要有一定时间任土壤中的超孔隙水压力消散,然后再进行后一遍的夯击,间隔时间的长短取决于地基土的渗透性。

⑤夯点的布置和间距:应根据建筑物的类型采用三角形或正方形布置,夯击处理的范围应大于建筑物基础外缘的宽度大于 3m,以设计处理深度的 1/3~1/2 为宜,前几遍夯击点的间距大一些,后几遍可小一些。

⑥锤重和锤形:由锤底面静压力和土的性质来确定,我国常用的夯锤重为 10~25t,最大为 40t;锤的形状有圆形及方形,方形制作简单,圆形使用效果好。

⑦起重机及专用设备的选择:要用带有自动脱钩装置、有足够起重能力和起重高度的履带式起重机。为要排除夯坑积水需配备人工降低地下水位和排水的设备,以及为控制施工和检验加固处理地基的效果必需的检测仪器和设备。

强夯法施工中应注意的问题:在开工之前必须进行试夯以取得必要的施工参数指导施工;在施工之时必须加强对施工状况的监测以控制施工进度和保证质量;强夯时震动对周围建筑物的影响不能忽视,必须使强夯区和建筑物的安全距离大于 30m,必要时设隔震沟和采用加速排除孔隙水压力的措施。

5. 固化法

固化法的原理是往软土中加入适量的固化剂,用机械使之与土在原位搅拌混合,固化后即形成密实坚固的固化体,从而提高地基的承载力和强度,减少地基的沉降量。常用的固化剂为水泥和石灰,水泥用得最多。

(1) 固化法的种类。用这种方法加固距地面 3~5m 以内的土层时,称之为浅层固化处理法,加固距地面大于 3~5m 的土层时,称之为深层固化处理法。

深层固化处理法有许多种,如水泥或石灰深层拌和法、旋喷法以及粉喷法等,这些方法在陆上工程中已广泛应用,有的取得了较好的技术经济效果。水上进行深层固化处理的技术已在天津塘沽新港东突堤南侧码头及烟台港二期码头工程中成功应用。

根据结构的需要,深层固化处理法可以将地基土处理成块体状、壁状、桩柱状和混合状,见图 1-6-13。

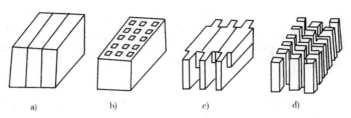

图 1-6-13 深层固化处理的几种形式
a)、b) 块体式;c) 壁状;d) 柱状

图1-6-14为天津塘沽新港东突堤南侧码头结构图。它是引用水下水泥深层拌和法(简称MDM法)加固软基作重力式接岸结构基础,MDM加固体采用带前封和顶封的壁状体,宽17.5m,加固体的顶部高程取决于MDM作业船舶吃水,定为-3.5m,加固体着底于地基承载力较高的亚粘土或亚砂土层(-20~-17m),加固体背后吹填疏浚土。

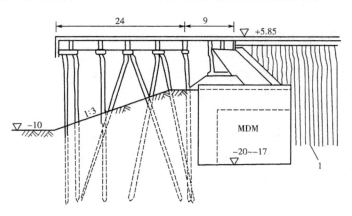

图1-6-14 天津塘沽新港东突堤南侧码头结构(单位:m)
1-塑料板

(2)水泥深层搅拌法。此法用水泥深层搅拌机来完成,它主要由带叶片中空的旋转搅拌系统、水泥砂浆固化剂混合液制备系统、混合液压力输送系统,动力和起吊行走系统所组成。图1-6-15为我国较早生产的SJB-1型深层搅拌机示意图,图1-6-16为深层搅拌机配套机械示意图。水泥深层搅拌法施工顺序见图1-6-17。

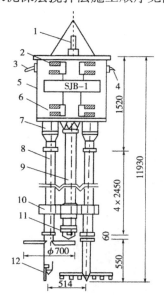

图1-6-15 SJB型水泥深层搅拌机(单位:mm)
1-输浆管;2-外壳;3、4-出水口;5-电动机;6-导向滑块;7-减速器;8-搅拌器;9-中心管;10-横向系板;11-球形阀;12-搅拌头

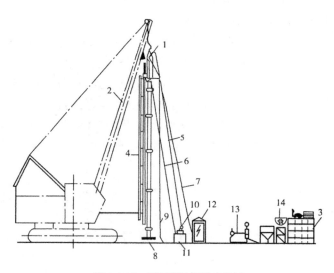

图1-6-16 深层搅拌机配套机械
1-深层搅拌机;2-起重机;3-工作平台;4-导向管;5-进水管;6-回水管;7-电缆;8-搅拌头;9-输浆压力胶管;10-冷却泵;11-贮水池;12-电气控制柜;13-灰浆泵;14-灰浆拌制机

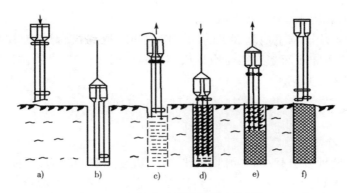

图 1-6-17　水泥深层搅拌法施工顺序图
a)定位下沉；b)深达底部；c)喷浆搅拌上升；d)重复搅拌下沉；e)重复搅拌上升；f)施工完毕

深层搅拌法施工要求保证水泥等固化剂和被处理土得到最均匀的拌和，保证施工过程中水泥等固化剂掺入比不变，使固化土的强度达到设计要求，为此必须严格控制拌和机械搅拌叶片的提升速度及进行重复操作。

固化土的强度与加固时所用的水泥标号、水泥用量、被加固土的含水量及养护龄期等因素有关，通常以 60d、90d、100d 龄期的无侧限抗压强度作为标准。

对于施工使用固化剂浆液配比必须通过室内试验确定，对搅拌后的加固土体应在 7d 内用触探器钻取加固土样，观察搅拌均匀程度，必要时进行单桩荷载试验，检验其承载力。

(3) 旋喷法。此法用高压脉冲泵使水泥浆通过特殊的喷嘴高速喷出，强制使土和水泥浆混合，喷嘴边旋转边提升，在地基中形成一根圆柱体（图 1-6-18），其直径一般为 0.5m 左右，极限抗压强度可达 0.5~8MPa。

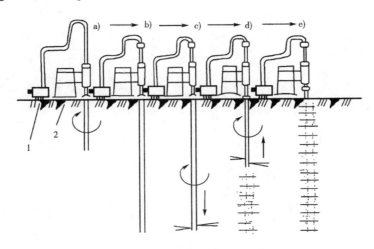

图 1-6-18　旋喷法示意图
a)低压水流成孔；b)成孔结束；c)高压旋喷开始；d)边旋转边提升；e)喷射完毕，柱体形成
1-超高压水泥泵；2-钻机

(4) 粉喷桩。粉喷桩是深层搅拌法的一种，不过它是用干的水泥粉作为固化剂，而不像一般的深层搅拌法是用水泥浆液作为固化剂。

深层拌和法适用于加固对地基承载力强度要求较高，土层较厚的房屋、桥梁等码头岸壁之类建筑物的淤泥、淤泥质土、粉土软土地基。

浅层拌和法一般用于软土地基表层的加固作为临时道路,或者作为软基路面二灰和三灰垫层的施工技术,二灰和三灰垫层往往用石灰作为固化剂。目前,在我国还没有在软粘土上应用浅层固化处理方法的实例。

本 章 小 结

1. 岩石地基的处理方法有:彻底清除风化岩层,直至新鲜岩层为止、补强、堵塞泉眼。

2. 砂卵(砾)石及砂土地基处理方法有:固结灌浆、设置粘土或混凝土的防渗墙等进行防渗、打钢板桩和降低地下水位到基坑底以下的措施来防止流沙、降低承压水的上托水头来处理承压水。

3. 软土地基承载力和强度通常从建筑物结构及地基两个方面来解决。结构方面有:采用轻质材料、轻型结构、镇压层(又称反压层)、深基础结构,避开软土层等方法。在地基方面采取的措施有:铺垫法、排土置换法、排水预压法、密实法、固化法等几种。

思 考 题

1. 水运工程常用的软基处理方法有哪几种类型?
2. 简述高压旋喷桩的质量检验方法。
3. 简述深层搅拌桩(湿法)的施工工艺。

第七章 水下和水上工程常规作业施工

> **本章学习提示：**
> 本章叙述水工测量、水下爆破、水上抛填、水上安装构件等内容。要求掌握水深测量和水位观测内容，熟悉测深方法和定位方法，熟悉水下爆破方法和程序，掌握抛石基床施工方法和抛砂垫层施工方法，掌握水上安装没顶沉箱、井字形梁等构件的施工方法。

第一节 水工测量

一、水深测量和水位观测

针对水运工程无论是水上作业还是水下作业，都需要对水深进行足够精度的测量，为工程的实施提供依据。因为内河或者潮汐的影响，水位和水深值是不断变化的，根据水深的变化合理选择相应的施工方法和机械设备组合，对工程施工具有指导意义。

测深前，要了解测区情况（包括礁石、沉淀、旋流、险滩，以及水文气象资料），以免发生事故和漏测。测设定位的控制点一般不低于图根点的精度，在困难地区可用少量的解析补点。测深点位置相对于邻近图根点的中误差，在图上应不超过±1.5mm，对1:500比例尺的测图、大面积平坦的水域或水深超过20m的开阔水域，可放宽至±2mm。

为观测水位变化，应在施工区域设置水尺。水尺的设置应能反映全测区内水位的瞬时变化。当测区内水位比降（纵、横向）较大，一根水尺不能控制时，应根据比降影响情况，加设若干个水尺（因比降影响的水位差大于0.1m时，应进行改正）。水尺零点高程可用根水准进行联测。水尺位置的设置应注意以下几个方面：

(1) 水流畅通，无壅水现象，且不受风浪影响。
(2) 水位涨落时，不会露出或淹没。
(3) 只在一岸设置时，应选择在靠近航道的一岸。
(4) 读尺方便，容易联测零点高程。
(5) 设置稳固，不易遭受碰撞。

测深和水位观测应同步进行。在海域和受潮汐影响的河段，应每10min观测一次；江、河、湖区、视水位变化速度而定，但至少应在每天测深作业的开始和末了时各观测一次，水位读记至厘米。

二、测深工具

测深工具，常用的有测深杆、测深锤和回声测深仪三种。具体用何种工具，应根据风、浪、水深等条件以及精度要求，进行选定。

1. 测深杆

测深杆可用木杆、竹竿或塑料管制成,直径为2~5cm之间,每隔0.1m涂黑、白相间的色油。当水底泥面为软泥时,杆底须设一定直径的托盘,它一般适用于水流较慢、水深较小(4~5m以下)的水域,或用于近岸边的补测。

2. 测深锤

测深锤由测深绳和铅锤两部分组成。铅锤制成上小、下大的圆锥台,重3.5~5kg,为探测水底泥面土质情况,底部留有直径为3cm的圆洞。测深绳宜用伸缩性小,直径为6~10mm的胶皮电缆,每隔0.2或0.5作一标记。每天工作前、后应校对其长度,当误差大于1%时,深度读数应加以改正。测时要锤触泥面,绳垂直的瞬间读数。使用测深杆或测深锤时,如遇风大、水面波动大,读数不易准确,应停止作业。

3. 回声测深仪

在测深工作中,回声测深仪已得到广泛的使用。使用回声测深仪时,内陆水域波高宜不大于0.3m,海域波高宜不大于0.5m。

三、定位方法

1. 测深线布设

除特定部位采用散点外,一般采用横断面法。在横断面法中,断面线的布设应尽量垂直于流向、河道中心或岸线方向;断面相对平行时,断面间距宜为图上2cm;测点间距宜为图上1cm,并视地形变化和用图要求,可适当加密或放宽。对弯曲河段,断面线可布设为扇形,对流速大、横向测深困难的水域,断面线可布设为斜向或纵向。水、陆测点应互相衔接,其最大间距不得大于水深测点的规定间距。

测深线一般用前、后导标作为标志。为便于测深船对标,前导标应略低于后导标,且前、后导标间距与前导标至最远测点的间距比应不小于1:20。如不能满足此要求,应在测深线上,或于水域中加设浮标(或在舢板上立标)作为附加标;或于岸上设经纬仪用对讲机(或手旗)指挥测深船航行。见图1-7-1。

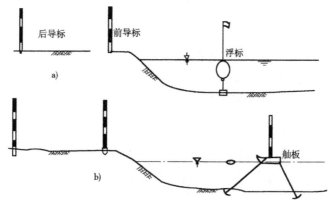

图 1-7-1

测深线的间距,可用钢尺、皮尺或测绳进行丈量,根据具体情况也可用视距测距或步测。测深线的方向,用经纬仪、六分仪或罗盘仪测定。

2. 测点定位

测点定位的各种方法有前方交会法、后方交会法、断面索法、单角交会法、垂直角法、视距法、激光仪定位法等方法。

在施测过程中,应经常检测后视方向,控制偏差在允许范围内。

第二节 水下爆破

在岩基上加深或拓宽航道和开挖港工建筑物基础,为炸除岩石,需采用水下爆破。凡疏通航道,炸除礁石,拆毁水下沉船、建筑物,开挖港口码头和航道基坑,以及处理码头堤坝的软弱地基等类爆破,都属于水下爆破的范畴。

一、炸药

水下炸药一般选用防水类的炸药,如胶质炸药。当温度在 10℃ 以下,尚需选用防水耐冻的胶质炸药。如采用其他不防水的炸药,则应采取严格的防水措施,例如:用牛皮纸包裹,外涂沥青(仅用于水深小于 4m 时),或装在竹筒、陶瓷罐、铁筒内等。当铁筒又用铁盖封口而需用焊锡焊封时,炸药与铁盖之间应隔以厚 2~2.5cm 的隔热材料,以免焊封时因温度高而发生爆炸,筒的大小、长短应便于装药和运输,用于浅孔的,筒的直径应略小于孔径。为提高爆破效果和避免出现瞎炮,起爆药包内应放置 2~3 个雷管,并用并联法进行连接。

水下爆破所用的雷管、导火索、导爆索、电线等起爆器材,均要求具有防水能力,导火索、导爆索与筒口的连接处也应做防水处理。

二、爆破方法

爆破的方法主要采用裸露爆破法和浅孔爆破法。

1. 浅孔爆破法

在介质内部钻出各种孔径的炮孔,经装药、放入起爆雷管、堵塞孔口、连线等工序起爆的,统称炮孔法爆破。如用手持式风钻钻孔的,孔径在 50mm 以下、孔深在 4m 以下为浅孔爆破。爆除面积大、厚度大于 1m 时,宜采用浅孔爆破法。

浅孔爆破需钻孔。水下钻机钻孔,需配备的设备主要有钻机和工作船。水下钻孔的方法,当水深小于 0.5m 时,可用人钻或风钻打孔;当水深较大时,则须用专用船舶上的钻机钻孔。水上钻孔除用专用钻孔船外,也可用 400~600t 方驳,在甲板上安设轨道,供钻机移动、钻孔用,或用两艘小方驳组装,钻机固定在两方驳之间,每钻完一孔,移动一次船,钻孔一般用潜孔钻 YQ100A 型和瑞典钻 ROC601 型。钻孔船的定位可采用对纵横标、六分仪或前方交会。

如水下钻孔中遇有覆盖层或岩石破碎带的情况,根据经验可采用三管两钻法。即导向管、护孔管、岩心管,两钻即先用护孔管脚带钻头通过覆盖层钻到基岩,而后改由岩心管钻进,在基岩中凿岩成孔。浅水无覆盖层并岩层完整的钻孔,可采用两管一钻法施工。

如岩基上有软膜覆盖,钻孔时需设单套筒或双套筒,设双套筒时,外套筒沉入岩基顶面并套在钻孔船舷的上、下两个固定环内,内套筒插在外套筒内并固定于船甲板上的固定圈处,这样既可使钻孔船免受潮汐和风浪的影响,还可防止淤孔。

采用浅孔爆破时,孔深要比爆破深度大 10%~20%;孔的间距、排距等于或略大于最小抵抗线,最大不大于 1.75 倍抵抗线。

药包加工方法,视所用炸药而定。用胶质炸药时只需将药卷数条拼接成一个大圆药卷,其直径比钻孔小 10~20mm,然后按照计划的药筒长度将数个大药卷连接,外用竹篾或牛皮纸等捆扎即成圆形药筒。

2. 裸露爆破法

裸露爆破法不需钻孔,直接将炸药包贴放在被爆物体表面进行爆破的方法。爆除个别高点、孤石和礁石,或爆破面积小、厚度小时,因水上钻孔困难、效率低,常宁多耗费些炸药而一般采用裸露爆破法,如遇水深、急流、浪大,则更应如此。

水下爆破中所用的裸露药包形状,对爆破效果有很大影响。常用的形状有圆形、方形、扁盘形等。药包需做好防水工作。

采用裸露爆破法时,药包到水面的距离应等于或大于 2 倍的爆松深度;药包间距、排距分别为爆松深度的 3~3.5 倍、2.7~3 倍。裸露药包的相对密度应大于 1.5,或另加配置,以使药包能沉下水面不浮起。

三、起爆

水下爆破的起爆,可采用火雷管、电雷管、导火线及电线等,并作好防水处理。起爆方法和陆上起爆方法相同。

第三节 水上抛填工程

水上抛填工程在水工施工作业中属于常见的内容,如抛石基床、抛填砂垫层、减压棱体、倒滤层等。其施工方法根据施工环境、施工机具和构筑物施工部位的不同略有区别,但总体施工顺序是一致的。下面介绍抛石基床施工及抛砂垫层施工。

一、抛石基床施工

1. 基槽挖泥

挖泥前,必须首先进行测量定位工作,在现场设置定位标志,并在现场设临时控制水尺。

开挖方式应根据地质条件选择。①地基为岩基时,视岩石风化程度,可采用水下爆破(爆破作业时,特别要注意不能使基础受到严重破坏),用抓斗(铲斗)挖泥船开挖;②当为砂质土壤时,也可采用绞吸式挖泥船。在选择挖泥船时,要对自然环境条件、工程要求和挖泥技术性能等因素作综合分析,选择可作业的、能满足工程要求和挖泥效率高的挖泥船。

施工中,要复测水深,核实挖泥量(如遇有回淤情况,还要根据复测水深结果估计回淤强度,并将在挖泥期间的回淤量计入挖泥量内),并安排好挖泥程序。

挖泥时,要勤对标,勤测水深,防止超挖或欠挖;对有标高和土质"双控"要求的基槽,挖至设计标高后,要核对土质(现场鉴定和套筒取样,室内分析)。如地质情况与设计要求不符,应继续挖至设计土层的出现或与设计单位研究解决办法。

挖完后,如有淤泥,需用吸泥泵清淤;如不能及时做抛石基床,则要采取防淤措施(或将来抛石前,用吸泥泵清淤)。

基槽平面尺寸不得小于设计规定,对水下开挖非岩石地基,每边超宽和超长一般不大于 2.0m,平均不大于 1.0m;超深一般不大于 0.5m,平均不大于 0.3m。根据挖泥船的实际情况(如抓斗的大小等),可适当增加超宽、超长和超深量。

基槽开挖后.应对开挖断面进行实测验收,若不符合设计要求时,应进行补挖。

2. 基床抛石

每段基槽开挖后,应及时进行抛石。对松软地基,抛石前应先铺筑反滤层(在基床底部铺设 0.3~0.5m 厚的砾石或碎石作为反滤层,起减少石块陷入土中的作用)。

(1)石质要求:

①基床抛石一般用 10~100kg 重(对于厚基床的块石可大些)、未风化、无严重裂缝的块石,对有可能遭受波浪水流冲刷作用的部分,需用大块石护面,并注意级配。

②在水中饱和状态下的抗压强度:夯实基床不低于 50MPa,不夯实基床不低于 30MPa。

(2)抛石顺序与分层。抛石的顺序,既要考虑与上一工序(基槽挖泥)紧密衔接,又要为夯实以及后续工序(安装预制构件)创造条件,以达到确保工程质量和加快工程进度的目的。

①当基床设计底标高相差不大时,可从一端开始向另一端分段抛。

②对于顺岸式码头,可从任一端开始。

③对于突堤码头一般从近岸端开始。

④当基床设计底标高相差较大时,应从底标高低处向高处分段抛。

抛石基床的厚度应为设计厚度加预留沉降量。对于夯实的基床,只考虑地基的沉降量,对于不夯实的基床,还需要考虑基体本身的沉降量。

当基床厚度较大、基床抛石需作重锤夯实处理时,基床需分层抛石、分层夯实,每层厚度一般不大于 2m。作爆夯处理时,厚度可加大。

(3)抛石方式。抛石方式有压荏抛和定位定量抛两种。压荏抛分为人力(民船和方驳)、方驳(推土机、装载机)。定位定量抛分为人力(民船和方驳)、抛石船(侧倾式、底开式)。也可从陆上抛石(栈桥抛石或从浮桥抛石)(图 1-7-2、~图 1-7-9)

图 1-7-2 方驳

图 1-7-3 基床抛石整平船

图 1-7-4 倾卸驳船
1-平衡舱

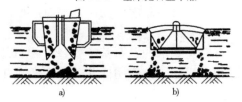

图 1-7-5 开底(舷)驳船
a)开底驳;b)开舷驳

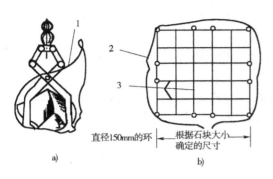

图 1-7-6 抓取块石的抓钳和网兜
a)抓钳;b)网筐
1-松开钳的绳索;2-缆绳;3-网

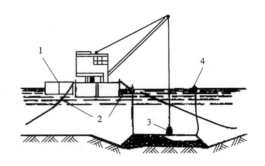

图 1-7-7 起重船抛石
1-运石驳船;2-锚缆;3-网兜;4-抛填边界浮标

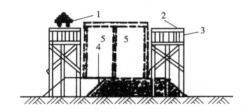

图 1-7-8 陆上抛石法(从栈桥抛石)
1-平车;2-轨道;3-栈桥;4-基床断面;5-沉箱

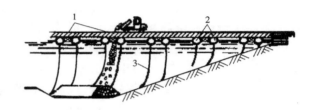

图 1-7-9 陆上抛石法(从浮桥抛石)
1-抛石洞口;2-由两个浮筒构成的桥节;3-浮筒锚缆

(4)注意事项:

①确保基床平面的位置和尺度。

②粗抛与细抛相结合。

③抛石前应进行试抛。通过试抛,当用人力抛时,掌握块石漂流与水深、流速的关系;当用推土机、装载机、开底式和侧倾式抛石船抛石时,应掌握块石扩散情况,以选定起始点位置和移船距离。

④勤测水深,防止漏抛或抛填过多。

⑤抛下的石堆厚度比较均匀。

⑥基床抛石的富余高度应适当,若过大,夯实后基床超高,水下扒除非常困难;若过小,夯实后欠高,尚需补抛、补夯,这些都影响工程的进展。根据实践经验,应掌握宁低勿高的原则,每一层抛石的富余高度常控制在抛石层厚度的 10%~15% 之间。

3. 基床夯实

在有夯实要求的抛石基床中,每层抛石后须进行夯实,以消除或减少其压缩沉降。目前尚无专用的夯实船。一般用抓斗式挖泥船或在方驳上安装起重设备吊重锤进行夯实。另外还有爆炸夯实。

(1)重锤夯实。其主要技术要求有:

①基床夯实范围应符合设计规定,如设计未规定,可按建筑物底面尺寸各边加宽 1m。当

分层夯实时,应沿45°扩散线向外加宽1m。

②夯实前应对抛石层顶面作适当平整(防止因局部高差太大造成"倒锤"或夯偏而影响夯实效果),其局部高差不宜大于30cm。

③基床应分层分段夯实,每层厚度宜大致相等.一般不大于2m;分段打夯的搭接长度不小于2m。

④夯锤重量一般为4~6t,落距为2~3m。

⑤为防止"倒锤"和夯坍边坡,每遍的夯实要先中间后周边。

⑥当基床顶面标高不同时,要先夯顶面标高较低的基床,并于其上安装预制构件后,才夯顶面标高较向的基床。在夯顶面标高较高的基床时,对邻近已安装预制构件的夯点,要减小夯击的落距,增加夯击的遍数。

⑦基床夯实后,要作夯实检验。这些复夯点前后高差的平均值,即为平均沉降量,要求平均沉降量不大于5cm。

⑧基床夯实一般采用纵、横向均邻接压半夯,并夯两遍(初夯、复夯各一遍)或多遍夯实方法,以防止基床局部隆起和漏夯。夯击退数由试夯确定,不进行试夯时。应不少于两遍,确保每点8夯次。

⑨当夯实后补抛的面积较大(大于1个方块的底面积或1个沉箱底面积的1/3),厚度普遍大于0.5m时,宜作补夯处理。

(2)爆夯(爆炸夯实)。爆夯机理是悬浮在基床顶面上的炸药包在水中爆炸后,产生巨大的瞬间冲击荷载,对抛石基床有自上而下的压缩作用。同时爆炸产生的地基振动,对基床有自下而上的振动密实作用。爆炸中的这两种作用都使块石产生挤压、位移、相互错动、减少孔隙,从而使基床达到密实的目的。其中以地基振动对基床的密实影响较大,对基床密实起主要作用。当基床抛石量大、工期紧,应用传统的重锤分层夯实工艺施工,根本无法满足施工进度要求时,可采用爆炸夯实法施工。爆夯有使用设备少、操作简单、施工速度快等优点。特别是处于外海水域,基槽开挖后为防骤淤需立即将块石抛填满槽,厚度较大者(在3m以上),以及爆夯与挤淤合并进行以省掉开挖基槽工序者,其优点尤为突出。

①爆夯的工艺流程如下:

②药包加工。工程上大多采用硝铵炸药,为安全起见,药包必须在距人群相建筑物安全距离以外的地点加工,也可在离开施工区域和其他船只的船上进行。加工操作必须符合安全操作规程。

为防止湿度过大而拒爆、所以每个药包均要求有良好的水密性。通常用双层或多层塑料袋密封防水,外面用编织袋包裹。为了使药包悬浮在水中,编织袋内先放置一定数量的泡沫塑料(数量视药包重量而定,以确保药包能起浮为准),装入药包后用尼龙绳绑扎牢靠。

药包的装药量根据试爆情况、基床厚度、炸药的上覆水深、重复爆夯的次数,以及周围安全范围的大小等确定。

爆炸夯实的影响因素有爆破规模(即一次起爆的总装药量)、爆夯次数(通常2~4次)及上覆水层厚度等。其中爆破规模是主要因素。因此,为达到理想的爆夯效果,在条件允许情况下,应尽可能采用大规模爆夯。但一次爆夯的药量又受安全控制的影响,因此,有时要进行小药量多次爆夯。

③布药。布药主要是控制药包在水中的吊高和药包间的距离。为避免潮流和气候的不良影响,布药应在天气晴好和平潮时进行。

药包的吊高,即药包在基床面以上的高度,要视每一药包控制的范围和上覆水深及装药量等不同而控制在 0.8~1.2m 之内。该距离在药包加工时通过编织袋和坠体(绑扎的石块)间的尼龙绳长度进行控制。

④起爆。布药完毕后,即将各药包的导爆索(单股)与主导爆索(双股)联结。在布药时,无关船只及人员必须撤至安全区,在布药和导爆索联结完毕后,全面检查警戒水域,确认无任何船只和人员以后,发出爆破信号,然后正式起爆。

⑤质量检验。目前尚无成熟的经验和正式的质量检验评定标准。但根据已有码头的施工实践其夯沉率宜以大于 10% 为控制标准。在爆夯达到规定的夯沉率后,对造成的深坑补抛和平整,在表层再用重锤普夯一遍。

⑥爆夯试验。在正式施工之前,应进行爆夯试验,以检验所定技术参数是否合理,炸药的防水性是否正常,安全措施是否得当,并能借此进行人员培训。

爆破操作应特别注意安全,爆夯前必须到有关单位办理规定手续(如到港务监督部门办理航运通告,到海上安全监督部门办理申请警戒手续)。爆破操作人员必须受过岗前培训,要做到持证上岗。针对爆破现场,制定出具体的安全操作规程,考虑爆夯对周围环境的影响,并控制爆夯点与需保护对象(如建筑物)的安全距离,应由爆破工程师进行计算,必要时要进行调查和监测。

4. 基床整平

为使基床能够均匀地承受上部荷载的压力,必须进行基床顶面和边坡表面的整平工作。目前,有潜水员进行整平或基床抛石整平船(图 1-7-10)进行整平等方式。也有人研究了步履式水下基床整平机,它就是一个庞大的水下机器人,由 GPS 卫星定位系统来指挥定位,精度达厘米级,能够在一定深度范围内的水域替代人工在水下完成抛石基床整平作业。

水下基床整平工作,根据不同建筑物有不同的精度要求,一般分为:

粗平——表面标高允许误差为 ±15cm;

细平——表面标高允许误差为 ±5cm;

极细平——表面标高允许误差为 ±3cm。

(1)基床的粗平。码头基床的边坡只进行粗平,有时每层夯实前也需进行粗平。粗平的方法有悬挂刮道法和埋桩拉线法。

①悬挂刮道法,见图 1-7-11。整平船(方驳)横向驻位,按整平标高用滑车控制刮道(铁轨,

图 1-7-10 平台式基床抛石整平船

其长度大于基床整平宽度)下放深度,水位每变化 5m 调整一次,潜水员以刮道底为准"去高填洼"进行整平,边整平,边移船。

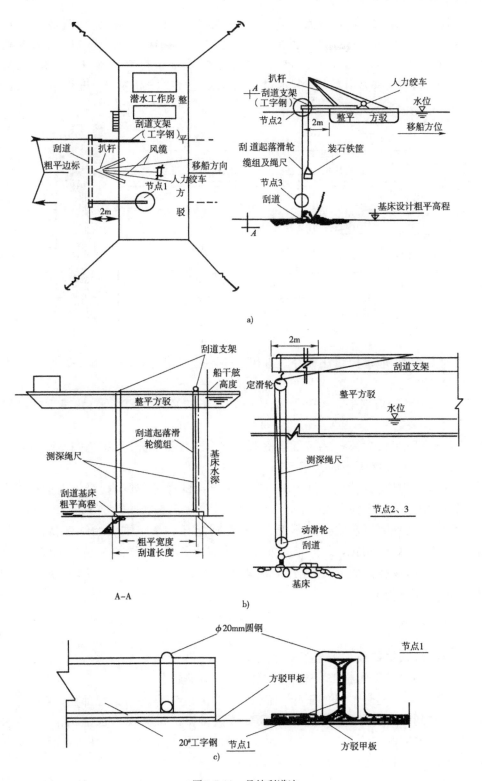

图 1-7-11 悬挂刮道法

②埋桩拉线法，见图 1-7-12。在基床纵向两侧，陆上用经纬仪或全站仪定方向，船上用垂球引点，每隔 15～30m 埋设木桩，桩侧设置短护木（与基槽纵向平行）以增加木桩抗拉线拉力的能力，桩顶用测深杆测测整平标高，每侧木桩按整平标高拉 8#～12# 铅丝线，两线之间用直径为 3mm 测缆作为滑动线，潜水员以滑动线为准"去高填洼"进行整平，边整平，边移动滑动线。

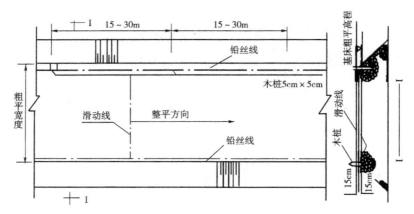

图 1-7-12　埋桩拉线法

在这两种方法中，埋桩拉线法较好。其优点是不受风浪、潮流的影响，整平精度向；缺点是增加了测埋拉线桩这一工序。

(2)基床的细平和极细平。基床肩部、压肩方块下的基床需要细平；墙身下的基床需要极细平。

作细平和极细平时，大块石之间不平整部分宜用二片石填充；片石之间不平整处用碎石填充，碎石允许成层，但其厚度不应大于 5cm。

施工时一般采用导轨刮道法，见图 1-7-13。在基床的整平范围内，沿纵向的两侧每隔 5～11m 安设混凝土小方块，方块上安设作为导轨用的钢轨，钢轨长一般有 6m、12m 两种（现有改用钢管的，钢轨会因倾倒等造成标高不准，而钢管则能在一个范围内始终保持标高不变），方块和钢轨之间垫厚薄不一的钢板，严格控制轨顶为整平标向，且误差不超过 ±1cm。整平船横向驻位，填洼所用石料装在船上，通过浮鼓式漏斗向水下运送，潜水员于水下用刮杆（钢轨）沿埋设的钢轨顶将碎石刮平。

二、水上抛填砂垫层

水上抛填砂垫层主要施工工艺流程见图 1-7-14。

水上抛填砂垫层采用的施工方案和遵照的施工要求如下：

(1)测量放设导标是最基础的工作，通过精准的测量准确控制工程部位，这是所有水上抛填工程的一个共同准备工作。设置 RTK—GPS 测量基站。设立现场水位站，专人报水位。沿砂垫层边线和定位船的定位边线上放设导标。定位船采用 600t 方驳和 1m³ 反铲组成的工作船。定位船先沿导标粗定位，然后用 GPS 进行精确定位。

(2)砂垫层原材料规格质量必须符合设计要求，并经有资质的试验单位检验合格后方能

第七章 水下和水上工程常规作业施工

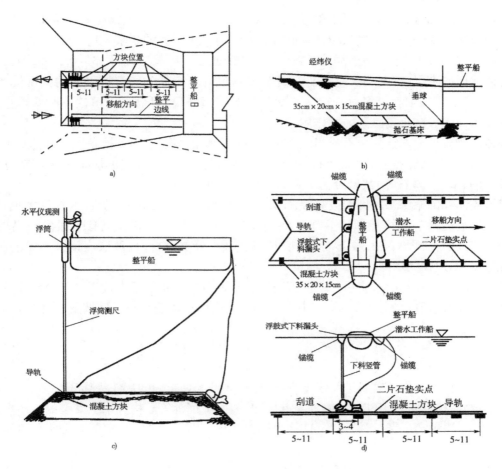

图 1-7-13 导轨刮道法整平
a) 混凝土大小方块平面布置；b) 测设混凝土小方块；c) 测导轨顶标高；d) 整平

使用。

（3）为了防止直接抛砂被海水冲刷，先在砂垫层断面边线外侧抛砂袋垛，砂垫层断面两侧砂袋要并行推进，砂袋垛要比砂垫层超长20m，砂袋垛顶宽1m，边坡为1:1，高度为砂垫层的厚度（1m）。砂袋采用编织袋，由人工在砂船上进行装袋并封口。装砂袋船沿定位船停靠，用人工将砂袋抛至设计断面，每个断面定量抛填，抛填时由专人测水深控制抛填标高直至达到设计标高。

（4）抛填使用的中粗砂船运到现场，用铁驳倒运抛填。铁驳装砂到施工区域后，在适当的位置抛锚，慢慢靠近定位方驳，位置确定后根据抛砂标志，由人工配合反铲定点定量抛填，反铲斗入水距底面20～30cm时才能倾倒，边抛边扒平。铲斗入水深度应根据当时的水位确定，测量人员应随时检查砂垫层标高。

（5）砂垫层抛填每100m作为一个施工流水

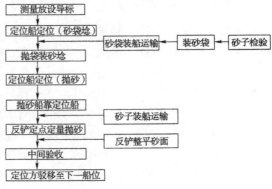

图 1-7-14

133

段,一个施工段完成后,要立即组织验收,砂垫层顶面宽度与顶面标高满足设计要求。

下面以顺岸式码头水上抛填棱体、倒滤层为例,对抛填工程的要求做进一步说明。

在顺岸式码头中,方块码头都设有减压棱体、倒滤层,棱体表面铺 0.3 ~ 0.5mm 厚二片石层作为倒滤层的基层,沉箱和扶壁码头有时为减压也有设棱体的。沉箱码头的减压棱体(或回填土)应在沉箱内填料填完后进行。扶壁码头的扶壁如设有尾板,在填棱体时要防止石头进入尾板下而失去减小前趾压力的作用。

棱体应按设计要求选用块石或当地产量大、价廉、坚固、质轻、内摩擦角大的其他材料。倒滤层,分层的一般用碎石层和"瓜米石"或粗砂或硕砂层组成;不分层的应采用级配较好的天然石料(如石渣、砂卵石等)或粒径为 1 ~ 7cm、2 ~ 8cm 的碎石。

减压棱体和倒滤层采用民船或方驳,于水上进行抛填。对于沉箱码头,为提高抛填速度,可考虑从陆上运料于沉箱上抛填一部分,抛填前,要检查基床和岸坡上有无回淤和塌坡(如有,必要时需进行清理),并设立导标;抛填时,宜分段、分层进行,且每层应错开一定的距离,以免混杂,边抛边勤测水深。

棱体表面的二片石层抛完后,要进行整理,且顶面宽度应不小于设计值。各级棱体倒滤层最小厚度允许偏大值:水上 5cm,水下 10cm。倒滤层表面坡度按材料自然坡度进行控制。

第四节 水上安装构件

水工建筑物很多构件需要进行水上安装,比较典型的如重力式码头大体积块体安装、滑道井字形梁、轨道枕梁安装,基础、胸墙沉箱沉放、改装码头沉桩等。构件水上安装的工序主要包括:构件预制、测量定位、挖泥抛石等,这些内容在其他章节有介绍,本节介绍几种典型的水上安装构件实例。

一、滑道没顶沉箱安装

没顶沉箱与一般沉箱一样,不论采用何种方式进行预制,在浮游出运前均须压载,使其顶倾高度 $m \geqslant 0.2m$。安装于抛石基床的没顶沉箱,为使其处于正浮状态,让倾斜顶面与滑道坡度相吻合,不仅在稳定灌水压载时灌水格仓的灌水量需经计算确定,而且在灌水下沉时灌水应均衡进行。

没顶沉箱的安装不同于一般的不没顶沉箱,下沉后顶没于水中,宜采用起重船的吊安方式进行安装,且灌水用的水泵须安在另配的方驳上。在灌水、落吊钩、下沉没顶前,沉箱重(包括灌水重)与浮力始终处于瞬时平衡状态,吊力几乎近于零(仅为防止沉箱的随意摆动,吊钩尚须受一定的力),但在继续灌水、落吊钩、下沉至没顶后,吊力增至最大,其值为沉箱重(包括灌水重)减去没顶后的浮力,所选用起重船额定吊力应大于此值,并留有一定的储备量。

吊安顺序,从与陆上相连接处开始,依次向滑道末端进行。吊安定位控制见图 1-7-15。两台卷扬机配合缆绳控制起重船移动就位;经纬仪控制中心线;高强钢丝测绳控制距离。吊安时,没顶沉箱下沉没顶后停止灌水,起重船控制移动,正位后徐徐落吊钩,使沉箱下落坐在基床上。经检验确认正位后,摘除吊钩,移去起重船,开启进水阀门。全部格仓充满水后,关闭进水阀门,拆除刚盖板,并及时向格仓内抛填块石。如经检查不正位,且超过允许偏差,则需用水泵抽水、起浮、重新安装、直至满足要求为止。

二、安装井字形梁

安装钢轨的井字形梁的安装方法，一般有引线法和倒锤法两种。其中倒锤法受风浪影响小，常用于安装精度要求高的井字形梁的安装。

1. 引线法

引线法的装置见图 1-7-16。一条钢轨的末端卡住钢轨卡，见图 1-7-17。起重船吊杆的上部设可移动滑轮（图 1-7-18）和工作平台，下部设固定滑轮；细尼龙引线，从钢轨卡上的中心环引出，穿过可移动滑轮和固定滑轮，末端系绷直引线的重块。吊安时，起重船对标就位、下落吊钩，井字形梁下沉临近安装位置时，由潜水员水下参照已安井字形梁，控制井字形梁的上端，经纬仪于陆上照准引线，控制井字形梁的下端（在此之前，用经纬仪观察引线，

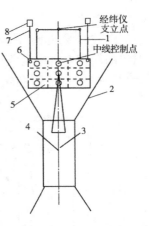

图 1-7-15 吊安定位控制示意图
1-高强钢丝测绳；2-缆绳；3-滑道轴线；4-起重船；5-没顶沉箱；6-吊环；7-钢丝绳；8-卷扬机

人站在工作平台上移动可移动滑轮，使引线处于通过所测钢轨中心线的垂直平面内），起重船徐徐绞缆移动、下落吊钩，使井字形梁正位安在预先测设在没顶沉箱上的支墩上。

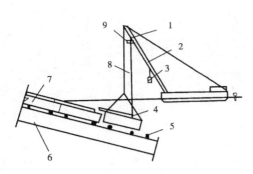

图 1-7-16 引线法示意图
1-可移动滑轮；2-固定滑轮；3-重块；4-钢轨卡；5-支墩；6-没顶沉箱；7-井字形梁；8-引线；9-工作平台

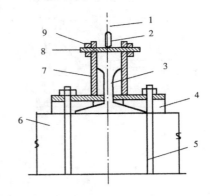

图 1-7-17
1-引线；2-中心环；3-钢轨；4-扣轨板；5-U形扣轨螺栓；6-井字形梁；7-钢轨卡；8-螺栓；9-螺母

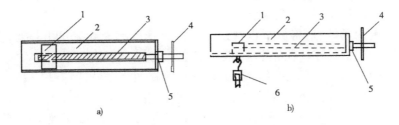

图 1-7-18 可移动滑轮
a）平面图；b）侧视图
1-滑块；2-滑槽；3-丝杆；4-手柄；5-螺母；6-滑轮

2. 倒锤法

在控制原理上,倒锤法和引线法是一样的,都是通过用经纬仪观察引线来控制安装,只是引线的绷直不是用重块,而是用倒锤装置。倒锤法所用的整套设备,由倒锤装置、护管,车架(钢结构)和行走轮组成,见图1-7-19。

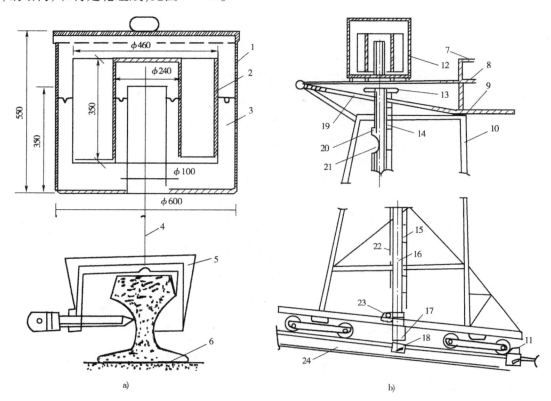

图1-7-19 倒锤法示意图

a)倒锤装置及其与钢轨卡的连接;b)倒锤法整体设备(已安在轨道上)示意

1-箱体;2-浮子;3-机油;4、16-引线;5、18-钢轨卡;6、24-钢轨;7-调节丝杆;8-支承板;9-工作平台;10-车架;11-车挡;12-倒锤装置;13-圆形水准器;14-护管;15-爬梯;17-活动套管;19-带滑槽杆件;20-横尺;21-观测窗;22-水准尺;23-铰接座

倒锤安装井字形梁步骤如下:

(1)根据没顶沉箱安装的偏位情况,在没顶沉箱的顶板上放置千斤顶,见图1-7-20。

(2)起重船吊井字形梁,粗安在支承千斤顶上。

(3)用安在陆上的卷扬机,将倒锤设备从已安井字形梁移至粗安的井字形梁上。用车挡将倒锤设备先后位于1、1′、2、2′测点处(一根井字形梁上设4个测点,这四个测点见图1-7-20。即井字梁中的一条梁测点为1、2,那么对应的另外一侧就加个撇号,用1′、2′以示对应区分)。

(4)移去支背长副尺的木楔,长副尺的刃脚先、后落在1、2测点上。

(5)用经纬仪(支在所测钢轨的轴线上)和水平仪进行观察。根据观察结果,先用支承千斤顶调整标高;后用支顶千斤顶调整平面位置。

(6)按上述(3)~(5)的步骤反复进行几次,直至不超过所允许的偏差为止。

(7)用水平仪测另一条钢轨上的1′、2′测点,并用千斤顶调整其标高。

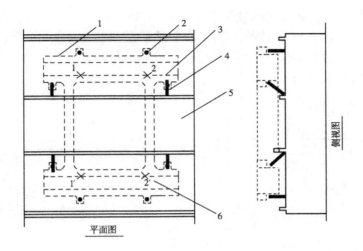

图 1-7-20　千斤顶和测点布设示意图
1-待安井字形架；2-支承千斤顶；3-钢轨；4-支顶千斤顶；5-没顶沉箱；6-测点

（8）用混凝土小方块或钢板支垫井字形梁，撤除千斤顶。

井字形梁在用引线法或倒锤法安装正位后，须用充压水泥砂浆的尼龙袋作永久支点，如图 1-7-21 所示。一根井字形梁每侧作 4 个永久支点。为使永久支点与井字形梁的底、没顶沉箱顶板的顶之间有一定宽度的接触面，袋的直径应大于井字形梁与没顶沉箱顶板之间的间隙量，使袋充满砂浆后呈扁平状态。压充砂浆时，砂浆泵的压力应不小于 0.1MPa，且须持压一定的时间。

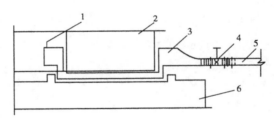

图 1-7-21　永久支点
1-跑风节门；2-井字形梁；3-尼龙袋；4-球型阀；5-弹簧胶管；6-没顶沉箱

本 章 小 结

1. 水工测量内容中水深测量和水位观测应按一定要求进行。常用的测深工具有测深杆、测深锤和回声测深仪三种。测深线布设除特定部位采用散点外，一般采用横断面法。测点定位的各种方法有前方交会法、后方交会法、断面索法、单角交会法、垂直角法、视距法、激光仪定位法等方法。

2. 水下爆破的方法主要采用裸露爆破法和浅孔爆破法。

3. 水上抛填工程是水工施工作业中属于常见的内容，包括：抛石基床、抛填砂垫层、减压棱体、倒滤层等。

4.抛石基床施工内容有:基槽挖泥、基床抛石、基床夯实、基床整平等。抛石方式有压茬抛和定位定量抛两种。基床夯实一般用抓斗式挖泥船或在方驳上安装起重设备吊重锤进行夯实或用爆炸夯实。基床整平分粗平、细平、极细平几种类型。

5.水上抛填砂垫层施工工艺如下:

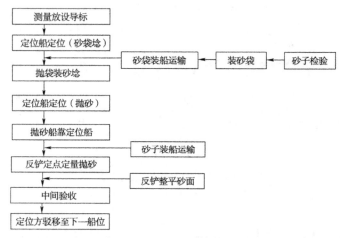

6.钢轨的井字形梁的安装方法一般有引线法和倒锤法两种,其中倒锤法受风浪影响小,常用于安装精度要求高的井字形梁的安装。

思 考 题

1.水深测量的工具有哪些?各有什么特点?
2.水下爆破的方法有哪些?可应用在哪些范围?
3.抛石基床施工工艺有哪些?
4.基床夯实的方法有哪些?
5.基床整平的方法有哪些?
6.水上抛填砂垫层有哪些注意事项?
7.安装井字形梁的方法和注意事项有哪些?

第二篇 水运工程施工组织设计

第八章　水运工程施工组织概论

> **本章学习提示：**
> 本章主要阐述水运工程施工程序、施工过程组织原则和施工组织三种基本作业方式、时间组织的表示形式。要求了解施工过程有哪些程序，掌握施工过程的组织原则，掌握三种基本作业方式的内容，掌握时间组织的表示形式。

第一节　水运工程施工程序

施工程序是指施工单位从接受施工任务到工程竣工验收阶段必须遵守的工作顺序。

施工程序包括签订工程承包合同、施工准备工作、组织施工和竣工验收等各个阶段。

一、签订工程承包合同

施工单位签订工程承包合同的方式一般有三种：一是上级主管部门统一布置任务，安排计划下达；二是经主管部门同意，自行对外接受任务；三是通过投标方式获得任务。现阶段施工单位主要是过投标来获得任务。

签订施工承包合同前，应和业主进行合同谈判，使合同内容具体、责任明确、条款详细、文字清楚、便于执行。

二、施工准备工作

施工单位接受施工任务后，即可着手进行施工准备。在工程正式开工前，必须有合理的施工准备期。施工准备工作应有计划、有步骤、分阶段地贯彻于整个工程项目的施工过程中，在各个分部分项工程前，都要做好施工准备工作。施工准备工作的内容可归纳为：

1. 技术准备

（1）熟悉、核对设计文件、图纸及有关资料。组织有关人员熟悉设计图纸和有关资料，使施工人员明确设计者的设计意图，熟悉所要施工的内容和结构物的细部构造，掌握各种原始资料，核对各控制点的坐标和高程。如在核对设计文件中发现设计不合理或错误之处，应提出修改意见并报监理工程师和业主批准。

（2）补充施工组织设计调查资料。进行现场补充调查，为编制实施性施工组织设计收集资料。

（3）编制实施性施工组织设计、施工预算。根据合同文件的规定的工期、质量等要求，编制实施性施工组织设计，完成后需报监理工程师批准备，方可实施。

（4）先遣人员和机械设备进场。落实后续进场人员在生产生活方面的问题；与当地政府取得联系,争取当地政府部门的支持和帮助。

2. 施工现场准备

应根据施工合同文件要求做好施工现场准备工作。

(1)测出临时用地和永久用地范围内的各种障碍物。

(2)平整场地,施工放样。

(3)修建临时设施,如施工便道、预制场、混凝土搅拌站、临时住房、堆料场、仓库、临时用水、用电设施等。

(4)建立工地实验室。

(5)建立施工组织机构,安全技术教育和岗前培训等。

只有施工准备完成,并书写开工报告,经监理工程师同意,才可正式开始施工。

三、组织施工

在监理工程师批准开工后,应按施工图纸、施工各种规范、施工合同和经批准的实施性施工组织设计的要求进行施工。上道工序施工结束后,需经监理工程师验收合格后,才能进行下道工序的施工。在施工过程中,应进行合理组织和控制,在符合质量和进度要求下,使施工成本最低。

四、竣工验收

整个工程项目建设完成后,由建设单位组织竣工验收,工程监督单位、设计单位、施工单位、监理单位等单位参加。

第二节 施工过程的组织原则

施工过程组织即对施工生产过程中的各要素进行组织。生产过程中的各要素包括劳动力、劳动资料、劳动对象等,如人工、建筑材料、机械设备、资金等。为了达到在满足工程质量和施工进度的要求前提下施工成本最低的目的,使施工企业利润最大化,应合理组织施工生产各要素。合理的施工组织,可以避免施工过程中的窝工、停工、返工现象;可以提高机械设备的利用效率;可以避免浪费材料;能提高劳动生产率;能够满足合同文件的工期和质量要求;能够最大限度地保证安全和环境;能够尽可能地降低工程施工成本。

施工组织研究的对象就是如何根据工程建设项目的特点,对施工生产各要素进行科学合理的安排。为了合理组织施工,需对施工过程的组成有所了解。

一、施工过程的组成

施工过程就是生产建筑产品的过程,由一系列相互联系的施工活动所组成。施工过程的基本内容主要是劳动过程,在某些情况下,还包含自然过程,如水泥混凝土的养生等。此时,施工过程就是劳动过程和自然过程的结合。施工过程可以根据不同情况进行分类。

1. 根据各种劳动在性质上以及对产品所起作用上的不同特点分类

按此法分类,可将施工过程划分为:

（1）施工准备过程。指产品在投入生产前所进行的全部生产技术准备工作，如编制项目建设书、可行性研究报告、勘测设计、招标投标、施工准备等。

（2）基本施工过程。指直接为完成产品而进行的施工生产活动，如打桩、砌筑墙身等。

（3）辅助施工过程。指为保证基本施工生产过程的正常进行所必须的各种辅助施工生产活动，如动力（电力、压缩空气）的生产、机械设备维修、材料的采集和加工等。

（4）施工服务过程。指为基本施工生产过程和辅助施工生产过程服务的各种服务活动，如物资材料供应、运输等。

2. 从施工组织的需要出发进行分类

按此法分类，全部施工过程可依次划分为：

（1）动作与操作。动作是指工人在劳动时一次完成的最基本的活动，如打开开关、取工具等。若干个相互关联的动作组成操作。

（2）工序。工序指施工技术相同、在劳动组织上不可分割的施工过程，由若干个操作组成。其主要特征是劳动者、劳动对象和使用的劳动用具均不发生变化，如果其中有一个发生变化，就意味着从一个工序转入另一个工序。一个工人或一组工人，在一个工作地，对同一劳动对象连续进行的施工生产活动；一件或一批相同的构件（零件），顺序地经过许多个工作地，在每一个工作地内进行的生产活动，称为一道工序。施工组织往往以工序为对象。如导排渠渠底混凝土施工可分为如下工序：原材料配备、检测→配合比设计→钢筋，模板检查→混凝土搅拌→混凝土运输入仓→混凝土平仓，振捣→混凝土养护。

（3）操作过程。操作过程是由几个在技术上相互关联的工序所组成，可以相对独立完成的某一种细部工程或分部分项工程。如导排渠渠底混凝土施工、导排渠土石方开挖等。

（4）综合过程。综合过程是若干个在生产结构上密切联系的，能最终获得一种产品的施工过程的总和。

以上划分方法，因工程性质及施工对象的复杂程度而异，并无统一规定，具体工程应以有利于科学进行施工组织与管理而定。

二、施工过程的组织原则

影响施工组织的因素很多，如工程性质、材料及半成品性、机械设备条件、自然条件等，不同条件下施工过程的组织变化较大。如何科学合理地组织施工，关系到工期、质量和费用。其原则可归纳如下：

1. 施工过程的连续性

连续性是指产品在施工过程的各个阶段、各个工序中进行，在时间上紧密衔接，避免不必要的停顿和等待现象，且使流程尽可能短，表现为劳动对象始终处于被加工状态，或在进行检验，或处于自然过程中。保持和提高连续性可缩短建设周期、节省成本。

2. 施工过程的协调性

施工过程的协调性也称比例性，它是指产品施工各阶段、各工序以及各种机械设备之间，在施工能力上要保持一定的比例（协调）关系，避免脱节和比例失调现象。保持协调性能充分利用人力和设备，避免因人材机的不协调导致停顿和等待。

3. 施工生产过程的均衡性

均衡性又称为节奏性，是指各个施工环节都按照施工生产计划的要求，工作负荷保持稳定，避免忙闲不均、前松后紧、突击加班等现象，避免赶工造成的成本增加，有利于保证施工质量，降低成本。

4. 施工生产过程的经济性

经济性是指施工过程组织除满足技术要求外，还要满足经济效益。上述连续性、协调性、均衡性最终都要通过经济性来反映。

上述四个方面的组织原则是相互制约的，在组织施工时，应保证同时符合上述四个方面的要求，不可偏重某一方。

第三节　施工过程的时间组织

工程项目的施工过程组织，包括空间上的组织和时间上的组织两个方面。本节介绍时间组织方面的问题。空间上的组织在第十章水运工程施工阶段的施工组织设计中讲述。

一、工程项目施工三种基本作业方式及其综合运用

根据施工队（班组）安排的各施工对象的施工顺序，一般可分为三种基本作业方法：

1. 顺序作业法

顺序作业法是指当有若干个施工任务（段）时，由一个施工队按照工程的施工先后顺序在同一个施工任务（段）中一道工序接一道工序顺序地施工，完成一个施工任务（段）后进入下一个施工任务（段）施工，顺序地完成全部施工任务的作业方法。

【例 2-8-1】 某工程有 3 个扩大基础需进行施工安排。将这 3 个扩大基础划分为 3 个施工段，完成每个施工段（每个扩大基础）必须经过下述 4 道工序：准备工作、挖基、砌基础、回填。3 个施工段共安排 1 个施工队施工，1 个施工队中完成这 4 道工序共安排 4 个专业队，每道工序按 2d 时间完成来配备人工数和机械设备数量。其施工进度横道图见图 2-8-1。

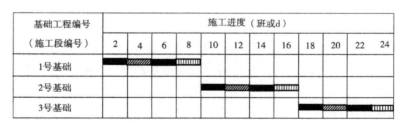

图 2-8-1　顺序作业法施工横道图

从图 2-8-1 中可看出，共投入 1 个施工队 4 个专业队，施工周期为 24d。

顺序作业法的特点是：劳动力需要量少（所有任务只需一个施工队来完成，当然在一个施工队内部按工艺专业化原则可建立了若干工序班组），对劳动力和机械设备的调配管理及节省临时性设施不利，会导致间歇作业和窝工，施工周期长。

2. 平行作业法

平行作业法指当工程的作业面很大,根据工程或技术需要,可将工程划分成几个施工段,各施工段划分为若干道工序。每个施工段配1个施工队(每个施工队中配置与工序数量相等的专业队),几个施工队分别在不同的施工段上同时按顺序作业法进行施工。

【例2-8-2】 接例2-8-1中的3个扩大基础工程,如用平行作业法,需3个施工队,每个施工队需4个专业队。则其施工进度横道图见图2-8-2:

由图2-8-2可以看出,共投入3个施工队12个专业队,施工周期为8d。

平行作业法需几个施工队同时施工,每个施工队均需投入相应数量的专业队。投入的人力、设备多,工期短,会出现一时人工机械设备需求量很多、一时人工设备需求量很少的现象,窝工现象严重,极大地浪费人工和机械设备等资源。平行作业法一般用在工期很紧需要赶工的情况下。

3. 流水作业法

流水作业法是较先进的一种作业方法。它将工程划分为若干施工段,每个施工段划分为若干道工序,不同施工段的相同工序让同一个专业队施工,不同工序由不同专业队施工,如有 n 道工序共需 n 个专业队。各专业队按工艺的先后,依次进入每个施工段施工,1个专业队在本施工段施工结束后转移至下一施工段相同工序施工,下1个专业队则进入本施工段施工,各专业队依次在各个作业面上完成指定的工序。

【例2-8-3】 接例2-8-1,3个扩大基础采用流水作业法施工,需1个施工队4个专业队其施工进度横道图见图2-8-3。

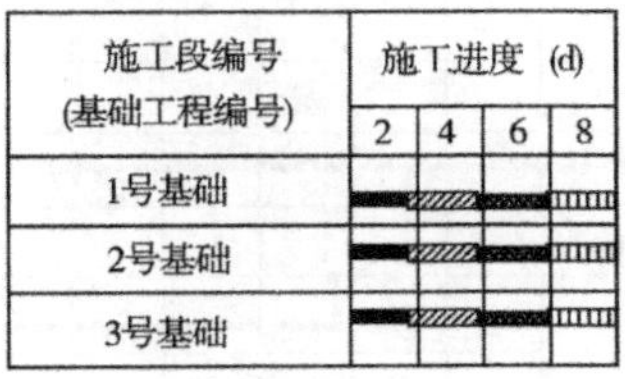

图2-8-2 平行作业法施工横道图 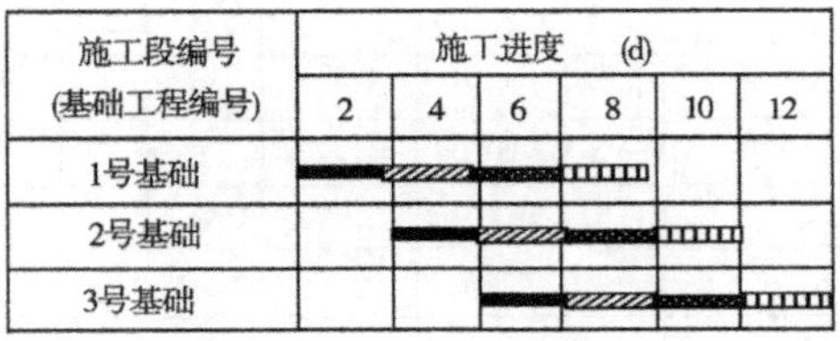　　图2-8-3 流水作业法施工横道图

由图2-8-3可看出,共投入1个施工队4个专业队,施工周期为12d。

流水作业法是一个专业队按一定顺序连续在不同空间完成同性质的项目或操作过程。它有利于专业化分工,施工投入人力少,工期较短,劳动力得到充分合理利用,机具材料的供应较均衡。在进行生产过程时间组织时,主要采用流水作业法。流水作业法将在本章第四节流水施工原理中详细讲述。

4. 作业方法的综合运用

顺序作业法、平行作业法、流水作业法在生产过程中不仅可以单独运用,而且可以根据具体情况,将此三种基本作业方法加以综合运用,这是生产过程时间组织的高度综合形式,一般能取得较好的经济效益。

(1)平行流水作业法。是指在平行作业法的基础上,按照流水作业法的原则组织施工,以达到适当缩短工期而又使劳动力、材料、机具需要量保持均衡的目的,从而既可以发挥平行作业法和流水作业法的长处,又可克服两者的不足,这种方法叫平行流水作业法。

(2)平行顺序作业法。这种方法的实质是用增加施工力量的方法来达到缩短工期的目的。它未能消除平行作业法和顺序作业法的缺点,故仅适用于突击性施工。

(3)立体交叉平行流水作业法。是在平行流水作业法的原则上,利用上、下、左、右一切可利用空间的工作面,开展立体、交叉作业的施工方法。它可以充分利用工作面和有效地缩短工期,一般适用于工序繁多、工程特别集中的大型构造物的施工,如工作量大、工作面狭窄、工期短的工程项目施工。

二、时间组织的表示方法

在施工生产过程的时间组织表示方法上,为便于指导实际工程项目施工,满足简洁实用、直观方便的要求,最终将时间组织成果用一种含有相关数据、各种信息的图表方式表示出来,通常称之为工程施工进度计划图。

目前,工程施工生产过程时间组织所采用的"工程施工进度计划图"主要有如下几种:

1. 横道图

横道图也叫甘特图(包括带有进度曲线图的横道图)。横道图常用的格式由两大部分组成,见图 2-8-4,其左面部分是以分部分项工程为主要内容的表格,包括了相应的工程项目名称、工程量等计算依据;右面部分是指图表,是由左面表格中的有关数据得出的。图表用横向线条形象地表示出分部分项工程的施工进度,线的长短表示施工周期;线的位置表示施工过程;有时在线上用数字表示所需劳动力或机械设备数量。

序号	项目	工程量		每天人数（人）	工期（d）	施工进度（1999年）											
		单位	数量			1	2	3	4	5	6	7	8	9	10	11	12
1	准备工作				45												
2	船闸基坑开挖	m³	116700		40												
3	引航道开挖	m³	435760		125												
4	闸墙浇筑	m³	28000		50												
5	回填工程	m³	511600		84												
6	安装工程				42												
7	收尾工程				45												

图 2-8-4 施工进度计划横道图(一)

通常横道图用简化形式见图 2-8-5。

横道图比较简单、直观、易懂,容易编制,但有以下缺点:①各分部分项工程(或工序)的相互关系不明确;②施工施工地点无法表示,只能用文字说明;③仅能反映出平均施工强度。

【例 2-8-4】 某基础分挖基础、砌基础、回填土三道工序施工,已知挖基础开工时间为 2003 年 1 月 1 日,持续 4d;砌基础开工时间为 2003 年 1 月 3 日,持续 6d;回填土 2003 年 1 月 6 号开始,持续 5d,试画出施工进度计划横道图。

解:画施工进度横道图见图 2-8-6。

2. 垂直图

垂直图也叫斜线图或坐标图。垂直图的表示方法是:以横坐标表示施工日期,以纵坐标表示工程位置如施工段的编号,施工段的编号自下而上排列见图 2-8-7。

垂直图的优点是消除了横道图的不足之处,工程项目时间和空间状况形象直观,斜向进度线的斜率可表示出各施工过程的施工速度。其缺点是：①反映不出某项工作提前或推迟完成对整个计划的影响程度；②反映不出哪些工程是主要的、哪些是次要的，不能明确表达出哪些工作是关键工作；③计划安排的优劣程度很难评价。

序号	项目	施工进度（1999年）											
		1	2	3	4	5	6	7	8	9	10	11	12
1	准备工作												
2	船闸基坑开挖												
3	引航道开挖												
4	闸墙浇筑												
5	回填工程												
6	安装工程												
7	收尾工程												

图 2-8-5　施工进度计划横道图（二）

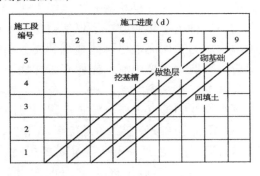

图 2-8-6　施工进度计划横道图（三）　　　　图 2-8-7　施工进度计划垂直图（一）

垂直图有时可用图 2-8-8 表示。

3. 网络图

网络图包括双代号网络图、单代号网络图、时间坐标网络图等形式。用网络图来表示施工进度的基本原理及绘图方法将在第九章网络计划技术中讲述。如图 2-8-9 所示为一双代号网络图，该图主要说明各工程项目之间的相互衔接关系。

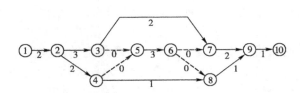

图 2-8-8　施工进度计划垂直图（二）　　　　图 2-8-9　双代号网络图

网络图与横道图、垂直图比较，不但能反映施工进度，而且能清楚地反映出各个工序、各施工项目之间错综复杂的相互衔接、相互制约的关系。是一种较先进的工程进度计划表示形式。

第四节 流水施工原理

一、流水作业的实质及特点

1. 流水作业的实质

（1）把劳动对象尽可能地划分成工程量或劳动量大致相等的施工段（区）。

（2）将各施工段（区）划分成若干道工序或操作过程，每道工序或操作过程分别由相应的专业队负责实施完成。

（3）各专业队按一定的施工工艺，配备必要的机具，依次地、连续地由一个施工段（区）转移到另一个施工段（区），反复地完成同类工作。

（4）不同专业施工队完成各工序或施工过程的时间适当地搭接起来。

流水作业是一种科学的施工组织方法，是建立在合理分工、紧密协作和大批量生产的基础之上的。这种施工作业方法不仅使得每个专业队都能连续进行其熟练的专业工作，而且由各施工段构成的工作面也尽可能地得到充分利用，大大提高了劳动生产率和经济效益，因而工程施工应尽可能地多采用流水作业施工方法。

2. 流水作业主要特点

流水作业的特点主要是施工过程（工序或工种）作业的连续性和均衡性。

（1）流水作业按专业工种建立劳动组织，实行生产专业化，有利于提高工人技术水平和进行技术改造，促进生产率和工程质量的提高。

（2）科学地安排施工进度，消除时间间歇，从而减少停工窝工损失，有利于缩短施工工期。

（3）满足施工的连续性、均衡性要求，避免施工资源需求过分集中，使劳动消耗、资源供应等都处于相对平稳状态，便于工程管理，有利于提高资源利率，降低施工成本。

二、流水作业参数

为了说明流水作业，必须引入一些参数，根据参数性质不同，可分为以下三类：

1. 流水作业的空间参数

（1）工作面 A。工作面是工作的场面，表明施工对象上能够安置的操作工人或施工机械数量多少的空间大小。

在同一工作面上，前一工序结束就为后一个（或几个）工序提供了工作面。在确定一道工序的施工所必要的工作面时，不仅要考虑布置规定数量的工人和机械设备所需的最小场面，同时应遵守安全技术和施工技术规范的规定。

（2）施工段 m。在组织流水作业时，通常把施工对象划分为工程量相等或大致相等的若干个段，这些段称为施工段。每一个施工段在某一段时间内只供给一个施工队使用。

在划分施工段时，应考虑以下几点：

①施工段的分界同施工对象的结构界限(温度缝、沉降缝和建筑单元等)尽可能一致。
②各施工段上所消耗的劳动量尽可能相近。
③划分的段数应考虑能够合理进行施工组织,考虑工料机的供应情况。
④对各施工过程均应有足够的工作面,以有利于施工操作和安全。

2. 流水作业的工艺参数

(1)施工过程(工序数)n。为了便于施工,把一个综合的施工过程根据项目复杂程度、施工方法等划分为若干道工序,工序数也叫施工过程数,一般一道工序安排一个专业队施工,工序数即等于需要建立的专业队数。如浇注混凝土可划分为:搭模板、绑扎钢筋、搅拌混凝土、运输混凝土、浇注混凝土、混凝土养生6道工序,共需6个专业队施工。

工序数要划分适当,避免过细或过粗,各工序持续时间大致相等,以便于安排流水作业。

(2)流水强度V。每一施工过程在单位时间内所完成的工程量叫流水强度,又称流水能力或生产能力。如打桩机每台班能施打的桩长,砌筑墙身时每工日能够砌筑的墙身体积。对于人工和机械,流水强度的计算公式不同。

①机械施工过程的流水强度按式(2-8-1)计算:

$$V = \sum_{i=1}^{x} R_i S_i \tag{2-8-1}$$

式中:R_i——某种施工机台数;

S_i——该种施工机械台班生产率;

x——用于同一施工过程的主导施工机械种数。

②人工操作过程的流水强度按式(2-8-2)计算:

$$V = R \times S \tag{2-8-2}$$

式中:R——每一施工过程投入的工人人数(R应小于工作面上允许容纳的最多人数);

S——每一工人每班产量。

3. 流水作业的时间参数

(1)流水节拍t。流水节拍是完成一个施工段上的一个施工过程或一道工序的持续时间。流水节拍的大小与所投入的人工、材料、机械设备数量多少有关,并决定了施工进度。确定流水节拍通常有两种方法:一种是根据规定的施工周期来确定;另一种是根据施工单位现有的能够投入使用的资源如人工数、机械设备台数来确定。

①以施工单位现有的人工、机械的实际生产能力及工作面大小来确定完成施工过程所需的持续时间,见式(2-8-3)。

$$t = \frac{Q_i}{S \cdot R \cdot n} = \frac{P_i}{R \cdot n} \tag{2-8-3}$$

式中:Q_i——某施工段的工程量;

S——每一工日(或台班)的计划产量;

R——施工单位现有的能投入使用的人工数(或机械设备台数);

P_i——完成施工过程所需要的劳动量(人工作业时称劳动量,机械作业时称作业量),$P_i = \frac{Q_i}{S_i}$;

n——生产工作班制数。

受施工条件或施工单位人力、设备数量的限制,对施工持续时间起控制作用的那个劳动量称为主导劳动量(或作业量),一般取施工持续时间较长的劳动量(或作业量)作为主导劳动量(或作业量),以主导劳动量(或作业量)来安排施工。

②根据规定的施工周期来确定所需投入的施工队(班组)人数或机械设备台数,见式(2-8-4)。

$$R = \frac{Q_i}{t \cdot S \cdot n} = \frac{P_i}{t \cdot n} \tag{2-8-4}$$

式中:R——在规定时间 t 内完成施工过程所需施工队人数或机械台数;

其他同式(2-8-3)。

(2)流水步距 B。两个相邻的专业队先后进入第一个施工段进行流水施工的时间间隔,叫流水步距。如挖基专业队第一天进入1号基础施工,工作2d做完,施工完成第3d进入2号基础施工,则砌基础专业队在第3d进入1号基础施工,用了4d砌完1号基础,第6d进入第2号基础施工。而回填基础专业队要在第6d进入1号基础施工。挖基础和砌基础两相邻施工专业队先后进入第一施工段即1号基础施工的时间间隔为2d,那么流水步距为2d;砌基础和回填基础两相邻施工专业队先后进入第一施工段即1号基础的时间间隔为4d,那么流水步距为4d。

流水步距的数目取决于参加流水的施工过程数,如施工过程数为 n 个,则流水步距的总数为 $n-1$ 个。

确定流水步距的基本要求如下:

①保持前后两道工序的合理的施工顺序。

②尽可能使各工序的连续作业,不发生停工、窝工现象。

③做到前一工序完成后,后一工序尽可能早施工。

④应考虑技术间歇时间与组织间歇时间。流水作业往往由于技术要求或组织因素要求,两道相邻工序之间需增加一定的流水间歇时间。如浇筑完下部结构的混凝土后,必须留有一定的混凝土养生时间,在混凝土达到一定强度后歇的时间,称为组织间歇时间。

三、流水作业类型及工期计算

流水作业可以分为有节拍流水作业和无节拍流水作业,有节拍流水又分为全等节拍流水和成倍节拍流水。

1. 全等节拍流水

全等节拍流水是指各施工过程的流水节拍和流水步距全部均相等的流水施工。见图2-8-10,各施工过程之间的流水节拍 t_i 和流水步距 B_{ij} 均是2d。

对全等节拍流水,其总工期 T 为 $T = (n-1)B_{ij} + m \times t_i = (m+n-1) \times t_i$,$m$ 为施工段,n 为施工过程数或工序数,t_i 为流水节拍和 B_{ij} 为流水步距。图2-8-10中,总工期 $T = (3+4-1) \times 2 = 12d$。

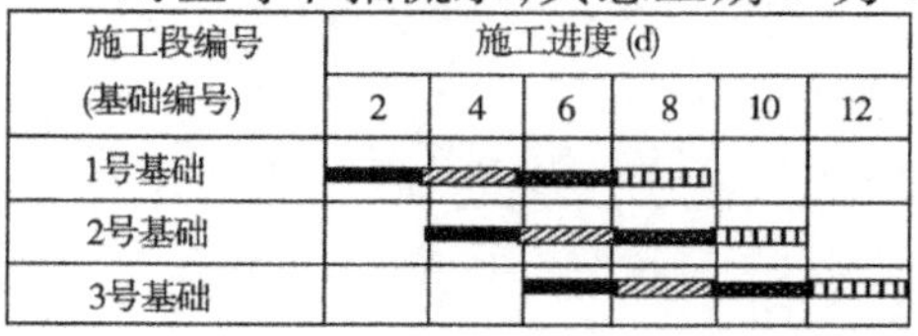

全等节拍流水作业各施工段的各施工过程施工持续时间相等,图2-8-10用垂直图表示时,施工进度线是一条斜率不变的直线,见图2-8-11。

图2-8-10 某流水施工横道图

2. 成倍节拍流水

在组织流水作业时,通常会遇到不同施工段间相同施工过程的流水节拍相等,但在不同施工过程之间,由于劳动量的不等以及技术或组织上的原因,它们之间的流水节拍不相等但是互成倍数关系,有共同的最大公约数,此种流水称成倍节拍流水。

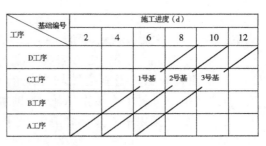

图 2-8-11 某流水施工垂直图

如某挡墙施工,拟组织流水作业,现将挡墙按长度分为 6 个施工段,每个施工段按工艺先后顺序分解为 4 道工序:挖基、砌墙、回填、勾缝。假定各施工段的同一工序的持续时间相等:挖基 1 个月,砌墙 3 个月,回填 2 个月,勾缝 2 个月,其横道图见图 2-8-12,垂直图见图 2-8-13。

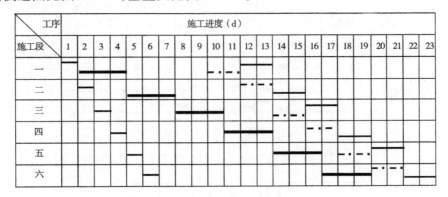

图 2-8-12 成倍节拍流水横道图

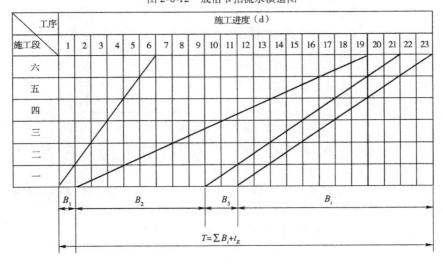

图 2-8-13 成倍节拍流水垂直图

按一般成倍节拍流水方法组织流水作业,在实际工程中显然不尽合理。会导致施工队窝工或作业面间歇,从而导致总工期延长。

一般成倍节拍流水中,总工期计算公式见式(2-8-5)。

$$T = \sum B_i + t_E \tag{2-8-5}$$

式中：$\sum B_i$——各流水步距之和；

t_E——最后一道工序在各施工段上的持续时间之和。

为了使各施工队仍能连续均衡地依次在各施工段上施工，可用加快成倍节拍流水施工，即挖基1个月派1个专业队施工，砌墙3个月派3个专业队分别相隔1个月先后投入施工，回填2个月派2个专业队相隔1个月先后投入施工，勾缝2个月派2个专业队相隔1个月先后投入施工。其施工进度横道图和垂直图分别见图2-8-14、图2-8-15，由此工期缩短为13个月。

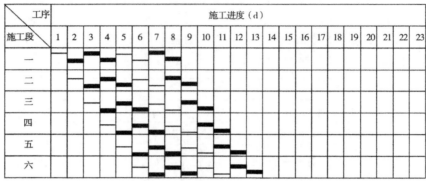

图2-8-14 加快成倍节拍流水横道图

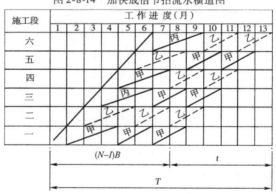

图2-8-15 加快成倍节拍流水垂直图

加快成倍流水施工的实质是通过增加施工队数把成倍节拍流水变成全等节拍流水。

3. 无节拍流水

无节拍流水施工的特点是同一施工段上各施工过程的流水节拍有差异，不同施工段上各施工过程的流水节拍也不同。表2-8-1为无节拍流水施工。

各施工段上各施工过程的流水节拍(d) 表2-8-1

施工过程 \ 施工段	作业时间(d)			
	(1)	(2)	(3)	(4)
A	2	3	3	2
B	2	2	3	3
C	3	3	3	2

第八章 水运工程施工组织概论

组织无节拍流水施工,应首先保证各施工过程本身连续均衡,再考虑各施工过程彼此搭接协调,尽可能减少作业面的间歇时间,尽量使能连续施工。

为保证施工的连续性,采用潘特考夫斯基法则:也称为"相邻工序累加、错位相减、取大差作为连续施工时的所需最小流水步距"。它主要是用来确定保证连续施工情况下,流水作业工序之间所需的最小流水步距,即B_{kin}。其步骤如下:

(1)将同一工序在每段上的流水节拍逐项向后累加成一个数列,则前后两相邻工序分别累加成的两个数列。

(2)把后一工序的累加数列向后错一位,前一工序的累加数列与之逐项相减,错位相减得到一组差值,取差值中的最大值作为两个相邻施工过程之间的最小流水步距,按此流水步距,可保证施工的连续性。

(3)根据流水节拍及最小流水步距,绘制流水作业图。在没有工艺间隙的情况下,总工期仍然是由流水步距总和$\sum B_i$和最后一个施工过程的持续时间t_n组成,$T = \sum B_i + t_n$。

【例2-8-5】 根据表2-8-1中的流水施工数据,试确定保证连续施工情况下所需的最小流水步距,并求工期。

解:分别将两相邻工序的每段作业时间(流水节拍)逐项累加,得出两个数列,并将累加数列向后错一位对齐,逐个相减,取差值中的最大值(仅取正值)作为流水步距。计算过程如下:

K_{AB}

$$
\begin{array}{rrrrr}
 & 2 & 5 & 8 & 10 \\
(-) & & 2 & 4 & 7 & 10 \\
\hline
 & 2 & 3 & 4 & 3 \\
\end{array}
$$

$K_{AB} = 4$

K_{BC}

$$
\begin{array}{rrrrr}
 & 2 & 4 & 7 & 10 \\
(-) & & 3 & 6 & 9 & 11 \\
\hline
 & 2 & 1 & 1 & 1 & -11 \\
\end{array}
$$

$K_{BC} = 2$

$T = \sum B_i + t_n = 4 + 2 + (3 + 3 + 3 + 2) = 17\text{d}$

本章小结

1. 施工程序是指施工单位从接受施工任务到工程竣工验收阶段必须遵守的工作顺序。施工程序包括签订工程承包合同、施工准备工作、组织施工和竣工验收等各个阶段。

2. 工序是指施工技术相同、在劳动组织上不可分割的施工过程,由若干个操作组成。其主要特征是劳动者、劳动对象和使用的劳动用具均不发生变化,如果其中有一个发生变化,就意味着从一个工序转入另一个工序。

3. 施工过程的组织原则有:连续性、协调性、均衡性、经济性。

4. 工程项目施工的三种基本作业方式为:顺序作业法、平行作业法、流水作业法。

5. 施工进度计划图是指表示时间组织成果的一种含有相关数据、各种信息的图表。主要有:横道图、垂直图、斜线图。

6.流水作业的实质是:把劳动对象尽可能地划分成工程量或劳动量大致相等的施工段(区)。将各施工段(区)划分成若干道工序或操作过程,每道工序或操作过程分别由相应的专业队负责实施完成。各专业队按一定的施工工艺,配备必要的机具,依次、连续地由一个施工段(区)转移到另一个施工段(区),反复地完成同类工作,将不同专业施工队完成各工序或施工过程的时间适当地搭接起来。

7.为保证施工的连续性,采用潘特考夫斯基法则来计算最小流水步距。

思 考 题

1.施工程序包括哪些内容?
2.施工过程的组织原则有哪些?
3.试比较施工组织的三种基本作业方式。
4.时间组织的表示方法有哪几种?
5.试述流水施工的原理。
6.如何保证流水施工的连续性?

第九章　网络计划技术

> **本章学习提示：**
> 　　本章叙述网络计划技术的概念和应用。要求掌握网络计划计划的概念，了解网络计划的分类，掌握双代号网络图的绘制及应用，熟悉时标网络图的绘制及应用，熟悉单代号网络图的绘制及应用，掌握网络计划优化方法。

第一节　网络计划技术概述

一、网络计划技术的发展

网络计划技术是 20 世纪 50 年代在美国发展起来的一门新的管理技术，它是用计算机描述的合理安排工程项目施工进度的方法，此方法来被称为关键线路法（CPM）。这种方法后来风靡全球。为了各种计划管理的需要，又产生了其他网络计划方法，如计划评审技术（PERT）、搭接网络技术、图形评审技术、决策网络计划法、风险评审技术、流水网络计划法。

我国从 60 年代开始运用网络计划，著名数学家华罗庚将 CPM、PERT 等方法统一名为统筹法。目前，网络计划技术已在我国各领域广泛使用。

二、网络计划技术的概念

在现实中，把用箭线和节点组成的用来表示工作流程的有方向、有序的网络图形叫网络图。在网络图上加注工作的时间参数而编成的进度计划称为网络计划。用网络计划对任务的工作进度进行安排和控制，以保证实现预定目标的科学的计划管理技术，称为网络计划技术。

三、网络计划的分类

1. 按性质分类
(1) 肯定型网络计划。
(2) 非肯定型网络计划。

2. 按表示方法分类
(1) 单代号网络计划。
(2) 双代号网络计划。

3. 按有无时间坐标分类
(1) 时标网络计划。
(2) 非时标网络计划。

4. 按层次分类

(1) 总网络计划。
(2) 局部网络计划。

5. 按目标分类

(1) 单目标网络计划。
(2) 多目标网络计划。

四、网络计划技术在项目计划管理应用中的一般程序

(1) 准备阶段。确定计划目标，进行调查研究，收集所需资料；确定施工方案。
(2) 绘制网络图。
(3) 网络图时间参数计算。
(4) 网络计划的检查与调整。
(5) 编制正式的网络计划。
(6) 网络计划的实施。
(7) 网络计划的总结分析。

第二节　双代号网络图

一、双代号网络图的组成

双代号网络图是应用较为普遍的一种网络计划形式，它由节点和箭线组成，见图2-9-1。

1. 箭线

双代号网络图中，箭线分为实箭线和虚箭线。每一条实箭线应表示一项工作，它即要消耗时间又要消耗资源。根据计划编制的粗细不同，工作既可以是一个单项工程，也可以是一个分部分项工程乃至一个工序。

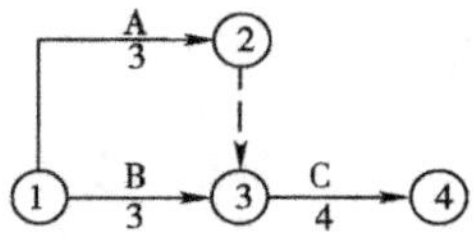

图2-9-1　双代号网络图

虚箭线既不消耗时间也不消耗资源，是一个假想的工作，用来表达相邻前后工作之间的逻辑关系。如图2-9-1中，①→②、①→③、③→④为实际工作，而②→③为工作间的逻辑关系，表示工作A完成后，才能完成C工作。

箭线所指的方向表示工作前进的方向。

2. 节点

节点是指表示工作间的衔接关系的圆圈（或其他形状的封密图形），即表示前一工作的结束和后一工作的开始。节点常需编号，如图2-9-1中的节点①、②、③、④。

节点仅为前后两工作衔接点，只是一个"瞬间"，既不消耗时间也不消耗资源。

网络图中第一个节点称起点（开始）节点，意味着工程项目或任务的开始；最后一个节点叫终点（结束）节点，意味着工程项目或任务的完成；网络图中既表示前道工序的结束又表示后续工序的开始的节点称为中间节点。箭线箭尾的节点叫做工作的起点节点，箭头的节点叫做工作的终点节点。

网络图中有三种类型的节点,见图 2-9-2。

二、双代号网络图中工作的表示方法

一项工作由一条箭线和两节点组成。工作名称应标注在箭线水平部分的上面,工作持续时间和所需资源则注在箭线下面,有时为了方便起见。工序名称可用 A、B 或 C 等代号表示,见图 2-9-3。

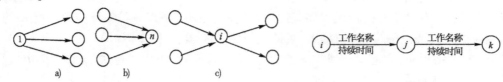

图 2-9-2　节点类型示意图
a)起点节点;b)终点节点;c)中间节点

图 2-9-3　双代号网络图工作的表示方法

各项工作之间客观上存在着一种先后次序关系,这种关系分为紧前工作、紧后工作、平行工作三种。就某项工作而言,该工作本身则称为"本工作",紧靠其前面进行的工作叫紧前工作,紧靠其后面进行的工作叫紧后工作,与之平行进行的工作叫平行工作。

图 2-9-1 中,工作 A、B 为平行工作,工作 A、B 是工作 C 的紧前工作,工作 C 是工作 A、B 的紧后工作。

三、双代号网络图绘制的基本规则

绘制双代号网络图时应注意以下几方面的问题:

(1)一项工作只能有一条箭线和相应的一对节点,即一对节点间不允许有两条及多条箭线。如图 2-9-4a)为错误,一对节点间有两条箭线。

(2)一张网络图中只能有一个起始节点;在不分期完成任务的网络图中,应只有一个终点

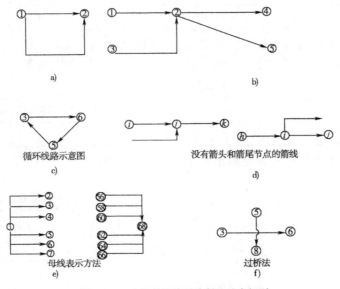

图 2-9-4　双代号网络图绘制的基本规则

节点,如图2-9-4b)为错误,有两个起点节点和两个终点节点,此种情况下应再加上一起始节点和一个终节点才为正确。

(3)在网络图中严禁出现循环回路,如图2-9-4c)为错误。

(4)双代号网络图中,严禁出现没有箭头节点或没有箭尾节点的箭线,如图2-9-4d)为错误。

(5)双代号网络图箭尾的节点编号应小于箭头的节点编号,可不连续,但严禁重复。

(6)某些节点有多条外向箭线或多条内向箭线时,在不违反"一项工作应只有唯一的一条箭线和相应的一对节点编号"的前提下,可使用母线法绘图,见图2-9-4e)。

(7)绘制网络图时,宜避免箭线交叉,当交叉不可避免时,可用过桥法,见图2-9-4f)。

(8)网络图应关系正确、布局合理。

对于一些大的建设项目,由于工序多、施工周期长,网络图可能很大,为使绘图方便,可将网络图划分成几个部分分别绘制。

四、双代号网络图的绘制步骤

双代号网络图的绘制方法,视各人的经验而不同,但从根本上说,都要在既定施工方案的基础上,根据具体的施工客观条件,以统筹安排为原则。一般的绘图步骤如下:

(1)任务分解,划分施工项目作为工作。

(2)确定完成工作计划的全部工作及其逻辑关系。

(3)确定每一工作的持续时间,制定工程分析表。

(4)根据工程分析表,绘制网络计划草图,并整理成正式的网络图。

【例2-9-1】 某工程的各工作之间的关系见表2-9-1,试画出网络图。

某工程的工作关系表　　　　　　　　　　表2-9-1

工作代号	A	B	C	D	E	F	G	H
紧后工作	B	D、E	F、G	F	G	H	H	

解:根据表2-9-1给出的工作之间的关系,绘制出网络图,见图2-9-5。

【例2-9-2】 某工程的各工作之间的关系见表2-9-2,试画出网络图。

某工程的工作关系表　　　　　　　　　　表2-9-2

工作代号	A	B	C	D	E	F	G	H
紧后工作	B	D、E	F、G	F	G	H	H	

解:根据表2-9-2之间的关系绘制出网络图,见图2-9-6。

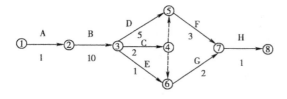

图2-9-5　例2-9-1图

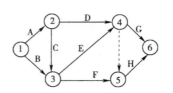

图2-9-6　例2-9-2图

五、双代号网络图的时间参数

双代号网络图的时间参数有节点时间参数和工作时间参数两种。

1. 节点时间参数

（1）节点最早可能实现时间（ET）。是指以计划起始节点的时间 $ET_{(1)}=0$ 为起点，沿着各条线路达到每一节点的时刻，表示该节点紧前工作全部完成的最早时间和其紧后工作最早可能开始的时间。

本节点 i 加上紧后工作的持续时间，即为后一节点 j 的最早可能实现时间。当节点 j 前有多项紧前工作时，取前一节点 i 的最早可能实现时间与紧前工作的持续时间之和的最大值作为该节点的最早可能实现时间。

按上法计算得到终点节点的最早可能实现时间即是计划的总工期。

关于工期，工期泛指完成任务所需要的时间，一般有以下三种：

①计算工期：根据网络计划图的时间参数计算出来的工期，用 T_c 表示。

②要求工期：任务委托人所要求的工期，用 T_r 表示。

③计划工期：在要求工期和计算工期的基础上综合考虑需要和可能而确定的工期，用 T_p 表示。网络计划的计划工期 T_p 应按下列情况分别确定：

A. 当已规定了要求工期 T_r 时，即：

$$T_p \leq T_r \tag{2-9-1}$$

B. 当未规定要求工期时，可令计划工期等于计算工期，即：

$$T_p = T_c \tag{2-9-2}$$

（2）节点最迟必须实现时间（LT）。是指在计划工期确定的情况，从网络计划图终点节点开始，逆向推算，终点节点的最迟必须实现时间 $LT_{(n)}=T$，减去紧前工作的持续时间，即为前一节点的最迟必须实现时间。

当某节点 i 有多项紧后工作时，取后一节点 j 的最迟须实现时间与节点 i 的紧后工作持续时间差值的最小值为节点 i 的最迟必须实现时间。

【例 2-9-3】 某双代号网络图见图 2-9-7，试计算节点最早时间参数，并计算出工期。

解：计算出各节点的最早时间参数，并标在图上，计算结果见图 2-9-7。

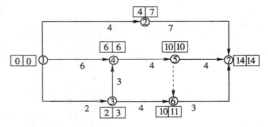

图 2-9-7 例 2-9-3 图

2. 工作时间参数

（1）工作持续时间（t_{i-j}）。工作持续时间是一项工作从开始到完成的时间。在双代号网络计划中，工作 $i-j$ 的持续时间用 t_{i-j} 表示。

（2）工作的 6 个时间参数：

①最早可能开始时间（ES_{i-j}）：是指在各紧前工作全部完成后，本工作可以开始的最早时间，工作 $i-j$ 的最早开始时间用 ES_{i-j} 表示，工作 $i-j$ 的最早可能开始时间等于箭尾节点 i 的最早可能实现时间，见式（2-9-3）。

$$ES_{i-j} = ET_{(i)} \tag{2-9-3}$$

②最早可能完成时间(EF_{i-j}):是指在各紧前工作全部完成后,本工作有可能完成的最早时间,工作 $i-j$ 的最早可能完成时间用 EF_{i-j} 表示。它等于箭尾节点的最早可能实现时间或工作的最早可能开始时间加上工作 $i-j$ 的持续时间,见式(2-9-4)。

$$EF_{i-j} = ES_{i-j} + t_{i-j} \tag{2-9-4}$$

综上所述,工作最早可能开始和最早可能完成时间的计算顺序应从起点节点开始,顺着箭线方向依次逐项计算。

A. 设网络起点节点为开始结点的工作的最早可能开始时间为零。

B. 工作的最早可能完成时间等于该工作的最早可能开始时间加上该工作的持续时间。

C. 其他工作的最早可能开始时间等于其紧前工作的最早可能完成时间,当有多项紧前工作时,取各紧前工作的最早可能完成时间中的最大值作为工作的最早可能完成时间。

D. 确定计算工期 T_c。计算工期等于以网络图终点节点为箭头节点的各个工作的最早可能完成时间的最大值。当网络计划终点节点的编号为 n 时,计算工期见式(2-9-5)。

$$T_c = \mathrm{Max}[EF_{i-n}] \tag{2-9-5}$$

当无要求工期的限制时,取计划工期等于计算工期,即取: $T_P = T_c$。

③最迟必须开始时间(LS_{i-j}):是指在不影响整个任务按期完成的前提下,工作最迟必须开始的时间。工作 $i-j$ 的最迟必须开始时间用 LS_{i-j} 表示。

④最迟必须完成时间(LF_{i-j}):是指在不影响整个任务按期完成的前提下,工作最迟必须完成的时间。工作 $i-j$ 的最迟完成时间用 LF_{i-j} 表示。

工作最迟必须开始时间和最迟必须完成时间受紧后工作的约束,故其计算顺序应从终点节点起,逆着箭线方向依次逐项计算。

A. 以网络计划的终点节点(n)为箭头节点的工作 $i-n$ 的最迟必须完成时间等于计划工期 T_P,见式(2-9-6)。

$$LF_{i-n} = T_P \tag{2-9-6}$$

B. 逆着箭线从后往前计算,工作最迟必须开始时间等于工作最迟必须完成时间减去工作的持续时间,见式(2-9-7)。

$$LS_{i-j} = LF_{i-j} - t_{i-j} \tag{2-9-7}$$

C. 其他工作的最迟必须完成时间等于其紧后工作的最迟必须开始时间。当一项工作有多项紧后工作时,工作的最迟必须完成时间等于各紧后工作的最迟必须开始时间的最小值。

⑤总时差(TF_{i-j}):是指在不影响紧后工作最迟必须开始时间的条件下,本工作可以利用的最大机动时间。它是在保证本工作以最迟必须完成时间完工的前提下,允许该工作推迟其最早开始时间或延长其持续时间的幅度。工作 $i-j$ 的总时差用 TF_{i-j} 表示。

工作 $i-j$ 的总时差等于其工作的最迟必须开始时间减去工作的最早可能开始时间,或等于工作最迟必须完成时间减去工作最早可能完成时间,见式(2-9-8):

$$TF_{i-j} = LS_{i-j} - ES_{i-j}$$
$$TF_{i-j} = LF_{i-j} - EF_{i-j} \tag{2-9-8}$$

⑥自由时差(FF_{i-j}):是指在不影响紧后工作最早可能开始时间的前提下,本工作可以利用的机动时间。它是在保证不影响紧后工作按最早开始时间开工的前提下,允许该工作推迟其最早开始时间或延长其持续时间的幅度。工作 $i-j$ 的自由时差用 FF_{i-j} 表示。

当工作 $i-j$ 有紧后工作 $j-k$ 时,其自由时差见式(2-9-9)。

或
$$FF_{i-j} = ES_{j-k} - EF_{i-j}$$
$$FF_{i-j} = ES_{j-k} - ES_{i-j} - t_{i-j} \tag{2-9-9}$$

即本工作 $i-j$ 的自由时差等于紧后工作 $j-k$ 的最早可能开始时间减去本工作 $i-j$ 的最早可能完成时间;或等于紧后工作最早可能开始时间减去本工作最早可能开始时间再减去本工作的持续时间。

具有终点节点的工作,其自由时差 FF_{i-n} 应按网络计划的计划工期 T_P 确定,见式(2-9-10):

$$FF_{i-n} = T_P - EF_{i-n} \tag{2-9-10}$$

即等于计划工期 T_P 减去紧前工作的最早可能完成时间。

(3)工作时间参数的图示。网络计划中各时间参数,其计算结果标注在箭线之上,见图2-9-8。

工作时间参数的计算方法有列式计算法和图上计算法,列式计算法是根据各项时间参数的计算公式,逐一计算各时间参数的方法。图上计算法是按照各时间参数的计算公式,直接在网络图上计算时间参数的方法。

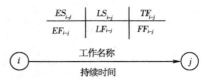

图2-9-8 工作时间参数标注形式

六、关键工作和关键线路的确定

从网络图的起点节点到终点节点一般都有很多条线路,其中至少可以找到一条所需时间总和最长的线路,通常称其为关键线路,位于关键线路上的工作称为关键工作。关键线路所需时间的总和就是此网络计划的总工期。各关键工作没有任何机动时间,即所有关键工作的总时差和自由时差均为零,或说总时差为零的工作为关键工作。任何关键工作的拖延都会影响总工期。当多条线路具有相同的最长持续时间时,则会出现多条关键线路。关键线路一般用双箭线或粗实线表示。

关键线路以外的线路称为非关键线路。非关键线路上的作称为非关键工作,非关键工作有一定的机动时间,允许在一定的范围内适当推迟开始或完成时间而不会影响总的工程进度。

关键线路与非关键线路是相对的,两者可以互相转化。当缩短关键线路上的作业时间超过一定范围,这时关键线路可能变成非关键线路;而如果延长非关键线路的作业时间超过一定范围(即超过工作总时差),非关键线路可能会变成新的关键线路。

【例2-9-4】 用图算法计算图2-9-9所示的网络图的各工作的4个时间参数。

解:用图算法计算各时间参数,计算时将计算结果标在图中相应位置,见图2-9-10。

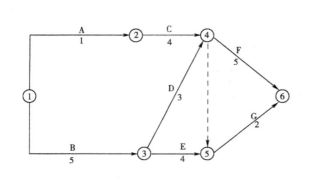

图 2-9-9 网络计划图

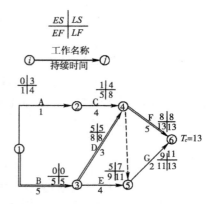

图 2-9-10 网络计划工作时间参数计算图

【例 2-9-5】 已知网络计划的资料见表 2-9-3,试绘制双代号网络计划;若计划工期等于计算工期,用图算法计算工作的 6 个时间参数,确定关键线路,标注在网络计划图上。

工 作 关 系 表　　　　　　　　　　　　　　表 2-9-3

工作名称	A	B	C	D	E	F	H	G
紧前工作	—	—	B	B	A、C	A、C	D、F	D、E、F
持续时间(d)	4	2	3	3	5	6	5	3

解:(1)根据表 2-9-3 中网络计划的有关资料,按照网络图的绘图规则,绘制双代号网络图,见图 2-9-11。

(2)计算各项工作的时间参数,并将计算结果标注在网络图中相应的位置,见图 2-9-11。

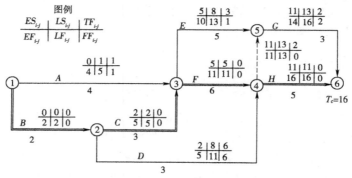

图 2-9-11 双代号网络计划工作时间参数计算图

(3)确定关键工作及关键线路。在图 2-9-11 中,最小的总时差是 0,所以,凡是总时差为 0 的工作均为关键工作。该例中的关键工作是:①—②,②—③,③—④,④—⑥(或关键工作是:B、C、F、H)。

在【例 2-9-5】中,自始至终全由关键工作组成的关键线路是:①—②—③—④—⑥。关键线路用双箭线进行标注,如图 2-9-11 所示。

第三节　时标网络图

时间坐标网络图一般简称时标网络图。本章第二节双代号网络图所讲述过的网络图是不带时间坐标的,工序的持续时间由箭线下方标注的时间来注明,而与箭线的长短无关。这种网络图与时标网络图相比,优点是修改起来比较方便,但是图中没有时标,看起来不很直观,不能一目了然地在图上直接看出各工作的开始和结束时间。

为了克服这种网络图的不足,就产生了时标网络图。它在一般网络计划图上方或下方增加一个时间坐标,双代号网络图的箭线长短表示工作的持续时间的大小,这样我们能从时标网络图中直接看出工作的时间参数。

时标网络计划可方便编制工作项目较少且工艺较简单的施工进度计划,能迅速边计算、边绘制、边调整。对大型复杂的工程,可先绘制分部分项工程的时标网络计划,再综合起来绘制总体网络计划。

双代号时标网络计划图可分别用节点最早时间、节点最迟时间来绘制。

一、按节点最早时间绘制时标网络计划

1. 步骤

(1)计算网络图中各节点的最早时间参数,并确定关键线路。
(2)作出时间坐标,按节点最早时间把关键线路画在图中适当位置。
(3)按节点最早时间画出非关键线路。

2. 画时标网络计划图时的注意事项

(1)所有节点的位置,应按节点的最早时间标画在相应的时间坐标上,节点中心必须对准相应的时标位置。
(2)工作用实箭线表示,实箭线的长短表示工作持续时间的长短。
(3)虚工作以虚箭线表示,以波形线表示工作的时差即机动时间,波形线标在箭头节点处。
(4)垂直方向的位置不表示时间,仅横向长短表示时间,时间坐标可以是按小时、天、月、季、年来表示。

二、按节点最迟时间绘制时标网络计划

按节点最迟时间绘制时标网络计划图,其绘制步骤和方法同按节点最早时间,只不过在时标网络计划中的节点位置由节点的最迟时间来定。

【例2-9-6】 已知网络计划的资料见表2-9-4,试按节点最早时间绘制双代号时标网络计划。

网络计划资料表　　　　　　　　　　　表2-9-4

工作名称	A	B	C	D	E	F	G	H	J
紧前工作	—	—	—	A	A、B	D	C、E	C	D、G
持续时间(d)	3	4	7	5	2	5	3	5	4

解:(1)绘制双代号网络计划,见图2-9-12。
(2)计算节点的最早时间参数,见图2-9-12。
(3)画时间坐标,根据节点最早时间参数,在时间坐标中定出关键线路上节点位置,以及非关键线路上节点位置。工作用实箭线连接,机动时间用波形线连接,虚工作虚箭线连接,绘出时间网络计划图,见图2-9-13。

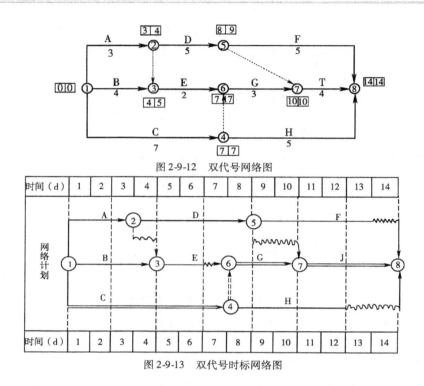

图 2-9-12 双代号网络图

图 2-9-13 双代号时标网络图

第四节 单代号网络图

一、单代号网络图的组成

单代号网络图也是由节点和箭线组成的,但是与双代号网络图的含义不一样。在单代号网络图中,节点和箭线的含义如下:

1. 节点

单代号网络图的一个节点表示一项工作,用圆圈或方框表示。节点表示的工作名称、持续时间和代号一般都标注在圆圈内,计算得到的工作时间参数标示在节点两侧,见图2-9-14。

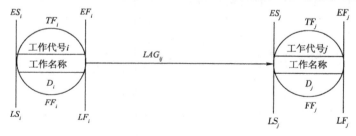

图 2-9-14

2. 箭线

单代号网络图中的箭线表示工作之间的逻辑关系,既不占用时间,也不消耗资源。箭线可画成水平直线、折线或斜线,不用虚箭线。箭线水平投影的方向应自左向右,表示工作的前进方向。

二、单代号网络图的绘图规则

单代号网络计划的绘图规则基本同双代号网络计划。两者的区别仅仅是绘图符号不同而已。应注意若有几个同时开始的工作应引入一个始节点,若有几个同时结束的工作应引入一个终节点。引入的始节点和终节点都是虚拟的,其持续时间为零。

【例 2-9-7】 根据表 2-9-5 所示工作关系,绘单代号网络计划图。

解:绘制单代号网络图,见图 2-9-15。

工 作 关 系 表　　　　表 2-9-5

工作代号	A	B	C	D	E	F
紧后工作	D、F、E	D、F	F、E	—	—	—

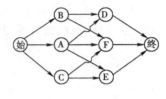

图 2-9-15

三、单代号网络计划时间参数的计算

单代号网络图没有节点时间参数,只有工作时间参数,其名称、含义和计算方法均同双代号网络计划图。只不过计算过程中,在图上所标的位置不同而已。计算方法也有用公式计算法和图上计算法两种(本书仅举例图上计算法)。单代号网络计划图的工作时间参数在图上计算,标示位置如图 2-9-14 所示。

【例 2-9-8】 根据表 2-9-6 所列工作关系表,绘单代号网络计划图。若计划工期等于计算工期,试用图算法计算单代号网络计划的时间参数,将其标注在网络计划上;并用双箭线标示出关键线路。

工 作 关 系 表　　　　表 2-9-6

工作代号	A	B	C	D	E
紧后工作	B、C	D、E	E	F	E
持续时间	3	5	7	4	5

解:根据表 2-9-6 的工作关系表绘制单代号网络图,见图 2-9-16。

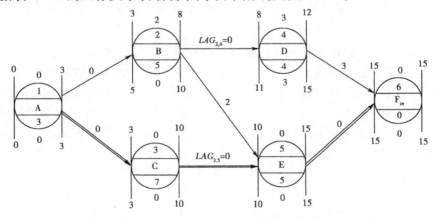

图 2-9-16　单代号网络计划时间参数计算结果

计算工作时间参数,并将计算结果填入图中相应位置,见图2-9-16。

根据计算结果,总时差为零的工作:A、C、E为关键工作;

①—③—⑤—⑥为关键线路,用双箭线标示在图中,见图2-9-16。

第五节 网络计划的优化

所谓优化是指在满足既定约束条件下,按既定目标,对初步拟定的网络计划的方案不断调整和改善,使之达到工期最短、成本最低、资源配备最优的目的。

根据既定的优化目标,网络计划优化可分为工期优化、成本优化、资源优化等几类。

一、工期优化

工期优化就是压缩计算工期,使网络图的计算工期满足合同工期或要求工期,或在一定约束条件下使工期最短的过程。

因为关键线路的持续时间最长,工期优化从压缩关键工作的持续时间入手。

当压缩关键线路的时间后,原来的关键线路可能会转化为非关键线路,而原来的非关键线路可能会转化为关键线路。当有条关键线路时,必须将各条关键线路的持续时间同时压缩,否则不能有效地将工期缩短。

对工期进行优化可按如下步骤进行:

(1)找出网络计划中的关键线路并计算出计算工期。

(2)按要求工期或合同工期计算应缩短的时间ΔT,见式(2-9-11)。

$$\Delta T = T_{合同} - T_{计算} \tag{2-9-11}$$

(3)按下列原则选择应优先缩短持续时间的关键工作:

①缩短持续时间对质量和安全影响不大的工作。

②有充足备用资源的工作。

③缩短持续时间所需增加费用(直接费用)最少的工作。

④将应优先缩短的关键工作压缩至最短持续时间后,再重新计算时间工期,并找出新关键线。若这时计算工期仍不满足要求,还要按以上程序再压缩关键工作的时间,直到满足工期要求或工期已不再缩短为止。

⑤当所有关键工序的持续时间都已达到最短持续时间,但仍不满足要求时,应对计划进行组织方面的调整,即通过将原来先后工作改为平行工作等措施缩短关键线路上的时间。

压缩关键工作的持续时间可通过增加施工资源如人工、施工机械设备或加班加点来进行,但是有些时候受资源限制。在可利用的资源有限的情况下,可通过推迟非关键线路的开始时间、延长非关键线路的时间等方法,把原来排在非关键工作的资源调到关键工作,以实现缩短关键工作时间的目的。

二、费用优化

费用优化又称时间—成本优化,是寻求最低成本时的最短工期安排,也就是在工期优化时寻找一个成本最低时的工期。

一个工程项目的总费用由直接费用和间接费用两部分组成。

费用与工期的关系见图 2-9-17。工程费用曲线是由直接费曲线和间接费曲线叠加而成的,直接费曲线随工期的缩短而增加,间接费曲线随工期缩短而减少,故工程总费用一开始是随着工期的增加而减少,当工期超过一定的数目时,工程总费用便会随着工期的增加而增加,我们把工程总费用最小时的工期称为最优工期。

费用优化的目的是找出最优工期,因最优工期的计算较复杂,本书不再详述。

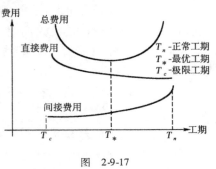

图 2-9-17

三、资源优化

这里所说的资源是指为完成工程任务所需的劳动力、材料、机械设备和资金的统称。大多数情况下,在一定的时间内提供的各种资源是有限的,所以一项好的工程计划,可以合理使用这些有限的资源;而安排不好,可能会导致原本够的资源不够或使计划的某些阶段出现对资源需求的高峰,而另一些阶段则出现资源需求低谷,给施工企业带来不必要的经济损失。资源优化有以下两种情况:

(1)在资源供应有限制的条件下,寻求网络计划的最短工期,即"资源有限,工期最短"的优化。

(2)在工期保持不变的条件下,力求资源消耗均衡,即"工期限定,资源消耗均衡"的优化。要对施工计划进行合理安排,对施工进行合理组织,才能达到以上目的。

本 章 小 结

1. 在实际中,把用箭线和节点组成的用来表示工作流程的有方向、有序的网络图形叫网络图。在网络图上加注工作的时间参数而编成的进度计划称为网络计划。用网络计划对任务的工作进度进行安排和控制,以保证实现预定目标的科学的计划管理技术,称为网络计划技术。

2. 网络图按表示方法分为单代号网络计划和双代号网络计划。按有无时间坐标分为时标网络计划和非时标网络计划。

3. 网络计划技术在项目计划管理应用中的一般程序为:

(1)准备阶段。确定计划目标,进行调查研究,收集所需资料;确定施工方案。

(2)绘制网络图。

(3)网络图时间参数计算。

(4)网络计划的检查与调整。

(5)编制正式的网络计划。

(6)网络计划的实施。

(7)网络计划的总结分析。

4. 双代号网络图由节点和箭线组成。箭线分为实箭线和虚箭线。每一条实箭线应表示一项工作,它既要消耗时间又要消耗资源。虚箭线既不消耗时间也不消耗资源,是一个假想的工作,它用来表达相邻前后工作之间的逻辑关系。节点是指表示工作间的衔接关系的圆圈(或其他形状的封密图形),即表示前一工作的结束和后一工作的开始。

5. 双代号网络图的绘制的基本规则如下:

(1)一项工作只能有一条箭线和相应的一对节点,即一对节点间不允许有两条及多条箭线。

(2)一张网络图中只能有一个起始节点;在不分期完成任务的网络图中,应只有一个终点节点。

(3)在网络图中严禁出现循环回路。

(4)双代号网络图中,严禁出现没有箭头节点或没有箭尾节点的箭线。

(5)双代号网络图箭尾的节点编号应小于箭头的节点编号,可不连续,但严禁重复。

(6)某些节点有多条外向箭线或多条内向箭线时,在不违反"一项工作应只有唯一的一条箭线和相应的一对节点编号"的前提下,可使用母线法绘图。

(7)绘制网络图时,宜避免箭线交叉,当交叉不可避免时,可用过桥法。

(8)网络图应关系正确、布局合理。

6. 双代号网络图一般的绘图步骤如下:

(1)任务分解,划分施工项目作为工作。

(2)确定完成工作计划的全部工作及其逻辑关系。

(3)确定每一工作的持续时间,制定工程分析表。

(4)根据工程分析表,绘制网络计划草图,并整理成正式的网络图。

7. 双代号网络图的时间参数有节点时间参数和工作时间参数。节点时间参数有:节点最早可能实现时间、节点最迟必须实现时间。工作时间参数有:最早可能开始时间、最早可能完成时间、最迟必须开始时间、最迟必须完成时间、总时差、自由时差。

8. 网络图的起点节点到终点节点一般都有很多条线路,其中至少可以找到一条所需时间总和最长的线路,通常称其为关键线路,位于关键线路上的工作称为关键工作。关键线路所需时间的总和就是此网络计划的总工期。关键线路与非关键线路是相对的,两者可以转化。

9. 时标网络图在一般网络计划图上方或下方增加一个时间坐标,双代号网络图的箭线长短表示工作的持续时间的大小。

10. 单代号网络图由节点和箭线组成的。一个节点表示一项工作,用圆圈或方框表示。箭线表示工作之间的逻辑关系,既不占用时间,也不消耗资源。箭线可画成水平直线、折线或斜线,不用虚箭线。

11. 网络计划的优化是指在满足既定约束条件下,按既定目标,对初步拟定的网络计划的方案不断调整和改善,使之达到工期最短、成本最低、资源配备最优的目的。根据既定的优化目标,网络计划优化可分为工期优化、成本优化、资源优化等几类。

思 考 题

1. 网络计划技术的概念是什么?

2. 在双代号网络图中,节点的含义是什么?箭线代表什么?双代号网络图的绘制规则有

3. 如何用图上作业法计算网络计划的时差？如何用图上作业法计算网络计划的最早最迟时间？

4. 什么叫关键线路？总时差及局部时差的含义是什么？

5. 什么是网络计划的优化？网络图优化的类型有哪些？

6. 工期与成本有什么关系？

7. 已知 A、B、C、D、E 五道工序的相互关系见图 2-9-18a)，画成图 2-9-18b)形式的网络图，请判断对错，并改之。

8. 如图 2-9-19 所示，试用图上计算法计算网络图中 4 个工作时间参数，并指出关键线路。

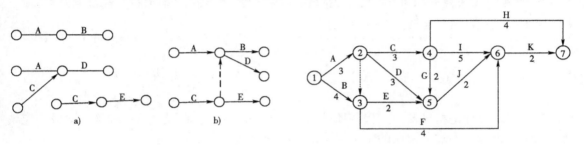

图 2-9-18 习 7 图　　　　　　　　　　　图 2-9-19 习 8 图

9. 利用表 2-9-7、表 2-9-8 的资料分别画出相应的双代号网络图和单代号网络图。

工 作 关 系 表　　　　　　　　　　　　表 2-9-7

工序名称	A	B	C	D	E	F	G
紧前工作	—	A	A	A	B、C	B、D	E、F

工 作 关 系 表　　　　　　　　　　　　表 2-9-8

工序名称	A	B	C	D	E	F	G	H	I	J
紧前工作	—	A	B	A	B	C、D	C、D	E、G	F、H、I	—
紧后工序	C、E	D、F	G、H	G、H	J	J	J	I	J	—

10. 用图上计算法计算图 2-9-20 所示的双代号网络图的工作的 6 个时间参数，并标示出关键线路。

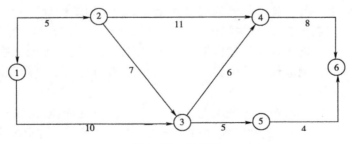

图 2-9-20 习 10 图

第十章　水运工程施工阶段的施工组织设计

> **本章学习提示：**
> 　　本章叙述施工组织的内容和编制方法。要求掌握施工组织的概念，了解施工组织的分类，熟悉施工组织的作用，掌握施工组织设计的内容，掌握施工组织设计的编制原则，掌握施工组织设计的编制程序和方法。

第一节　水运工程施工组织设计的概述

施工组织设计是指导拟建工程各项活动的技术经济文件。在设计阶段和施工阶段均应编制施工组织设计。不过各阶段的施工组织设计的深度和内容不同。

一、施工组织设计的分类

1. 按工程不同阶段分类

在水运工程设计和施工的各个阶段，必须编制相应的施工组织设计文件，并且从设计到施工阶段，施工组织设计的内容和深度应随各阶段的要求而异，一般由粗到细。

在初步设计(扩大初步设计)阶段，应编制施工组织规划设计，其任务是：从施工导流、对外交通、建筑材料、场地布置、主体工程的施工方法等方面进行比较和论证，提出工期、造价、技术工人和主要材料的需用量等估算指标，研究整个工程中建筑物的施工方案，经技术经济比较后，提出推荐方案。

技术设计阶段应编制施工组织修正规划设计，其任务是：根据批准的初步设计文件和补充的勘测、试验、调查资料及相应阶段的设计图纸，对初步设计阶段的施工组织规划设计作进一步补充和落实。对于工期较长的大型工程，应分阶段做施工组织设计，其内容包括前一阶段工程完成情况的总结，下一阶段施工任务的安排和相应的施工组织设计。

在招投标阶段，施工组织设计是投标文件中不可缺少的一部分。因此投标单位必须编制施工组织设计，用来获得施工任务。投标期间的施工组织设计是工程投标单位根据设计图纸、相关施工规范、现场初步踏勘情况等资料对工程施工的理解阐述，这一阶段的施工组织设计可称为指导性施工组织设计。

在施工任务正式开工前，为了保证工程顺利进行，并按期完成施工任务，在施工准备阶段，施工单位必须对拟建工程项目编制实施性施工组织设计。其任务是：根据国家的有关规范和规定，以及该工程项目的招、投标文件和施工合同，设计图纸，结合工程的具体条件，采用合理的施工技术，有效地使用人力、物力和机械，合理安排施工进度和空间布置，使工程保质保量如期完成。施工组织设计未经批准的工程，原则上不得开工，经审查批准后的施工组织设计应作为施工的依据。

施工阶段的施工组织设计,是对投标期间施工组织设计更具有针对性的补充和完善,对工程项目的实施更具有指导意义。施工阶段的施工组织设计更侧重于工程施工的组织、人机料的合理配置、进度计划编制、质量目标措施的落实。施工阶段施工组织设计的编制者应为参与工程施工的技术人员;审批者为施工项目的主管部门和监理部门;施工阶段施工组织设计的内容更具有操作性、针对性,是指导项目施工的专用技术资料。

2. 按编制对象范围不同的分类

施工组织设计按编制对象范围的不同可分为施工组织总设计、单位工程施工组织设计和分部分项工程施工组织设计三种。

(1)施工组织总设计。施工组织总设计是以一个工程建设项目为编制对象,用以指导整个工程建设项目施工全过程的各项施工活动的技术、经济和组织的综合性文件。是在整个工程开工前,由总承包企业的总工程师领导下进行编制。

(2)单位工程施工组织设计。单位工程施工组织设计是以一个单位工程为编制对象,用以指导其施工全过程的各项施工活动的技术、经济和组织的综合性文件。一般在施工合同签订后,拟建单位工程开工之前,由工程项目经理部的技术负责人领导下进行编制。

(3)分部分项工程施工组织设计。分部分项工程施工组织设计是以分部分项工程为编制对象,用以具体指导其施工全过程的各项施工活动的综合性文件。一般与单位工程施工组织设计的编制同时进行。由负责单位工程施工的技术人员负责编制。

施工组织总设计、单位工程施工组织设计和分部分项工程施工组织设计之间有以下关系:施工组织总设计是对整个建设项目的全局性战略部署,其内容和范围比较概括;单位工程施工组织设计是在施工组织总设计的控制下,以施工组织总设计和企业施工计划为依据编制的,针对具体的单位工程,把施工组织总设计的内容具体化;分部分项工程施工组织设计是以施工组织总设计、单位工程施工组织设计和企业施工计划为依据编制的,针对具体的分部分项工程,把单位工程施工组织设计进一步具体化,它是专业工程具体的组织施工的设计。

二、施工组织设计的作用

(1)在经济上为确定拟建工程的设计方案提供依据。

(2)指导工程投标与签订工程承包合同,作为投标书的内容和合同文件的一部分。

(3)指导施工前的一次性准备和工程施工全局的全过程。对拟建工程施工的全过程实行科学管理的重要手段。提出工程施工过程中进度控制、质量控制、成本控制、安全控制、现场管理、各项生产要素管理的目标及技术组织措施,提高综合效益。

通过施工组织设计的编制,可以全面考虑拟建工程的各种具体施工条件,扬长避短地拟定合理的施工方案,确定施工顺序、施工方法、劳动组织和技术经济的组织措施,合理安排拟定施工进度计划,保证拟建工程按期完工或交付使用。根据实践经验,对于一个拟建工程来说,如果施工组织设计编制得合理,能正确反映客观实际,符合设计和合同文件的要求,并且在施工过程中认真地贯彻执行,就可以保证拟建工程施工的顺利进行,取得好、快、省和安全的效果,早日发挥工程建设项目的经济效益和社会效益。

三、施工组织设计的内容

施工组织设计的内容一般包括综合说明、总体施工方案、主要施工方法与工艺、施工计划、保证措施 5 个部分，每个部分里又包含多项内容。一般称为三图、三表、三个说明。

施工组织设计基本内容构成见图 2-10-1。

施工组织设计 {
　一、综合说明：1.编制说明；2.工程说明；3.设计说明；4.重难点工程对策
　二、总体施工方案：1.任务分解；2.施工区段划分；3.组织机构；4.平面布置；
　　　　　　　　　　5.主要施工顺序；6.关键技术方案
　三、施工方法：根据工程内容，对所涉及的分项工程逐一阐释
　四、施工计划：1.进度计划；2.劳动力计划；3.材料计划；4.设备仪器计划；
　　　　　　　　5.有关的斜率图、柱状图
　五、保证措施：1.工期；2.质量；3.安全；4.环保；5.文明施工
}

图 2-10-1　施工组织设计一般构成

施工组织设计的内容是目录编排的基础和依据，以上内容如果是实施性施工组织设计，可以根据编制者自己的思维习惯进行增减、合理编排；如果是指导性施工组织设计，第五部分保证措施的内容就可以少些，尽量精简。

四、施工组织设计的编制原则

编制施工组织设计一般应遵循以下几项基本原则：

(1) 认真执行基本建设程序。

要严格遵守合同签订的或上级下达的施工期限，按照基本建设程序的要求进行施工。

(2) 做好施工项目排队，保证重点，统筹安排。

(3) 遵循施工工艺和技术规律，坚持合理的施工程序。

按照水运工程施工的客观规律安排施工程序，按照施工程序要求，保质保量完成施工任务。对工期较长的大型工程项目，可根据施工情况，合理组织力量，确保重点，分期分批进行安排。

(4) 采用科学的计划方法制定最合理的施工组织方案。

根据工程特点和工期要求，因地制宜地采用快速施工方法，尽可能采用流水施工方法，组织有节奏、均衡和连续的施工。对复杂的工程，应采用网络计划技术找出最佳的施工组织方案。

(5) 落实季节性施工的措施，保证全年施工的连续性。

科学地安排冬季、雨季施工项目，增加全年连续施工的天数。

(6) 合理安排施工进度，做好人力、物力的综合平衡。

在满足合同规定工期的前提下，合理安排施工进度，尽量使全年施工比较均衡，做到人材物的综合平衡，以尽可能降低成本。

(7) 充分利用现有机械设备，提高机械化程度。

(8) 尽量采用国内外先进的施工技术和管理方法。

(9)尽量减少临时工程,合理地储备物资,减少物资运输量,科学地布置施工平面图。

合理布置施工平面图,节约施工用地,充分利用已有设施,尽量减少临时性设施的费用,尽量利用当地资源,减少物资运输量,尽量避免材料二次搬运,正确选择运输工具,以节约能源,降低运输成本,提高经济效益。

五、施工组织设计的编制程序

编制施工组织设计要遵守一定的程序,要按照施工的客观规律,协调和处理好各个影响因素的关系,用科学的方法进行编制。一般从调查研究入手,分析设计资料,掌握施工的具体条件和施工对象的情况,以及国家有关的规范、定额、规程、规定、有关技术革新成果、各地施工的先进经验及"类似工程"的经验资料等,在此基础上着手编制施工组织设计。各类施工组织设计的编制程序大体相同,只是繁简程度有所差异。一般编制程序如下:

(1)分析设计资料,计算工程量。编制施工组织总设计时,不要求作精确而全面的计算。通常根据概预算指标或类似工程进行计算即可。编制单位工程施工组织设计时,则必须根据图纸进行精确的计算,以保证劳动力和资源需要量计算正确以便合理组织作业。

(2)确定施工方案和施工方法。编制施工组织总设计时,拟定施工总方案,对重大问题作出原则规定,如施工导流方案、主体工程施工方案等。编制单位工程施工组织设计时,则需要进一步具体化:施工顺序的安排和流水段的划分、主要分部分项工程的施工方法和施工机械的选择、保证质量和安全等各种技术组织措施。

(3)编制工程进度计划。编制施工组织总设计时,要确定施工顺序并根据有关资料编制施工进度计划。编制单位工程施工组织设计时,按工期要求、工程量、定额指标、施工方案确定劳动力和机械的具体需要量以及各施工项目的施工时间,排出施工进度计划。

(4)计算人工、材料、施工机具需要量,制定供应计划。

(5)制定施工现场需要的水电、道路、仓库、供热、住房等临时工程计划。编制施工组织总设计时,要设计施工现场的水电、道路、仓库、临时工程等事项。编制单位工程施工组织设计时,要平衡劳动力、材料物资和施工机械的需要量并修正进度计划,以使劳动力的利用和物资的供应更为合理。

(6)设计施工平面布置图。

(7)制订工期、质量、安全、环保、文明施工措施计划,确定施工组织设计的技术经济指标。

(8)编制说明书。

施工组织设计必须按照有关规定经主管部门审批,如中标后,各施工标段的实施性施工组织设计必须要施工企业技术负责人和业主审批。一经批准,即成为指导施工活动的技术经济文件,必须认真贯彻执行,同时,还应及时检查,发现问题,及时对施工组织设计加以调整、修改。

第二节 施工总体方案

施工总体方案主要是反映施工组织设计的组织方案与技术方案,具体反映对工程任务分解、施工队伍组织、临时工程布置与准备、施工顺序与衔接及关键技术方案、资源配置方案等内容。施工方案的优劣在很大程度上决定了施工组织设计的质量和施工任务完成的好坏。对这一部分的要求是：重难点突出，分析恰当，技术措施可靠，施工顺序与施工衔接合理，临时工程项目齐全，布置清楚合理，关键技术方案简明。尤其是总平面布置图，要求层次分明美观、比例适中、图例图形规范，重点工程平面布置图要求单独绘制，并且要进一步反映平面布置情况。对于组织机构图，力求反映真实、科学、能够直接应用施工。

所要注意是：施工总体方案应包括两大部分内容，一是施工组织方案，二是技术方案。

下面举一个实例目录，具体罗列这部分的主要内容，见图2-10-2。

```
              第二篇  施工总体方案
第四章  施工区段划分及任务分解
       1.区段划分原则
       2.区段划分与任务分解表
第五章  施工队伍投入及现场组织机构
       1.施工队伍及人员
       2.施工组织方式
       3.关键岗位的设置与职责
       4.现场组织机构框图
第六章  施工平面布置与临时工程规划
       1.施工平面布置原则
       2.主要临时工程规划
       3.施工平面布置图
第七章  总体施工安排
       1.工期安排
       2.施工顺序安排
       3.生产要素安排
       4.施工准备
第八章  关键施工技术方案
       1.××工程施工技术方案
       2.××工程施工技术方案
       3.××工程施工技术方案
```

图2-10-2　某工程的施工总体方面的目录

一、施工组织方案

队伍组织、资源组织、大的工期规划、总的平面规划都属于施工组织方案。施工组织方案中，以下几个方面需要概述性描述。

1. 施工区段划分与任务分解

在编制时，要从施工区段（也称工区）划分起述，对各个区段配置什么样的施工队伍，各施工队伍承担什么样的工程及工程数量，最好用图形表达区段（工区）的划分，用A、B、C、D英文字母代替各个区段的名称，用一个表格表达任务划分。

2. 施工队伍与现场组织机构

有了上述的划分之后，就可以进行组织机构框图的绘制。根据不同的要求，绘制可简可繁的机构框图。

在有些施工组织设计中，对于项目部各职能部（科室）的工作职责也需要简述，这个职责可以用文字来表达，也可以列表表达。

3. 资源组织

在总体方案中资源组织的内容必须表达,这里不要将资源计划列出,虽然资源组织中的内容与资源计划有相同之处但毕竟有区别,这个区别从两个方面表现:一个偏重于组织,另一个偏重于计划;一个偏重于总体叙述,另一个偏重于细部叙述。这细微的区别要求编制人员细心去体会,粗心的人则易于混淆两者。

为让读者明白,现举例如下:

在资源组织内容中描述为:"本工程按平均劳动力数量配备人员,共计配备施工人员 850 人,高峰时约需要劳力 1050 人,临时从施工所在地雇请缺少劳力。"

但在施工计划内容中描述的是:"本工程计划配备施工人员 850 人,其中钢筋工 200 人,电焊工 30 人,模板与脚手架安装工 200 人,混凝土 300 人,机械司机 80 人,汽车司机 60 人。各工种的进出场时间及用工计划,详见《主要劳动力进场与使用计划表》。"

对于机械设备的组织,类似于劳力的叙述;对于工程材料的组织叙述,重点是叙述清楚主要材料的产地、运输方式和采购、检验存贮发放等有关内容。

4. 施工顺序与衔接

施工顺序与衔接的叙述,容易与施工工期相雷同,但实际上不相同,也需要编制人员细心体会中间的差别。在总体施工方案中,施工顺序强调的是开工顺序安排,要想叙述得生动、清楚,可以按照 A、B、C 区段(工区)分开来叙述,例如:A 区段先开工××泊位,然后××泊位、××泊位相继开工,B 区段先开××引桥预制,后开工××挡土墙……

施工衔接强调的是某项工程或某个单位工程结束后,接续工程是什么,还有人员的衔接,重要机械设备衔接。理解了这些,实际编制时,就非常容易下笔。

当施工顺序较为复杂时,也可以用绘制的方式来表达,当然不要与横道图雷同,但可以相似。

二、技术方案

技术方案应理解为是施工技术方法的高度概括。它反映施工组织设计中拟采取的施工方法与工艺,施工中的工艺流程和标准、操作要点、作业组织要采用何种工具及对材料的要求和加工等内容。技术方案除竞标性施工组织设计外一般要写得细致、实用,对各种类型的施工组织设计都要求这一部分能够先进、合理、表达清楚、形象,竞标性施工组织设计要根据招标要求的深度编写。

施工方法与工艺不容易编写,如果写得太细,就像教科书;如果写得太简,根本不能完整反映施工过程,因为要反映一个有时间和空间相交叉的施工过程,文字的表述就非常冗长,且随阅读者自身感受的差异不同,效果难以良好。因此这一部分必须图文结合,才能叙述清楚,必要时插入施工照片。有条件的单位,可以采用彩图或立体插图,克服枯燥文字叙述的呆板做法。

对于有施工经验的技术人员,编制施工方法、工艺是比较容易的工作。但如何使写出来的施工方法、工艺让阅读者很容易看得明白。要做到这一点,必须做到如下几点:

(1)强调突出关键部分的施工方法。

(2)要讲清楚各主要工程项目的施工步骤。
(3)要注重绘好工艺流程和工艺说明。
(4)对于工艺标准不要叙述太细。
(5)重要部分的施工方法要配图。
(6)有多施工方法可选时,要讲清楚拟采用的施工方法选择原因。

这一部分一般以工程专业分类排列来编写,不太容易遗漏。

第三节 施工进度计划的编制

施工进度计划是工程项目施工的时间规划,是在合同或上级规定的工期内,规定了各单位工程或分部分项工程施工的起讫时间、施工先后顺序和施工速度,是控制工程施工进度的有效工具。

一、施工进度计划的分类

施工进度计划按内容范围和管理层次可分为总进度计划和单项工程进度计划两种。

1. 总进度计划

根据合同规定的工期,确定整个建设项目中各单(位)项工程(包括准备工程和收尾工程)的施工顺序、开工竣工日期、计算总的平衡施工方面的一些主要指标,如工程量、劳动力、施工机械的需要量等,应力求进度计划的合理性和可能性。

2. 单项(位)工程进度计划

单项(位)工程进度计划是对主要单项工程(如码头、船坞、防波堤等)编制施工进度计划。它是根据施工总进度计划规定的单项工程施工期限,具体安排该工程的各分部分项工程和工序的施工顺序及起止日期(包括准备工程),并要求从施工方法和技术方面论证施工进度的合理性和可能性。

编制单项(位)施工进度计划,可以控制工程施工进度,保证在规定的工期内完成符合质量要求的工程任务,确定了各施工过程的施工顺序、持续时间及相互衔接和合理配合关系。是编制各项资源需要量计划、施工准备计划和生产作业计划的依据。

二、施工进度计划的表现形式

施工进度计划常用图表形式表示,主要形式有:横道图、垂直图和网络图三种。关于这三种施工进度图,已在第八章水运工程施工组织概论第三节施工过程的时间原则中讲述,此处不再重复。

三、施工进度计划的编制依据

(1)设计文件。
(2)各项工程定额、规范、资料。
(3)工程勘测和技术经济调查资料:包括水文、气象、地形、地质等自然条件,劳动力、材料、机械设计的供应条件、交通运输方式和运输能力、施工用水用电等。

(4) 合同规定的施工工期要求开竣工日期。
(5) 主要工程的施工方案。

四、施工进度计划的编制步骤

1. 研究设计资料、分析施工条件

对设计资料中的枢纽布置和结构型式等应着重研究，因为它们对施工顺序和施工方法的确定有重要影响。自然条件中对施工影响较大的有：

(1) 气温和降雨条件。根据实测的气温和降雨资料，分别统计不同的日平均气温和不同的降雨量出现天数。对各种不同要求的工程分别进行分析，根据分析，可合理选择有效施工天数和需采用特殊措施的施工天数。

(2) 水文及径流条件。包括水位、流量、潮汐和波浪的过程线与频率资料，以便统计有效施工时间。

水运工程的施工进度，由于受水文、气象等自然条件的影响，以及河道水流控制方面的约束，在施工过程中形成了一系列对施工进度起控制作用的环节，如导流、截流、洪水等。由于这些控制环节的存在，使确定有些工程项目的开竣工时间时，必须考虑这些因素。

此外，流速、风等资料对海上施工影响也较大，在分析资料过程中，应当予以考虑。

2. 划分施工项目，确定施工方案和方法

编制施工总进度计划时，除列出整个工程中的各单项工程单位工程外，还应列出准备工程项目、各项辅助设施和结束工作，以及工程建设所必需的其他项目等。

编制单项工程进度计划时，首先要划分施工项目的细目，列出单项工程、单位工程、分部分项工程或工序。如船闸施工，可列出基坑排水、基坑开挖、引航道开挖、基础处理、闸墙施工、导航建筑、护坡护岸、墙后回填及金属结构安装等项目。对一些次要项目，必要时也可作归并。划分时应注意以下各项：

(1) 划分施工项目应与施工方法相一致，使进度计划能够完全符合施工实际进展情况，真正起到指导施工的作用。

(2) 划分施工项目的粗细程度一般要按施工定额（施工图阶段按预算定额）的细目和子目来填列，这样既简明清晰，又便于查定额计算。

(3) 施工项目在进度计划表内填写时，应按工程的施工顺序排列，而且应首先安排好主导工程。

(4) 施工项目的划分一定要结合工程结构特点仔细分项填列，不可漏项，以免影响进度计划的准确性。

选择施工方案和方法首先要考虑工程的特点和施工机具的性能，其次考虑施工单位所具有的机具条件和技术状况，最后还要考虑技术操作上的合理性，确定施工方法后，还应根据具体条件选择最先进合理的施工组织方法。

3. 计算工程量

在编制总进度计划时，工程量只需粗略地计算即可。

编制单项工程进度计划时，工程量计算是一项十分繁琐的工作，在施工图预算、施工预算等文件中均需要计算工程量，所以施工进度计划中可按需直接套用施工图预算或施工预算中的工程量，也可根据施工图纸及有关工程数量计算规则，计算好各施工过程的工程数量。因为进度计划中的工程量仅用来计算各种资源用量,不作为计算工资或工程结算的依据,故不必十分精确。计算工程量时,应注意以下几个问题:

(1)工程数量的计算单位,应与现行相应定额中相应的项目的单位一致,以便计算劳动量及材料用量时可直接套用定额。

(2)工程量计算要结合选定的施工方法和安全技术要求,使计算所得工程量与施工实际情况相符合。如挖土时是否放坡,是否加工作面,是否用支撑加固等,这些都直接影响土方工程量的计算。

(3)结合选定的施工方法、安全技术和施工组织要求,分区、分段和分层计算工程量,以便组织流水施工。

4. 计算劳动量,计算各施工过程的施工天数

当编制施工总进度计划时,由于各施工单位的施工技术和施工管理水平、机械化程度、劳动力和材料供应情况等有所不同,工程的施工期限有很大差别。因此,应根据各施工单位的具体条件,考虑工程结构类型、工程量大小和现场施工条件环境等因素加以确定。

编制单项工程施工进度计划时,可通过计算确定各施工过程的施工天数。

(1)计算劳动量和机械作业量。所谓劳动量,就是施工过程中的工程量与相应的时间定额的乘积,单位为工日或台班。人工操作时叫劳动量,为劳动力数量与人工作业工日数的乘积;机械操作时叫作业量,为机械台数与机械作业工日数的乘积。

劳动量按式(2-10-1)计算:

$$D = \frac{Q}{C} \text{ 或 } D = Q \times S \tag{2-10-1}$$

式中:D——劳动量或作业量;

Q——工程量;

C——产量定额,指在合理的技术组织条件下,某种专业、某种技术等级的工人小组、个人或施工机械在单位时间内完成单位合格产品的数量,其单位为:m^3/工日,或 m^3/台班等;

S——时间定额,指某种专业、某种技术等级的工人小组、个人或施工机械在合理的技术组织条件下,完成单位合格产品所必须的工作时间。其单位为:工日/或台班/m^3 等。

【例 2-10-1】 某船闸闸室基坑开挖的土方工程量为 50000m^3,二类土。采用液压挖掘机(斗容量 2.0m^3)开挖,试计算完成该基坑开挖所需的作业量和劳动量。

解:查《港口水工建筑工程定额》(2004),可查得所需时间定额为:履带式单斗控制机 0.14 台班/100m^3、人工 0.62 工日/100m^3,则

所需机械台班作业量为:

$$\frac{50000 \times 0.14}{100} = 70 (\text{台班})$$

所需人工劳动量为:

$$\frac{50000 \times 50.62}{100} = 310 (\text{工日})$$

【例 2-10-2】 某船闸闸室基坑开挖的土方工程量为 50000m^3,二类土。若全部采用人工开挖,计算所需的劳动量。

解: 查《港口水工建筑工程定额》(2004),可查得所需时间定额为:人工 5.67 工日/ 100m³,则所需的人工劳动量为:

$$\frac{50000 \times 5.67}{100} = 2835(工日)$$

(2)计算各施工过程所需的施工天数。由于要求工期方式不同和施工条件的差异,其具体计算方法有以下两种:

①以施工单位现有的人力、机械的实际生产能力和工作面大小,来确定完成该施工过程所需的时间(持续时间)。一般可按式(2-10-2)计算:

$$t = \frac{D}{R \times n} \tag{2-10-2}$$

式中:t——施工天数(持续时间);

D——劳动量(或机械作业量);

R——人数或施工机械台数;

n——生产工作班制数。

②根据规定的工期来确定施工队(班组)人数或机械台班。在某些情况下,可以根据已规定的工期或后续工序需要的工期,来计算在一班制二班制或三班制条件下,完成该施工过程所需作业队的人数或机械台班。一般按式(2-10-3)计算:

$$R = \frac{D}{t \times n} \tag{2-10-3}$$

【例 2-10-3】 接【例 2-10-1】,某船闸闸室基坑开挖的土方工程量为 50000m³,二类土。采用液压挖掘机(斗容量 2.0m³)开挖。如果施工单位现有 3 台挖掘机和工人 10 人,一班制作业,问完成基坑土方工程的开挖,需多少天数?

解: 根据 2-10-1 计算结果,需人工劳动量 310 工日和机械作业量 70 台班,则

完成该工作所需人工时间为:

$$t = \frac{D}{R \times n} = \frac{310}{10 \times 1} = 31(d)$$

完成该工作所需的挖掘机时间为:

$$t = \frac{D}{R \times n} = \frac{70}{3 \times 1} = 23.33(d)$$

故完成全部土方工程的开挖时间为:31d。

【例 2-10-4】 接【例 2-10-1】,某船闸闸室基坑开挖的土方工程量为 50000m³,二类土。采用液压挖掘机(斗容量 2.0m³)开挖。一班制作业。如果合同规定完成该土方工程开挖需 25d,问需人工多少人?挖掘机多少台?

解: 根据【例 2-10-1】计算结果,需人工劳动量 310 工日和机械作业量为 70 台班,则

完成该土方工程所需的人工数为:

$$R = \frac{D}{t \times n} = \frac{310}{25 \times 1} = 12.4 人 \approx 13 人$$

完成该土方工程所需的挖掘机台数为:

$$R = \frac{D}{t \times n} = \frac{70}{25 \times 1} = 2.8 台 \approx 3 台$$

当用人工 13 人和 3 台挖掘机时,实际所需的施工天数则改变为:23.84d(人工:$\frac{310}{13 \times 1}$ = 23.84d、挖掘机:$\frac{70}{3 \times 1}$ = 23.33d,取大者)。

5. 安排施工顺序,确定开工时间,编制施工进度计划的初始方案

编制总进度计划时,首先应根据总工期的要求,安排各单项工程(包括准备与结束工作)的施工顺序和开竣工时间,有限制时间的项目要进行时间限定,并要考虑各施工项目的搭接时间。确定各单项(位)工程施工顺序时,还应考虑各种客观条件的限制,如施工力量、原材料、机械设备的供应情况等对工程的影响。在安排中,要抓住关键、分清主次、合理安排。主要建筑物应尽早施工,并照顾到辅助工程的配套工作,以保证各建筑物分批投入使用。

编制单项工程进度计划时,应考虑各分部分项工程的合理施工顺序,先确定主要分部分项工程的施工顺序,使主导的分部分项工程能连续施工,再安排其他分部分项工程的施工,次要的和其他分部工程尽可能与主要分部分项工程相配合,尽可能采用流水作业施工,并力求主要工种的工作连续施工以及计划的均衡。

进度计划的编制要利用定额计算和施工经验结合起来,尽量做到合理、均衡。进度计划最好采用《Project 2000》或其他软件来编制,自动计划生成逻辑关系图(逻辑横道图)反复进行进度调整,完成后转换成网络图。当然也有先作网络图,后转化成横道图的作法。

6. 检查与调整施工进度计划的初始方案,形成最后的进度计划

计算初始施工进度计划的工期,看是否满足合同规定的工期要求,如不满足,则需进行调整。检查施工过程的顺序以及平行、搭接和技术间歇等是否合理、主要工种工人是否连续施工、劳动力消耗是否均衡、各种资源需要量是否均衡、施工机械是否充分发挥作用。

经过检查,对不符合要求的部分进行调整。调整的方法一般有:增加或缩短某些分项工程的施工时间;在符合工艺关系的情况下,将某些分项工程的施工时间前后移动,必要时还可改变施工方法或施工组织措施。

第四节 资源需求计划

施工计划是施工组织设计的重要内容,包括工期进行计划劳力计划,机械设备计划,测量试验仪器计划,工程材料计划,用水、用电、用地计划。在有些施工组织设计中,将工程量计划也作为施工计划的内容,如每个月完成的土石方数量、每个月完成混凝土浇筑数量,对重要的工程作出产出计划。总之,施工计划是反映施工前初步安排的动态化量化的施工要素的情况,这种变化反映了施工组织设计编制的水平,同时也是各种施工方案确定的依据。

资源需求计划的内容是反映施工组织设计中在具体时间里对资源的需求及产出的量化过程和结果。具体就是要完整、细致且准确地编制施工进度计划,在此基础上对投入的劳动力、施工机械设备仪器、施工材料作出计划。要求在一定计算的基础上,尽量合理均匀,完整地反映施工中动态的量化的投入和产出。

一、劳动力需要量计划

根据已确定的施工进度计划,可计算出各个施工过程每天所需的人工数,根据每天需要的

人工数编制劳动力需要量计划,为劳动部门提供劳动力进退场时间,保证及时调配、搞好平衡。如有劳动力不足或剩余时,应提出相应的解决措施,以按时或提前完成任务;或不造成劳动力闲置。

主要劳动力进场与使用计划见表 2-10-1。

主要劳动力进场与使用计划表　　　　　　　　　　　表 2-10-1

序号	工　种	数量	2007年	2008年											备注
			12月	1月	2月	3月	4月	5月	6月	7月	8月	9月	10月	11月	12月	
1	管理人员	4	4	4	4	4	4	4	4	4	4	4	4	4		
2	项目经理	1	1	1	1	1	1	1	1	1	1	1	1	1		
3	项目副经理	2	2	2	2	2	2	2	2	2	2	2	2	2		
4	总工程师	1	1	1	1	1	1	1	1	1	1	1	1	1		
	……															
14	技术工人	148	37	85	123	143	163	163	163	143	133	73	70	70		
15	钢筋工	40	10	20	20	40	40	40	40	20	20	20	20	20		
16	模板工	60	10	20	50	50	60	60	60	60	60	20	20	20		
17	混凝土工	25	10	20	25	25	25	25	25	15	15	15	15	15		
18	测量工	15	5	20	20	30	30	30	30	30	10	10	10	10		
19	起重工	8	2	5	8	8	8	8	8	8	8	5	5			
	……															
26	普工	80	30	50	80	80	80	80	80	80	50	30	30			
29	总计	232	71	139	207	227	247	247	247	227	217	127	104	104		

制表:　　　　　　　　　　　审核:　　　　　　　　　　　日期:

二、主要材料需要量计划

根据施工进度计划可得到各个时间段(分月或分季)所需要的各种主要材料数量。总体计划采用制表方式即可,但是单项的计划,比如混凝土需求量,若采用 excel 制成柱状图,则非常直观和美观。某工程的主要材料需要量计划见表 2-10-2。

某工程的主要材料需要量计划　　　　　　　　　　　　表 2-10-2

序号	材料费名称及规格	单位	总数量	来源	运输方式	月　份							
						1	2	3	4	5	6	7	8
1	525 水泥	t	10000	外购	汽车	500	500	1000	1000	2000	2000	1500	1500
2	中粗砂	m³	15000	外购	汽车	700	1000	1500	1800	3000	3000	2000	2000
	……												

三、主要施工机械、测试仪器需要量计划

根据已确定的施工进度计划,将所采用的施工机械、仪器设备的种类、型号规格、性能和台数等综合起来编制施工机械、仪器设备需要量计划。这种计划一般采用制表方式即可。某工

程拟投入的主要船机设备进场与使用计划见表 2-10-3。

某工程拟投入的主要船机设备进场与使用计划表　　　　表 2-10-3

序号	设备名称	型号规格	功率(kW)容量(m³)吨位(t)	单位	数量	2007年 11月	12月	2008年 1月	2月	3月	4月	5月	6月	7月	8月	9月	10月	11月	12月
1	起重船		500t	艘	1								1	1					
2	挖泥船	抓斗式	13m³	艘	1	1	1									1	1		
3	开底泥驳	自航式	1500m³	艘	2	1	1									1	1		
4	拖轮		900HP	艘	1	1	1									1	1		
5	抛锚艇		150HP	艘	1	1	1						1	1	1	1			
6	抛石民船	自航式	60~100t	艘	6						6	6	6	6	6				
7	抛石船	自航开底式	500m³	艘	5					5	5								
8	夯实船	方驳改装	400t	艘	1			1	1	1	1								
9	交通船	自航式	30~50t	艘	1			1	1	1	1	1	1	1	1	1	1		
10	普通挖掘机	PC-200	1.2m³	台	3	1	1												
11	推土机	TY-220	162kW	台	1								1	1					
12	振动压路机	YZ-18	138kW	台	1								1	1					
13	混凝土拖泵	"三一"型	60m³/h	台	1			1	1	1	1	1	1	1	1				
14	混凝土搅拌站	1000	50m³/h	台	1			1	1	1	1	1	1	1	1	1	1		
15	混凝土搅拌站	750	35m³/h	台	1			1	1	1	1	1	1	1	1	1	1		
16	装载机	ZL-50	155kW	台	1			1	1	1	1	1	1	1	1	1	1		
17	混凝土搅拌运输车	9m³	6m³	台	2			2	2	2	2	2	2	2	2	2			
18	汽车吊	25t	25t	台	2		1	2	2	2	2	1	1	1	1	1			
20	潜水设备	重潜		套	1			1	1	1	1	1	1	1					
21	潜水设备	轻潜		套	3			3	3	3	3	3	3	3	3				
22	交通车辆	小轿车	5座	台	2		2	2	2	2	2	2	2	2	2	2	2	1	
23	交通车辆	大客车	44座	台	1		1	1	1	1	1	1	1	1	1	1	1	1	

制表：　　　　　　　　　　　　审核：　　　　　　　　　　　　日期：

四、临时工程计划

临时工程计划包括：生产生活房屋、便道、水电、小型临时设施、仓库、堆场等内容。编制时应注明工程名称、设置地点、单位、总数量、分月或分季的数量等内容。

五、工程量完成计划

在有特殊要求的施工组织设计中,工程量完成计划可以完成投资图表来表达,还可以将完成的工程量编制成图表来表达,均能体现施工计划的优劣性。如果计划不合理,一眼就可以发现。这些计划,最好采用 Excel 制成柱状图或曲线图。

第五节　交通运输和临时工程

一、交通运输

在水运工程建设中,施工运输量大,强度高,受自然条件和施工条件等因素影响大。因此,正确解决施工运输,对保证工程顺利施工和节省工程投资具有重要意义。

在决定运输业务时,应解决以下几个问题:

1. 货运量的确定

一般用式(2-10-4)计算货运量:

$$q_i = \frac{\sum(Q_i \times L_i)}{T} \times K \tag{2-10-4}$$

式中:q_i——日货运量(t·km/d);

Q_i——各种物资的年度需用量或整个工程的物资用量;

L_i——各类材料由发货地到储存地的运输距离;

T——货物所需的运输天数;

K——运输工作不均衡系数,铁路运输采用1.5,公路运输采用1.2。

2. 运输方式的选择和运输线路的布置

施工运输分为外部运输和内容运输两种。外部运输是指从外地运到工地的运输。内部运输是指在工地范围内,将材料、构件、设备等运到建筑安装地点的运输。

运输方式的选择,取决于货运量大小、要求的运输能力、运距、货物性质及地形等因素。

外部运输方式,基本上取决于施工地区原有的交通运输条件、运输量、运输强度和大重型机械的情况等因素。最常见的运输方式有铁路运输、公路运输和水路运输。对于大型工程,在货流量较大且条件有利的地方,可铺设专用铁路通到工地。对于拟建的港口码头工程设计中需要有永久性铁路线的可提前修建,以供施工期使用,可降低整个工程的施工费用。当货运量不太大时,多采用公路汽车运输。另外,水运工程多处沿海或河道两岸,在有良好水运条件的情况下,采用运费低、运输量大的水运方式是适宜的。有些预制构件(如钢筋混凝土预制桩、大中型方块,扶壁等)由于尺寸大重量大,若采用铁路或公路往往无法运输,只有靠水路才能运往施工现场。

内部运输也是施工组织总体布置的主要组织部分。工地的内部运输线路常见的有:①弃土及石碴运输线路;②混凝土骨料运送线路;③水泥及混凝土运送线路;④钢筋、模板、混凝土构件、机械设备等运输线路;⑤施工人员的交通道路;⑥其他线路。内部运输的方式也是多种多样的,常见的有铁路(宽、窄轨)、公路、绞车道、皮带机等。在布置内部运输线路时应注意利用现有运输线路或将来要建设的永久性道路;要考虑到工地布置将随工程进度而变化,能长期使用;力求运距最短,总运输量最小;充分考虑连通沿岸的交通问题和符合安全规定。

3. 运输工具数量的确定

运输工具的数量可用式(2-10-5)进行计算:

$$m = \frac{Q \times K_1}{q \times T \times n \times K_2} \tag{2-10-5}$$

式中:m——运输工具数量;

Q——全年(或全季)最大运输量(t);

K_1——货物运输不均衡系数,场外运输一般采用1.2,场内运输一般采用1.1。

q——运输工具台班产量(根据运距按定额确定)(t/台班);

T——全年(或全季)的工作天数(d);

n——日工作班制数;

K_2——运输工具供应系数,一般用0.9。

二、临时设施

在工程开工前准备工作中,就应着重解决仓库、料场、工地加工场地、施工用水用电、通信设施等问题。

1. 工地加工场地

工地加工厂地有混凝土搅拌站、钢筋加工厂地、模板加工厂地、混凝土预制场地等。工地临时加工、预制场地的施工组织设计的任务是确定建筑面积和结构型式。加工厂(站、场)的建筑面积通常参照有关资料或根据施工单位的经验确定,也可以按公式计算。

混凝土工厂应该距浇筑地点越近越好,以缩短混凝土的运输距离。对于大型混凝土搅拌楼,过近会妨碍进出料的线路布置,引起运输干扰,一般在300~700m之间为宜;对于小型拌和站,因运输量小,可离浇筑地点近些。骨料堆放场、水泥仓库应靠近混凝土拌和站布置。

钢筋加工厂需要面积较大,宜布置在来料处,如设在码头、车站或公路近旁,按加工流水线逐渐向需用地点靠近。

因现在的模板多用钢模板,木模板已极少用,钢模板只需运到工地现场进行拼装,故只要能有拼装模板的位置即可。

随着水运工程建筑物装配化程度提高,方块、沉箱、梁、板等构件日趋大型化,这给运输带来诸多不便,在工地设置混凝土预制厂的情况很多,通常水运工程建设的混凝土预制品厂都布置在靠近现场的沿岸地段,并有足够的面积和一定的高度(洪水期不会被淹)。

2. 临时仓库

为了保存和调剂工程施工所需的各种物资、器材和设备,必须组织好仓库业务。

按存放物资的不同,仓库有露天(堆场)敞棚式和库房式几种。凡不怕风吹雨淋的材料,如砂石均可置于露天式仓库即露天堆场;钢筋、钢材、模板等宜放入敞棚式仓库;水泥、五金、电气等宜放放库房内;易燃品、危险品应设专门仓库,根据专门的规定作特殊保管。

按照用途和布置方式不同,仓库可分为中心仓库、现场仓库、专用仓库、转运仓库等。

仓库设计的任务是确定材料储备量和仓库面积、仓库的布置。

(1)确定仓库内物资储备量。仓库内物资储备量一方面要考虑保证正常施工的需要,另一方面又不宜储存过多,以免加大仓库面积,造成积压浪费。通常,仓库内物资储存量应根据现场情况、供应情况和运输条件来确定。对场地窄小、运输方便的现场可少储存些材料;对供应不易保证、运输困难、受季节影响大的材料可多储存些。

常用材料,如砂、石、水泥、钢材、木材等的储备量计算见式(2-10-6):

$$q = \frac{Q \times t}{T} \times K \tag{2-10-6}$$

式中:q——材料储备量(m^3 或 t);

Q——计划期内材料需用量(m^3 或 t);

t——材料材料的储存天数(d);

K——材料使用不均匀系数,取 1.5~2.0;

T——计划期的工作天数(d)。

(2)仓库面积计算。一般的仓库面积计算见式(2-10-7):

$$F = \frac{q}{p \times k} \tag{2-10-7}$$

式中:F——仓库总面积(包括通道及管理用房所占面积)(m^2);

q——材料储备量(m^3 或 t),由式(2-10-6)计算;

p——每平方米仓库面积能存放的材料数量(m^3/m^2 或 t/m^2);

K——仓库面积利用系数(考虑人行道和车道所占面积),一般为 0.35~0.9。

特殊材料,如爆炸品、易燃或易腐蚀品的仓库面积,按有关安全要求确定。

(3)仓库的布置。仓库的布置应尽量靠近物资需用地点,同时也应考虑仓库的运输线路、仓库型式、装卸方式等因素。尤其是笨重的构件和大宗消耗的材料应减少转运。布置仓库时还应考虑安全防火要求。

3. 临时用房

工地临时用房大致可分为:

(1)行政办公用房,如工区办公室、会议室等。

(2)居住用房,如工人宿舍、家属宿舍等。

(3)文化教育用房,如俱乐部等。

(4)生活福利用房,如医务室、商店、食堂、浴室、厕所等。

此类临时建筑的建筑面积主要取决于建筑工地的人数,包括职工和家属人数,建筑面积按式(2-10-8)计算:

$$S = N \times P \tag{2-10-8}$$

式中:S——建筑面积(m^2);

N——工地人数;

P——建筑面积指标(m^2/人),见表 2-10-4。

临时房屋建筑面积指标　　　　　　　表 2-10-4

序号	项目名称	面积定额（m²/人）	指标使用方法
1	办公室	3~4	按使用人数
2	单层通铺宿舍	2.5~3.0	按高峰年（季）平均人数
3	单层床宿舍	3.5~4.0	按工地住宿实有人数
4	双层床宿舍	2.0~2.5	按工地住宿实有人数
5	食堂	0.5~0.8	按高峰年平均人数
6	食堂兼礼堂	0.6~0.9	按高峰年平均人数
7	医务室、招待所	0.05~0.07	包括家属招待所
8	浴室	0.07~0.1	按高峰年平均人数
9	理发室	0.01~0.03	按高峰年平均人数
10	会议室、文娱室	0.1	按高峰年平均人数
11	商店	0.03	按高峰年平均人数
12	其他公用设施	0.05~0.1	按高峰年平均人数
13	厕所	0.02~0.07	按工地平均人数
14	锅炉房	10~40	总面积

4. 工地临时用水、用电

（1）供水。在河道上修建水运工程，不缺乏水源，只要水质满足要求，施工临时供水是容易解决的。但是，对于沿海筑港工程，往往因缺乏淡水供应，可能直接影响生产和生活。因此，寻找合适的水源，对沿海水运工程的施工就显得特别重要。总之，施工临时供水是保证施工顺利进行所必不可少的一项工作，必须切实做好。

工地临时供水的任务，在于保证生产、生活和消防三部分用水。设计临时供水时要解决几个主要问题：①确定用水量和用水地点，②规定水的质量要求和水源选择，③设计临时供水管线系统。

①用水量计算。施工期间的工地供水量包括：工程施工用水（q_1）、施工机械用水（q_2）、施工现场生活用水（q_3）、生活区生活用水（q_4）和消防用水（q_5）五个方面的需用量，总用水量为以上五个方面的用水量总和，还应增加10%，以补偿不可避免的漏水损失。

②水质和水源。生活用水，特别是饮用水质量要求较高，需要经过化验，必要时，要作净化处理。生产和消防用水对水质要求较低，但对水质也有一定的要求。施工用水可用天然水源，如河水、地下水等，也可直接用城镇公用供水设施。

选择水源时，应考虑水量充沛可靠、水质符合规定、与农业水利综合利用、取水输水安全经济、施工和运输管理方便等因素。

③供水管线系统设计。临时供水系统的设计应解决蓄水池的容积、管径选择和管网布置、水泵扬程等问题。供水系统由取水设施、净水设施、储水构造物、输水管网几部分组成。

取水设施由取水口、进水管及水泵站组成，取水口距河底（或井底）不得小于0.25~0.9m，距冰层下部边缘的距离也不得小于0.25m。水泵要有足够的抽水能力和扬程。

当水泵不能连续工作时,应设置储水构造物,其容量以每小时消防用水量确定,一般不小于 $10\sim 20\mathrm{m}^3$。

输水管网应合理布局,干管一般为钢管或铸铁管,支管为钢管。输水管的直径必须满足输水量的需要。

(2)供电。工地用电可分为动力用电和照明用电两类。它要解决以下几个问题:①确定变压器;②选择电源;③输电网路的布置。

①总用电量计算

②选择电源及确定变压器。无论由当地电网供电还是在工地设临时电站解决供电,或者各供给一部分,选择电源都应在考虑以下因素后,根据工程具体情况经过比较确定。

一般选择电源都首先考虑将附近的高压电通过工地的变压器引入。

③选择导线截面。合理的导线截面应满足三个方面的要求:首先要有足够的机械强度,即在各种不同的敷设方式下,确保导线不致因一般机械损伤而折断;其次应满足通过一定的电流强度,即导线必须能承受负载电流长时间通过所引起的温度升高;第三是导线上引起的电压降必须限制在容许限度之内。按这三项要求,选其截面最大者。

④配电线路布置。线路宜架设在道路的一侧,并尽可能选择平坦路线。线路距建筑物的水平距离应大于 1.5m。在 380/220V 低压线路中,木杆间距为 $25\sim 40\mathrm{m}$。分支线及引入线均应从电杆处接出。

临时布线一般都用架空线,因为架空线工程简单、经济、便于检修。电杆及线路的交叉跨越要符合有关输变电规范。配电箱要设置在便于操作的地方,并有防雨、防晒设施。各种施工用电机具必须单机单闸,绝不可一闸多用。闸刀的容量按最高负荷选用。

第六节 施工总平面布置图

施工总平面布置的任务是解决施工场区的平面和空间组织问题,是施工场区在施工期间的空间规划。它根据场区的地形地貌、枢纽布置和各项临时设施布置的要求,研究施工场地的分期、分区布置方案,对施工期间所需的交通运输设施、施工附属企业、仓库房屋、动力、给排水管线等作出合理规划布置,为保证施工安全、工程质量、加快施工进度和降低工程造价创造环境条件。

总平面布置图应尽可能表达需要表达的内容,这是一张包含信息量最大的图形,可以用不同的颜色、线条、图例表达不同的布置。一般要求有施工队伍及驻地,施工场地的位置,编号,大小临时工程的位置及布置,重点工程的位置及标志,工程轮廓及走向等信息。总之施工总平面布置图,要尽量表达多的内容,并配以必要的说明和表格,能够让人看得明白。

一、施工总平面布置图的设计原则

施工平面布置受一系列因素的综合影响,如:水运工程枢纽的组成和布置,施工地区的地形、地质、水文和气象等自然条件、交通运输条件及当地的社会经济状况,施工程序和施工进度安排,施工方法和施工工艺的要求,安全和环保要求等。因此,在绘制施工总平面布置图时,应因地制宜,一般应遵循的原则有以下几点:

(1)为主体工程施工服务的临时设施的布置,应保证不因工程进展造成相互干扰而阻碍工程施工的顺利进行。施工区域的划分应符合施工流程,尽量减少专业工种和各工程之间的相互干扰。

(2)保证施工现场的内部运输与运输费用最小。尽量减少场内运输距离,避免二次搬运,以减少运输费用,并使运输方便通畅。

(3)尽量减少临时设施的工程数量。充分利用已有或拟建的永久性建筑物、构筑物和原有各种管线。

(4)尽量减少占地面积,不占或少占农田或损害青苗。

(5)确保施工安全和环保。

二、施工总平面布置图设计的依据

(1)各种设计资料和建设地区的自然、经济条件,包括施工地区的地形地貌、水文、地质、气象等资料;当地社会经济状况、水电供应情况、运输条件;项目范围内有关的一切已有的和拟建的各种建筑物和设施位置。

(2)施工进度计划、项目概况、施工部署和主要施工方案。

(3)各种建筑材料、构件、半成品、施工机械和仪器需要量计划和运输方式。

(4)各类临时设施的性质、形式、面积和尺寸。

(5)工程平面图。

三、施工总平面布置图的设计步骤

施工总平面布置图的设计步骤为:收集和分析基本资料→对现场布置作出总规划→布置交通路线、仓库、各项临时建筑物和其他动力设施→调整、修正、确定合理的布置方案→编制正式的施工总平面布置图。

1. 收集和分析基本资料

基本资料包括:施工地区的地形图,拟建项目的布置图,施工地区的建设规划,工地对外交通运输设施(如铁路、公路、航运资料),施工现场附近居民点及工业企业的资料(如有无可利用的住房、当地建筑材料、建筑标准、水电供应、机械修理能力等),施工地区的自然条件(如工程地质、水文地质、气象、海象资料等),施工方法,进度安排等资料。这些资料不仅需要收集,还应坚持调查核对。

2. 对现场布置作出总规划

这是施工总平面布置中关键的一步,着重解决总体布置中的一些重大原则问题。如施工场地是一岸布置还是两岸布置,临时建筑物和临时设施是集中布置还是分散布置,施工现场内的主要交通干线如何布置,场内外交通如何均衡等。

3. 布置场内交通线路、仓库、各项临时建筑物和其他动力设施

在对现场布置作出总规划后,即可根据对外交通方式,依次布置各项临时设施。

如对外交通采用水路或标准铁路时,先确定码头或车站的位置,布置场内交通线路,然后再沿线布置施工附属企业、仓库、加工厂和搅拌站等有关设施,最后布置行政、文化、生活福利设施及水电和动力供应系统等。

如对外交通采用公路时,则可与场内交通联成一个系统,由此再确定附属企业及仓库、加工厂和搅拌站位置,最后布置行政、文化、生活福利设施及水电和动力供应系统等。

再根据布置要求和面积计算,将道路、仓库、加工厂、水电管网等临时设施和其他设施绘制到图纸上。施工队伍及现场项目部的驻地位置也必须在总施工平面图中示出。

4. 调整、修正、确定合理的布置方案

在完成各项临时建筑物和施工设施布置后,应对整个总体布置进行协调修正,最后提出几个可能的布置方案进行比较,确定合理的布置方案。所谓合理的布置方案,一般从各项物资的运输工作量或总运费、临时建筑物数量或工程造价、占地面积、有利生产、便于管理和生活的程度等方面确定。

5. 编制正式的施工总平面布置图

根据选定的布置方案,在施工地区地形图上绘制施工总平面布置图。图幅大小和绘图比例应根据工地大小及布置内容多少来确定。图幅一般可选用 1～2 号图纸,比例一般采用 1:1000、1:2000 或根据实际情况选用。

施工总平面图除了要反映现场的布置内容外,还要反映周围环境和面貌(已有建筑物、场外道路等),应将现场测量的场内外已有房屋、构筑物、道路、拟建工程等,按正确的比例绘制在图纸上。

第七节 各种保证措施

在实施性施工组织设计中,各种保证措施可以延续竞标性施工组织设计中相应的措施方案,如有更正和补充,则需要根据工程的具体特点,做有针对性的细化。各种保证措施中包括进度与工期保证措施、安全保证措施、质量保证措施、环境保护措施、文明施工措施等。

保证措施是施工方案的重要补充内容,尽管施工方法和工艺就是实现工程目标的主要措施,但是单独有针对性的保证措施,更为直接地表达了施工组织者的有关设想和规划。在保证措施这一部分里,主要是质量保证措施和安全保证措施,需要重点叙述,其他如工期保证措施、环境保护措施、文明施工措施,也是必不可少的内容。

一、进度与工期保证措施

根据合同的要求,结合本工程的特点及施工单位的实际设备、人员等情况,作出施工进度计划。如何使施工进度计划在施工中得以实施,就需要在各个方面、各个环节都有严格的保证措施。在施工中可以采取组织上、计划上、资源上等措施。

在组织上,可根据施工需要组织充足的精干人员,调集精良设备投入到本工程项目之中,加强施工现场的协调和指导。定岗、定人、授权,各负其责。及时协调各施工队之间的生产关系,合理调配设备、物资和人力,及时解决施工生产中出现的问题,并积极参与协调好工程施工外部的关系。建立奖罚严明的经济责任制,提前完成任务的重奖,未能按时完成任务的重罚,多次完成任务不力者调离岗位,以激发广大职工的工作热情和创造性,提高劳动效率,确保工期的实现。

二、安全生产措施

首先,应确定安全生产目标和安全防范要点。其次,应建立安全生产体系,加强安全生产教育,制定和落实安全生产制度、安全技术措施制度、安全交底制度、安全检查制度、事故分析和报告制度、安全管理考核办法。

三、质量保证措施

工程质量的优劣,直接关系到国民经济全局的发展,关系到人民生活的稳定,关系到现代化的建设。因此,在施工中应注意施工质量,牢固树立"百年大计、质量第一"的思想。

在施工中,质量与进度的关系是经常遇到的问题,它们既是对立的又是统一的,当进度特别快时,质量往往难以保证。当坚持高质量时,成本会有所上升。必须处理好质量、进度、成本之间的关系。

在制定施工组织设计时,保证与提高工程质量的措施主要有以下几个方面:

(1)认真复核设计图纸,吃透设计意图,做好逐级技术交底工作。

(2)建立各级质量检验检查制度,如:施工单位自检、监理检查、专业检测机构检测等。建立试验室,充实试验人员,认真做好原材料、配构件和设备的检验工作。

(3)严格执行国家施工验收规范和有关操作规程。

(4)及时填报各项工程验收报表,特别是隐蔽工程的验收;建立技术档案,保存原始资料。

(5)保持机械设备的良好状态。

(6)做好质量事故的分析,找出产品质量缺陷的原因,采取预防措施。

四、环境保护措施

生态环境保护和水土保持,是保证环境资源持续发展和有效利用的根本。在施工过程中,要严格按照《中华人民共和国环境保护法》、《中华人民共和国水土保持法》、《ISO 14000 环境管理体系》认证和当地有关环境保护及环卫管理的规定,依据有关要求,建立管理体系,积极维护当地自然环境和居民清洁适宜的生活、劳动环境,最大限度地减少施工对自然生态的破坏,保护环境。

应建立相应的组织机构,制定水环境保护措施,注意工程废料和建筑垃圾的处理;古建筑物及文物保护;野生动物、名贵珍稀树种及绿色植被的保护;噪声、粉尘控制;耕地保护措施;环境污染的防治。如:合理设计开挖回填方案,采取保护措施最大限度地保护施工工域内外的树木、植被,采取措施处理裸露工作面,以免引起塌方或滑坡,防止水土流失。

五、文明施工措施

文明措施有以下几个方面:

(1)加强文明施工宣传力度,对全体施工人员进行文明施工,遵纪守法教育,创造团结、进取、友爱的共事环境。

(2)做好施工沿线的宣传工作,取得沿线工厂、群众及过往车辆的支持和配合。

(3)施工路段两端设立大型醒目的施工标志牌,做到挂牌施工。公布建设单位、监理单位、施工单位名称,施工单位项目经理、技术负责人名单,工程规模、开竣工日期以及监督电话等。

(4)重点施工地段,混凝土构件预制场,路面混合料拌和场以及施工队,工区驻地均应设置鲜明醒目的施工宣传标语及树立施工企业形象的宣传标志、设宣传栏,对工程进展情况及好人、好事进行宣传报道。

(5)搞好施工现场的管理工作,做到清洁东西堆放整齐,一目了然。

(6)工地参加劳动人员,按不同工种、不同岗位发放劳动保护用品,并做到上岗前检查。

(7)班组长以上人员及安全监督员、质检员均应佩戴岗位证,实行挂牌上班。

(8)搞好与当地群众的团结和友好关系,防止施工队伍与当地民众发生纠葛,有事必须通过单位,有领导、有组织地解决,避免因个人的不适当行为和言论而扩大事态。

(9)外地民工进入工地务工,需向当地劳动力管理部门办理有关手续,经批准后录用。

(10)搞好施工组织项目的社会治安综合治理,对赌博、迷信、打架、偷盗等不法行为进行防范和管理。若发生上述事件,通过当地治安管理机构处理。

第八节　施工组织设计编制方法与技巧

一、实施性施工组织设计结构层次规划与要求

前面列出施工组织设计的基本内容,如何将这些内容与具体的工程项目结合起来,链条就是我们要阐述的结构与层次。其作用就是将所要表达的内容放进一个合理框架内,让阅读人易于接受和理解。

结构的本义是指一种转换体系,在这里应该是指将施工组织设计编制者的想法转换到阅读者的头脑里这一过程中的传递形式和表达方法。比如工期用总工期计划表和分解的分部分项工期计划表来表达;平面布置用总布置图和重点工程布置图来表达;码头施工方法用基础、下部结构、上部结构、后方陆域及更细一层次的内容来表达。

目录是体现结构与层次的主要形式,在施工组织设计的组织里,目录还是明确分工的依据,是一项十分重要的工作。在工作中目录的确定一般由几个关键人员,根据有关要求编制。在这里要强调的是,分工用的目录的层次可以到二级标题(章下边的节),但作为指导性、控制性的目录,必须要明确到三级标题(章节下边的目),四级以下的标题,一般由执笔人拟定,最底级的标题不要超过六级,否则会太乱、太繁。

标题的称谓一般有如下习惯:

一级标题(称为章)

二级标题(称为节)

三级标题(称为目)

四级标题(称为条)

五级标题(称为点)

六级标题(称为小点)

除了目录层次有上述的要求,在文档中对基本内容阐述层次也有要求。一般分解到两到

三个层次上为好。比如工期劳动力和施工方法的层次，一般要分解到三个层次，临时工程和平面布置要分解到两个层次。

结构与层次的规划要与施工组织设计的类型相匹配。对于竞标性施工组织设计，层次不宜太少，结构的先后次序和重点尤为重要；对于实施性施工组织设计，层次必须足够，结构的内容必须齐全并要达到足够的深度。

规划时，要根据工程项目的大小分别来对待。如果工程项目不大，采用图2-10-3的示例一，如果工程项目复杂，采用图2-10-4的示例二。

| 一、编制说明 |
| 二、总体施工方案 |
| 三、路基施工方法与工艺 |
| 四、桥涵施工方法与工艺 |
| 五、隧道施工方法与工艺 |
| 六、施工进度计划 |
| 七、资源安排计划 |
| 八、质量保证措施 |
| 九、工期保证措施 |
| 十、安全保证措施 |
| 十一、环境保护措施 |

图2-10-3　实例一

| 一、编制说明 |
| 二、总体施工方案概述 |
| 三、码头施工方案与施工方法 |
| 　1. 码头工程简况 |
| 　2. 码头施工组织 |
| 　3. 码头施工方法与工艺 |
| 　4. 码头施工布置 |
| 　5. 技术措施 |
| 四、引桥施工方案与施工方法 |
| 五、后方陆域施工方案与施工方法 |

图2-10-4　实例二

这两个示例不同是因为要充分考虑阅读者的承受能力。而有些工程要根据具体情况来组织文档的结构，特别是业主有特殊的顺序和内容要求，编制时既要与业主的要求相吻合，又要符合基本的文档结构要求。

二、施工组织设计的基本表达形式

施工组织设计从表达形式上分为表格法、文字法和视图法三种；从表达结构上分为罗列法和综合罗列法两种；从表达思路上分为概述法和分解法两种。

1. 文字描述方法

文字是传达信息的最基本最广泛的手段，任何复杂事件的表述都可以用文字，但是文字的弊端是不直观，人们在阅读时，若需要将文字转换成空间事件就会觉得非常累。这就需要编制人员恰到好处地综合运用文字和其他方法来表达信息。

2. 表格方法

对数量属性重要的项目，比如工程数量、机械数量和运输距离等内容的介绍或叙述，一定要用表格。需要强调的是对于序数关系，有对比性的关系也可以采取表格的形式来表达。

3. 曲线图与柱状图方法

曲线图和柱状图，适合于以时间为基本因素，资源数量随时间变化的场合，更适合于表达资源数量间的变化程度，非常直观。

4. 视图方法

视图是表述空间关系的最好方法,在体现位置关系、里程关系,平面的、立体的关系时都可以采用。目前,复杂的图形均用 Auto CAD 软件绘制,简单的视图可以用 Word 中的绘图板绘制。

5. 罗列方法

罗列也是文字叙述形式的主要方法。当需要叙述的对象所包含的内容或叙述的项目由单元组成时,最合适表达方法就是采用罗列方法。如果叙述的内容较大、较为复杂时,则可以采取综合罗列方法。

6. 解析方法

解析方法是描述复杂事物的基本方法,在描述对象时,当感觉到没有内容可写,就采取这个方法。比如,在写场地布置时,可以将施工场地分成 1 号、2 号、3 号……场地,然后写 1 号场地怎么布置,2 号场地怎么布置;在写劳力组织时,可以写总人数是多少人,分多少个施工队,每个施工队由几个工班组成,每个工班有多少个钢筋工、多少个安装工……如此类推,在编制施工组织设计时,就显得非常生动。

7. 概述方法

与解析方法相反的一种方法就是概述方法。叙述总体施工方案、关键施工技术方案等内容,就需要采用概述方法,从宏观上表达编制者的设想和考虑。

第九节 施工组织设计案例

下面,以 2008 年 3 月,某交通码头搬迁工程施工组织设计为例,展示一个具体的施工组织设计,具体见附录二。

本 章 小 结

1. 施工组织设计按工程不同阶段分为:施工组织规划设计、施工组织修正规划设计、指导性施工组织设计、实施性施工组织设计。按编制对象范围不同的分为:施工组织总设计、单位工程施工组织设计、分部分项工程施工组织设计三种。

2. 施工组织设计的内容一般包括综合说明、总体施工方案、主要施工方法与工艺、施工计划、保证措施五个部分,每个部分里又包含多项内容。

3. 施工组织设计的编制程序为:分析设计资料,计算工程量,确定施工方案和施工方法,编制工程进度计划,计算人工、材料、施工机具需要量,制定供应计划,制定施工现场需要的水电、道路、仓库、供热、住房等临时工程计划,设计施工平面布置图,编制说明书等。

4. 总体施工方案主要是反映施工组织设计的组织方案与技术方案,具体有工程任务分解,施工队伍组织,临时工程布置与准备,施工顺序与衔接,关键技术方案、资源配置方案设计等内容。施工方案的优劣在很大程度上决定了施工组织设计的质量和施工任务完成的好坏。

5. 施工进度计划按内容范围和管理层次可分为总进度计划和单项工程进度计划两种。

6. 施工进度计划的编制步骤有:研究设计资料、分析施工条件;划分施工项目;确定施工方案和方法;计算工程量、计算劳动量;计算各施工过程的施工天数;安排施工顺序,确定开工时间;编制施工进度计划的初始方案;检查与调整施工进度计划的初始方案,形成最后的进度计划。

7.施工计划包括工期进行计划、劳力计划、机械设备计划、测量试验仪器计划、工程材料计划、用水、用电、用地计划,应根据工程实际情况进行编制。

8.施工总平面布置是施工场区在施工期间的空间规划。它根据场区的地形地貌、枢纽布置和各项临时设施布置的要求,研究施工场地的分期、分区布置方案,对施工期间所需的交通运输设施、施工附属企业、仓库房屋、动力、给排水管线等作出合理规划布置,为保证施工安全、工程质量、加快施工进度和降低工程造价创造环境条件。总平面布置图应尽可能表达需要表达的内容,可以用不同的颜色、线条、图例表达不同的布置。一般要求有施工队伍及驻地,施工场地的位置、编号、大小临时工程的位置及布置,重点工程的位置及标志、工程轮廓及走向等内容。

9.施工总平面布置图的设计步骤为:收集和分析基本资料→对现场布置作出总规划→布置交通路线、仓库、各项临时建筑物和其他动力设施→调整、修正、确定合理的布置方案→编制正式的施工总平面布置图。

10.施工组织设计各种保证措施包括:进度与工期保证措施、安全保证措施、质量保证措施、环境保护措施、文明施工措施等。保证措施是施工方案的重要补充内容。

思 考 题

1.施工组织设计根据不同的依据可分为哪几类?
2.施工组织设计的作用有哪些?
3.施工组织设计包括哪些内容?
4.施工组织设计的编制原则有哪些?
5.试述施工组织设计文件的编制程序。
6.施工进度计划可分为哪几种类?
7.施工进度计划的表现形式有哪些?
8.施工进度计划的主要编制步骤有哪些?
9.施工组织设计的临时设施设计包括哪些内容?
10.施工平面图包括哪些主要内容?其主要设计步骤有哪些?
11.施工组织设计的保证措施主要有哪些?

附　　录

附录一

岩 石 分 级 表

岩石级别	岩石名称	实体岩石自然湿度时的平均重度（kg/m³）	净钻时间（min/m） 用30mm合金钻头,凿岩机打眼（工作气压为4.5气压）	净钻时间（min/m） 用30mm淬火钻头,凿岩机打眼（工作气压为4.5气压）	净钻时间（min/m） 用25mm钻杆人工单人打眼	极限抗压强度（MPa）	强度系数（f）
V	1. 砂藻土及软的白垩岩 2. 硬的石炭纪的粘土 3. 胶结不紧的砾岩 4. 各种不坚实的页岩	1500 1950 1900~2200 2000	—	3.5以下	30以下	20以下	1.5~2
VI	1. 软的,有孔隙的、节理多的、石灰岩及贝壳石灰岩 2. 密实的白垩 3. 中等坚实的页岩 4. 中等坚实的泥灰岩	1200 2600 2700 2300	—	4 (3.5~4.5)	45 (30~60)	20~40	2~4
VII	1. 水成岩卵石经石灰质胶结而成的砾岩 2. 风化的节理多的粘土质砂岩 3. 坚硬的泥质页岩 4. 坚实的泥灰岩	2200 2200 2800 2500	—	8 (4.5~7)	78 (61~95)	40~60	4~6
VIII	1. 角砾状花岗岩 2. 泥灰质石灰岩 3. 粗土质砂岩 4. 云母页岩及砂质页岩 5. 硬石膏	2300 2300 2200 2300 2900	6.8(5.7~7.7)	8.5 (7.1~10)	115(96~135)	60~80	6~8
IX	1. 软的风化较甚的花岗岩、片麻岩及正长岩 2. 滑石质的蛇纹岩 3. 密实的石灰岩 4. 水成岩卵石经硅质胶结的砾岩 5. 砂岩 6. 砂质石灰质的页岩	2500 2400 2500 2500 2500 2500	8.5 (8.8~9.2)	11.5 (10.1~13)	157 (136~175)	80~100	8~10
X	1. 白云岩 2. 坚实的石灰岩 3. 大理岩 4. 石灰质胶结的质密的砂岩 5. 坚硬的砂质页岩	2700 2700 2700 2600 2600	10 (9.3~10.8)	15 (13.1~17)	195 (176~215)	100~120	10~12

续上表

岩石级别	岩石名称	实体岩石自然湿度时的平均重度（kg/m³）	净钻时间(min/m)			极限抗压强度（MPa）	强度系数（f）
			用30mm合金钻头,凿岩机打眼（工作气压为4.5气压）	用30mm淬火钻头,凿岩机打眼（工作气压为4.5气压）	用25mm钻杆人工单人打眼		
XI	1. 粗粒花岗岩 2. 特别坚实的白云岩 3. 蛇纹岩 4. 火成岩卵石经石灰质胶结的砾石 5. 石灰质胶结的坚实的砂岩 6. 粗粒正长岩	2800 2900 2600 2800 2700 2700	11.2 (10.9~11.5)	18.5 (17.1~20)	240 (216~260)	120~140	12~14
XII	1. 有风化痕迹的安山岩及玄武岩 2. 片麻岩、粗面岩 3. 特别坚实的石灰岩 4. 火成岩卵石经硅质胶结的砾岩	2700 2600 2900 2600	12.2 (11.6~13.3)	22 (20.1~25)	290 (261~320)	140~160	14~16
XIII	1. 中粒花岗岩 2. 坚实的片麻岩 3. 辉绿岩 4. 玢岩 5. 坚实的粗面岩 6. 中粒正长岩	3100 2800 2700 2500 2800 2800	14.1 (13.4~14.8)	27.5 (25.1~30)	360 (321~400)	160~180	16~18
XIV	1. 特别坚实的细粒花岗岩 2. 花岗片麻岩 3. 闪长岩 4. 最坚实的石灰岩 5. 坚实的玢岩	3300 2900 2900 3100 2700	15.5 (14.9~18.2)	32.5 (30.1~40)	—	1800~2000	18~20
XV	1. 安山岩、玄武岩、坚实角闪岩 2. 最坚实的辉绿岩及闪长岩 3. 坚实的辉长岩及石英岩	3100 2900 2800	20 (18.3~24)	46 (40.1~60)	—	2000~2500	20~25
XVI	1. 钙钠长石质橄榄石质玄武岩 2. 特别坚实的辉长岩、辉绿岩石英岩及玢岩	3300 3000	24以上	60以上	—	2500以上	25以上

附录二

××交通码头搬迁工程
施工组织设计

编制：_____
审核：_____
批准：_____

二〇〇八年三月五日

（注：因篇幅所限，故本施工组织设计内容有所省略，但目录没有省略）

目　录

1　编制依据
　1.1　编制依据
　1.2　施工规范及验收标准
2　概述
　2.1　工程概况
　　2.1.1　工程位置
　　2.1.2　工程建设规模
　　2.1.3　工程主要特征
　　2.1.4　业主对工期要求
　　2.1.5　业主对工程质量要求
　2.2　自然条件
　　2.2.1　地理位置
　　2.2.2　气象
　　2.2.3　水文
　　2.2.4　地形与地貌
　　2.2.5　地质条件
　　2.2.6　地震
　2.3　现场施工条件
　　2.3.1　现场施工场地与道路条件
　　2.3.2　沉箱预制场地
　　2.3.3　施工用水与用电
　　2.3.4　材料供应条件
　　2.3.5　交通条件
　　2.3.6　通信条件
　2.4　主要工程数量
3　项目管理方针、目标及指标
　3.1　对业主的承诺
　　3.1.1　对工程进度的承诺
　　3.1.2　对工程质量的承诺
　3.2　管理方针
　3.3　项目管理目标及指标
　　3.3.1　工期目标

3.3.2 质量目标
3.3.3 安全目标
3.3.4 环境保护、水土保持目标
3.3.5 文明施工目标

4 施工总体部署
4.1 施工总体思路
 4.1.1 本工程的施工重点与难点
 4.1.2 总体施工思路
4.2 施工组织协调
4.3 施工总平面布置及临时设施
 4.3.1 施工总平面布置思路
 4.3.2 施工现场临建方案
4.4 资源配置及进度计划
 4.4.1 项目管理组织机构
 4.4.2 管理体系图
 4.4.3 职能分配及职责
 4.4.4 各类人员配备表
 4.4.5 主要船机设备配备及需求计划
 4.4.6 主要材料使用及供应计划
 4.4.7 成品、半成品加工及需求计划
 4.4.8 劳动力需求计划

5 主要工程项目施工工艺和方法
5.1 施工测量
 5.1.1 概述
 5.1.2 平面测量控制
 5.1.3 高程控制
 5.1.4 水下地形及断面测量
 5.1.5 码头工程的平面测量控制
 5.1.6 施工过程中的测量控制
 5.1.7 测量人员、仪器配备及管理
5.2 工程检测
 5.2.1 检测机构
 5.2.2 检测项目
 5.2.3 检测仪器
 5.2.4 检测工作制度
5.3 主要施工工艺流程与施工顺序
 5.3.1 主要施工工艺流程
 5.3.2 施工时机与施工顺序

5.3.3 进场后施工准备
5.4 疏浚工程
　5.4.1 概述
　5.4.2 主要施工工艺流程(图 5-4)
　5.4.3 港池及航道疏浚
　5.4.4 码头及护岸疏浚
5.5 重件码头工程
　5.5.1 基床抛石夯实整平
　5.5.2 沉箱预制
　5.5.3 沉箱水上安装
　5.5.4 抛石基床前后侧回填
　5.5.5 沉箱内回填施工
　5.5.6 沉箱间及沉箱后侧回填
　5.5.7 现浇沉箱顶部胸墙
　5.5.8 码头前沿回填开山石及护底抛石
　5.5.9 码头面层施工
　5.5.10 码头配筋混凝土面层
　5.5.11 主要附属设施施工
5.6 厂前区护岸工程
　5.6.1 施工顺序及主要施工方法
　5.6.2 回填开山石
　5.6.3 块石垫层、块石棱体及基础块石
　5.6.4 栅栏板预制及吊装
　5.6.5 陆域回填山皮土
　5.6.6 护岸预防冲刷路面
　5.6.7 混凝土安全防护栏
　5.6.8 扭王字块拆除及安装
　5.6.9 护岸施工主要设备
5.7 重件道路工程
　5.7.1 施工顺序
　5.7.2 地基处理
　5.7.3 场地平整碾压
　5.7.4 级配碎石底基层
　5.7.5 水泥稳定碎石基层施工
　5.7.6 道路配筋混凝土面层
　5.7.7 标线
5.8 供电照明工程
　5.8.1 电缆敷设前的施工

5.8.2 电缆敷设方法
5.8.3 电缆头的制作安装
5.8.4 防雷接地施工
5.8.5 电气设备的安装及箱内接线
5.9 给排水及消防工程
5.10 导航工程
5.10.1 灯浮标
5.10.2 灯桩

6 施工进度计划及保证措施
6.1 施工进度计划
6.1.1 施工总工期
6.1.2 合同关键日期变化比较
6.1.3 施工进度安排说明
6.1.4 进度计划横道图
6.1.5 人员配置表
6.1.6 船机设备配置表
6.2 工期保证措施
6.2.1 设备保证
6.2.2 人员保证
6.2.3 物资供应保证
6.2.4 组织保证
6.2.5 加强对项目部的计划管理力度
6.2.6 关键线路上主要工程项目的进度保证措施

7 施工质量控制
7.1 单位、分部、分项工程划分
7.1.1 单位工程的划分(表7-1)
7.1.2 分部与分项工程的划分(表7-2～表7-8)
7.2 材料进场验收
7.2.1 验收程序
7.2.2 材料检测
7.3 单位、分部、分项工程验收
7.4 不合格品、不符合项控制
7.5 质量保证体系及保证措施
7.5.1 质量管理体系
7.5.2 质量保证模式
7.5.3 质量责任
7.5.4 质量保证措施
7.6 关键工序、特殊工序施工控制

7.6.1 施工过程的质量控制
7.6.2 施工期间对隐蔽工程的质量保证措施
7.7 确保工程质量的计量管理
8 环境保护
  8.1 概述
  8.2 重要环境因素控制
    8.2.1 弃渣的处理
    8.2.2 污水及垃圾处理
    8.2.3 施工废气控制
    8.2.4 施工噪声控制
    8.2.5 施工环境卫生的管理
    8.2.6 对水环境的保护
  8.3 重要环境因素清单
  8.4 环境管理方案与应急响应预案
    8.4.1 概述
    8.4.2 项目部环境管理保证体系
    8.4.3 环境管理职责
    8.4.4 环境管理控制要求
    8.4.5 环境管理方案
9 职业安全健康管理
  9.1 职业健康与安全管理组织机构(图9-1)
  9.2 安全生产检查及安全保证措施
    9.2.1 安全生产检查程序
    9.2.2 安全生产检查制度
    9.2.3 安全保证措施
    9.2.4 施工用电管理
    9.2.5 消防安全管理
    9.2.6 防暴雨等灾害天气安全措施
    9.2.7 安全警卫措施
    9.2.8 专项施工安全技术措施
    9.2.9 施工火源控制
    9.2.10 危险化学品的安全控制
  9.3 安全应急响应措施
    9.3.1 医疗保障
    9.3.2 治安处理措施
    9.3.3 消防事故处理措施
    9.3.4 停电处理措施
  9.4 雨季、高温季节及防台施工措施

9.4.1 施工准备
9.4.2 雨季施工措施
9.4.3 高温季节施工措施
9.4.4 防台施工措施

10 文明施工
10.1 文明施工管理目标
10.2 管理机构及管理流程
  10.2.1 管理机构
  10.2.2 管理控制流程图
10.3 现场管理原则
  10.3.1 进行动态管理
  10.3.2 建立岗位责任制
10.4 文明施工措施
  10.4.1 现场场容管理方面的措施
  10.4.2 现场机械管理方面的措施
  10.4.3 现场生活卫生管理的措施
  10.4.4 施工现场文明施工措施
  10.4.5 防火要求
  10.4.6 治安要求

1 编制依据

1.1 编制依据

(1)××建设有限公司提供的《××交通码头搬迁工程》施工招标文件;
(2)××勘察设计院提供的《××交通码头搬迁工程》设计图纸(施工阶段);
(3)国家现行的建筑设计规范、施工规范及验收标准;
(4)××省建委颁发的有关建筑施工规程、质量、安全、文明施工等相关文件;
(5)××勘察设计院提供的《××交通码头搬迁工程》地质资料;
(6)××航道局《质量管理办法》、《ISO 9000 质量体系》、《ISO 14000 环境管理体系》和《OHSAS 18000 职业安全与健康管理体系》;
(7)××航道局《工程技术管理办法》;
(8)××航道局《施工现场管理考评考核标准》;
(9)交通部颁《水运工程综合预算定额》;
(10)交通部颁(84)交基字 2509 号《水运工程混凝土和水泥砂浆材料用量定额》;
(11)××交通码头搬迁工程施工合同、设计文件、核电程序文件。

……

2 概述

2.1 工程概况

2.1.1 工程位置

××交通码头搬迁工程拟建于××村与××村之间,西南向为××岛,东南向与××岛隔海相望,相距约 12.964km。

2.1.2 工程建设规模

2.1.2.1 工程概述

新建 300 吨级重力式码头一座,码头 40m×10m,引堤(防波堤)306m×6m。码头面高程+8.6m(××市理论最低潮位,下同)。码头两侧靠泊水域宽度 18.4m,前沿设计标高为−2.0m;岸侧停泊水域宽度 11m,前沿设计底标高为−1.5m。海侧回旋水域按照 2 倍 300 吨级船舶船长设计为 70m,岸侧回旋水域按照 2 倍 50 吨级船舶船长设计为 48m,底标高均为−1.2m。航道按照 300 吨级杂货船乘潮考虑,航道有效宽度 40m,设计底标高−1.2m。以及码头相配套的供电、给排水等。

2.1.2.2 工程范围

××交通码头搬迁工程的范围是指码头搬迁工程,包括其引堤(防波堤)、码头及配套的供电、给排水、进港航道及港池及回旋水域疏浚等工程。××交通码头搬迁工程的工作内容主要有:基床开挖、回填基床、引堤(防波堤)和码头后方的陆域,预制、安装沉箱和现浇混凝土墙、柱和混凝土面板、面层等设施,购买并安装码头相关附属设施等。

……

2.1.2.4 工程特点和难点

××交通码头搬迁工程的主要特点是:工期紧,分部分项工程多,混凝土预制构件数量较多,特别是抛石数量大,石料二次装船无专用作业码头,水上抛石施工受石料装卸作业及厂平工程进度所制约,现场作业条件复杂,容易产生交叉干扰……

2.1.3 工程主要特征

2.1.3.1 码头

尺寸为 40m×10m,拟采用不带卸荷板的重力式沉箱结构,码头顶面高程+8.60m,码头前沿泥面标高-2.00m(远期为-4.00m)。持力层为残积土,基床厚度2.6m,基床顶标高-6.4m,基床抛填10～100kg 块石,标准沉箱尺寸为长8.00m、底宽11.40m、高9.4m,单件沉箱重约584t,箱内回填中粗砂,沉箱顶标高为3.0m,沉箱顶面以上采用现浇混凝土胸墙结构。相邻沉箱采用平接接头。

2.1.3.2 引堤(防波堤)

尺寸为306m×6m,拟采用二级抛石斜坡堤结构,引堤面高程为+8.60m,近岸 60m 高程由+8.60抬升至+11.60m。堤身第一级采用800mm 厚(二层)、100～200 抛填块石作为护面,坡度1:3,设置5m宽肩台,第一层块石棱体顶面标高为+5.6m;堤身第二级采用300mm厚(一层)干砌块石作为护面,坡度1:2,设置300mm 碎石垫层;堤脚设1000mm 厚60～100kg 护底块石。堤心采用10～100kg堤心石。堤顶为现浇混凝土面层,厚250mm,300mm 厚碎石垫层。抛石均采用陆上抛填。

码头与引堤交角为136.6°,引堤与已建大堤交角为103.3°。

2.1.3.3 西护岸

西护岸总长398.86m。

2.1.3.4 港池及航道疏浚

港池(业主暂定施工范围)为圆形回旋水域,直径为310m,港池设计底标高-9.0m;各单元土层自上而下主要由淤泥性土层、砂性土层、残积土、全风化花岗岩、强风化花岗岩和中风化花岗岩等组成;疏浚土按弃土处理,弃土运距27km(规划抛泥区中心点:东经112°9′、北纬21°29′,半径1000m)。

2.1.4 业主对工期要求

招标文件要求本工程开工日期以监理工程师签发的开工令为准,沉箱在2009年1月9日前完成。开工日期为2008年9月8日,完工日期为2009年9月9日,总合同工期为210个日历天。

2.1.5 业主对工程质量要求

招标文件要求本工程质量等级为合格。

……

2.4 主要工程数量

主要工程数量见表2-1。

主要工程数量表　　　　　表2-1

序号	分部分项名称	单　位	合同工程量
一	港池及航道挖泥		
1	港池水下挖泥(水深20m 内),土类:Ⅰ,外海抛泥,运距:1km 以内	m³	277800
2	外海抛泥增加运距	m³·km	277800×27
3	航道水下挖泥(水深20m 内),土类:Ⅰ,外海抛泥,运距:1km 以内	m³	92420
4	外海抛泥增加运距	m³·km	92420×27
二	5千吨重件码头		
1	水下挖泥(水深20m 内),土类:Ⅰ,外海抛泥,运距:1km 以内	m³	107193
2	外海抛泥(每增运1km)	m³·km	107193×27

续上表

序号	分部分项名称	单位	合同工程量
3	水下挖泥(水深20m内),土类:Ⅱ,外海抛泥,运距:1km以内	m³	28494
4	外海抛泥,(每增加1km)	m³·km	28494×27
5	码头基床抛石(水深15m内),夯实,整形,运距:1km以内	m³	52437
6	沉箱预制方形,200方内/个 C40	m³	5325
7	沉箱水垫运移,500t内/件	个	29
8	沉箱储存,200方内/个	个	15
9	沉箱装船运输安装,200方内/个	个	29
10	构筑物内抛填开山石(0~100kg),驳船装运抛	m³	15977
11	构筑物内抛填二片石(规格),驳船装运抛	m³	726
12	陆上现浇混凝土L形胸墙,(无管沟),C40	m³	4189
13	陆上现浇混凝土护轮坎,C40	m³	22
14	陆上直接来料铺筑码头棱体块石	m³	5955
15	码头棱体抛石,驳船装抛运	m³	47322
16	预制栅栏板,5方内/块,C40	m³	256
17	栅栏板堆放,5方内/块	m³	256
18	水上安装栅栏板,10t内/块	块	100
19	码头前回填开山石(不计石价),驳船装运抛	m³	9558
20	100~150kg护底块石,驳船装运抛	m³	2239
21	沉箱间碎石倒滤层,驳船装运抛	m³	1488
22	陆上现浇混凝土面层(厚度35cm),C35	m³	4536
23	铺筑水泥稳定碎石(水泥:碎石=6:94),压实厚度:25cm	m²	11340
24	铺筑碾压碎石垫层30cm	m³	3402
25	陆上安装系船柱(系船柱能力550kN)	个	8
26	现浇混凝土磨耗层,C15	m³	1237
27	陆上安装橡胶护舷,DA-A500H×1500L	套	63
28	陆上安装橡胶护舷,D300×360×1500	套	81
29	陆上安装橡胶护舷梯,SA200H×L1800mm	套	6
30	购置橡胶护舷 DA-A500H×1500L	套	63
31	购置橡胶护舷 D300×360×1500	套	81
32	购置橡胶护舷梯 SA200H×1800L	套	6
三	厂前区护岸 L=608.86m(略)		
四	重件道路(略)		
五	供电照明工程(略)		
六	给排水及消防工程(略)		
七	导航工程(略)		

3 项目管理方针、目标及指标

3.1 对业主的承诺

本工程在正式开工后的<u>365日历天</u>内完成全部施工内容。保证工程质量达到<u>合格标准</u>,

向业主提供满意的服务;如达不到合格标准,除按规定进行返工、返工费用自行承担外,同意按合同条款接受业主的经济处罚。

……

3.2 管理方针

诚信守法,科学管理,精心施工,顾客满意,以人为本,预防为主,保护环境,追求卓越。

3.3 项目管理目标及指标

开工日期为2007年11月29日,完工日期为2008年11月28日,总工期为365日历天。工程质量达到合格标准。杜绝安全特别重大、重大、大事故,防止一般事故的发生。重大死亡责任事故为0;死亡率:0;重伤率:0;重大机损责任事故为0。

施工过程中制定完善的环保、水保措施,废水、弃渣、泥浆以及工程垃圾按规定排放、处理,确保工程所处的环境及沿线水域不受污染和破坏。根据我局施工现场管理考评标准,创建一级文明施工现场。

……

4 施工总体部署

4.1 施工总体思路

4.1.1 本工程的施工重点与难点

4.1.1.1 本工程施工重点

(1)沉箱预制场的建设及沉箱的预制、安装。

(2)护岸抛石、码头基槽抛石夯实整平。

4.1.1.2 本工程施工难点

(1)周边环境受限制较多、施工组织协调难度大。

(2)工期非常紧张,且开工不久就是春节,不利于劳动力的组织。

(3)沉箱的预制、安装跨过台风期,对施工安全、质量影响因素多。

(4)施工现场需要协调的内容多,对核电管理模式不熟悉。

……

4.1.2 总体施工思路

结合本工程施工特点、现场施工条件以及业主对合同工期的要求,特拟定"抓紧落实各项施工前准备工作,水陆并举,以尽早解决现场施工组织协调问题为突破口,以疏浚工程、沉箱预制为抓手,确保节点工期、水下安装、抛石与夯实为重点;施工中真正做到技术超前,在合同工期内优质、安全、高效完成本合同工程"的总体施工思路。

……

4.3 施工总平面布置及临时设施

根据现场实际情况,为确保工程顺利进展,本工程施工总平面布置有:现场道路、施工现场用水与用电、职工住宿条件、沉箱预制场、栅栏板预制场、模板加工区、钢筋加工区、混凝土搅拌站、现场办公室及实验室、其他设施等几个方面,具体计算过程省略。布置图见图4-1、图4-2、图4-3。

……

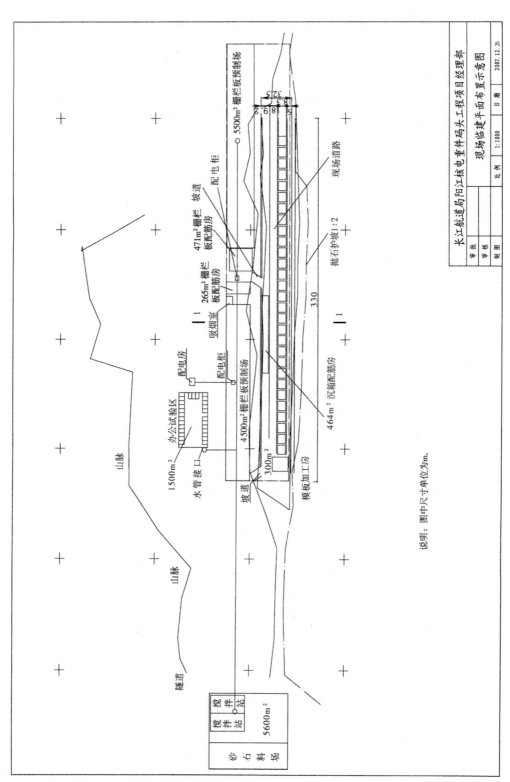

说明：图中尺寸单位为m。

图 4-1 阳江核电重件码头工程现场临建平面布置示意图

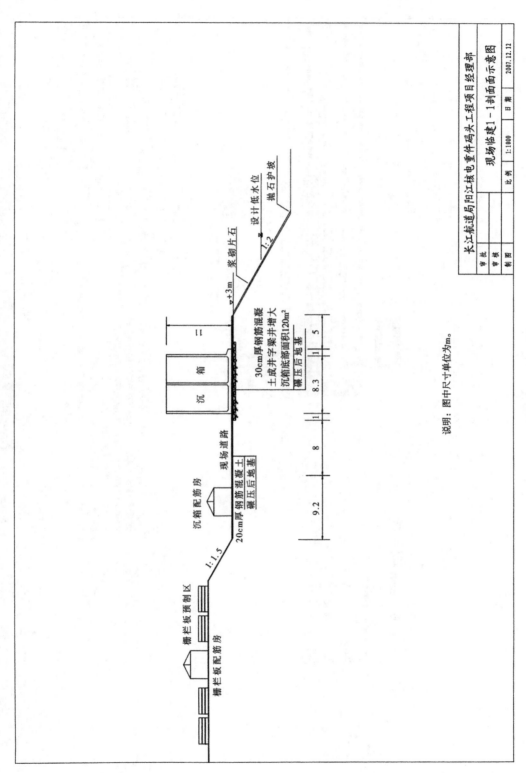

图 4-2 现场临建 1-1 剖面示意图

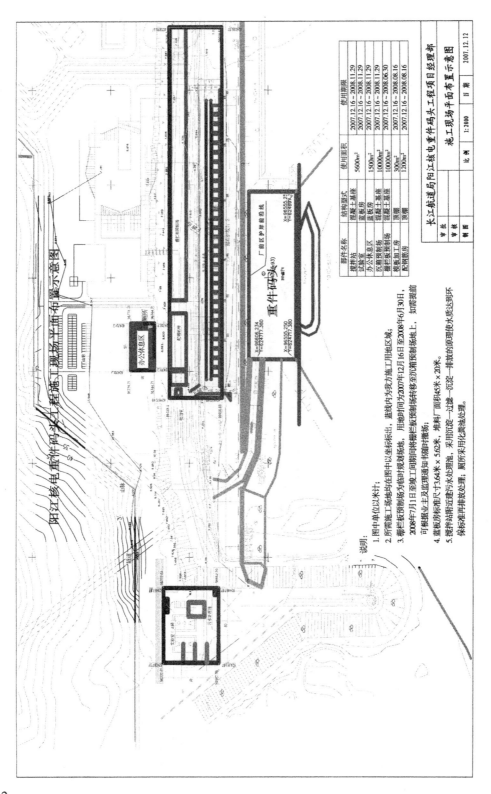

图 4-3 施工总平面布置图

4.4 资源配置及进度计划

......

根据本工程施工特点，拟成立水上工区与陆上工区共两个工区。施工管理组织机构见图4-4。参加本项目施工的人员大多参与过类似重力式码头工程的建设，具有较为丰富的同类工程施工经验。

......

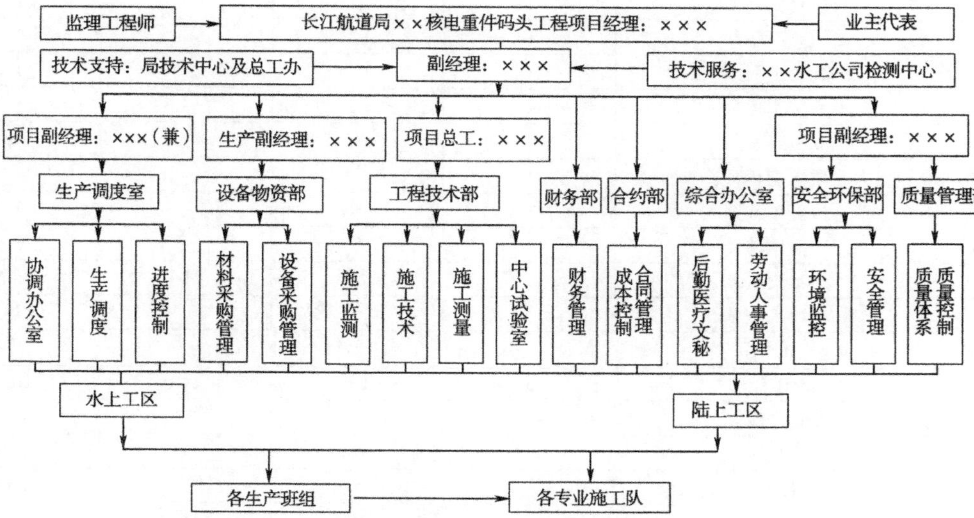

图4-4 ××航道局××核电重件码头工程总体施工管理组织机构图

4.4.2 管理体系图

为确保本施工项目实现的全过程按照一体化要求有效运行，项目部设置一体化管理办公室，由项目总工分管一体化管理工作，负责项目部一体化管理体系的建立和运行。其中：工程技术部负责质量、施工现场环境运行控制和服务的管理；综合部负责办公区域环境运行控制和服务的管理，负责治安综合治理工作；设备物资部与质量安全环保部负责项目部职业病的管理及职业安全健康运行控制和服务的管理。其管理过程见图4-5。

......

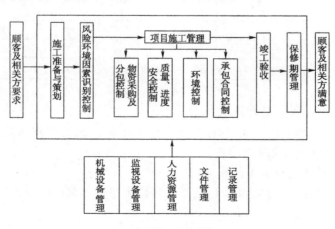

图4-5 一体化管理体系图

4.4.4 各类人员配备表(表4-1)。

各类人员配备表 表4-1

序号	工种	人数(人)			
		项目部	水上工段	陆上工段	合计
一	管理人员	13	3	3	19
1	项目经理	1			1
2	项目副经理	2			2
3	总工程师	1			1
4	副总工程师	1			1
5	水工工程师	1			1
6	测量工程师	1			1
7	质检工程师	1			1
8	试验工程师	1			1
9	专职质检员	1	1	1	3
10	治安员	1	2	2	6
11	材料工程师	1			1
		……			
二	技术工人	3	63	140	206
1	钢筋工		10	30	40
2	模板工		10	50	60
3	混凝土工		5	20	25
4	测量工		10	5	15
5	起重工		2	6	8
6	机修工		2	3	5
7	电焊工		8	12	20
8	电工	1	2	2	5
9	潜水工		10		10
10	使用工	2	4	12	18
		……			
三	普工		30	50	80
		……			
Σ	总计	16	96	193	305
制表:		审核:		日期:	
备注:表中人员尚不包括船员、专业作业队伍及临时外协人员等					

制表:　　　　　　　　　　审核:　　　　　　　　　　日期:

4.4.5 主要船机设备配备及需求计划

拟投入本工程的主要船机设备进场与使用计划表见表4-2,拟投入本工程的主要测量与试验设备及质检仪器使用计划见表4-3。

4.4.6 主要材料使用及供应计划

主要工程材料需用量总表见表4-4,施工材料需用量计划表(略)。

……

4.4.8 劳动力需求计划(见表4-5、图4-6)

附录二 ××交通码头搬迁工程施工组织设计

拟投入本工程的主要船机设备进场与使用计划表

表 4-2

序号	设备名称	型号规格	功率(kW)容量(m³)吨位(t)	单位	数量	2007年 11月	2007年 12月	2008年 1月	2月	3月	4月	5月	6月	7月	8月	9月	10月	11月	12月
1	起重船	抓斗式	500t	艘	1	1													
2	挖泥船	自航式	13m³	艘	1		1	1								1	1		
3	开底泥驳	自航式	1500m³	艘	2		1									1	1		
4	拖轮	自航式	900HP	艘	1		1									1	1		
5	抛锚艇	自航式	150HP	艘	1								1	1					
6	抛石民船	自航式	60～100t	艘	6					6	6	6	6	6					
7	抛石船	自航开底式	500m³	艘	5			5	5										
8	夯实船	方驳改装	400t	艘	1				1	1	1	1							
9	交通船	自航式	30～50t	艘	3		1	1	1	1	1	1	1	1	1	1	1		
10	普通挖掘机	PC-200	1.2m³	台	1		1												
11	推土机	TY-220	162kW	台	1			1	1	1	1	1	1	1	1	1	1	1	1
12	振动压路机	YZ-18	138kW	台	1			1	1	1	1	1	1	1	1	1	1	1	1
13	混凝土拖泵	"三一"型	60m³/h	台	1			1	1	1	1	1	1	1	1	1	1	1	1
14	混凝土搅拌站	1000	50m³/h	台	1														
15	混凝土搅拌站	750	35m³/h	台	1														
16	装载机	ZL-50	155kW	台	1														
17	混凝土搅拌运输车	9m³		台	2			2	2	2	2	2	2	2	2	2	2		
18	汽车吊	25t	25t	台	2			1	1	1	1	1	1	1	1	1	1		
20	潜水设备	重潜		套	3			3	3	3	3	3	3	3	3				
21	潜水设备	轻潜		套	3			3	3	3	3	3	3	3	3				
22	交通车辆	小轿车	5座	台	2		2	2	2	2	2	2	2	2	2	2	2	2	
23	交通车辆	大客车	44座	台	1		1	1	1	1	1	1	1	1	1	1	1	1	

制表：   审核：   日期：

投入本工程的主要试验、检测设备明细表

表 4-3

序号	试验、检测设备名称	规格型号	产地	单位	数量 合计	自有	租赁	新购	完好程度	备注
一	主要试验设备									
1	液压式万能材料试验机	WE-600B	无锡	台				√		
2	液压式万能材料试验机	WE-1000B	无锡	台				√		
3	压力试验机	TYE-2000	浙江	台		√				
4	水泥抗折试验机	DKZ-5000	长春	台				√		
	……									
二	主要测量仪器									
1	GPS 定位系统	GPS6502MLRK	法国	套	1			√		
2	全站仪	TCA2003	日本	台	1			√		
3	电子水准仪	NA3003	瑞士	台	1			√		
4	测深仪	SSH 便携式	无锡	台	1			√		
5	对讲机		广州	部	5			√		

制表：　　　　　　审核：　　　　　　日期：

主要工程材料需求计划总表

表 4-4

序号	材料名称	材料规格	单位	数量	备注
1	钢筋	Ⅰ～Ⅱ级	t	2183	
2	水泥	Po. 42.5	t	8539	
3	水泥	Po. 32.5	t	5461	
4	碎石	1～3cm	m^3	48295	
5	砂	淡水砂	m^3	17500	
6	二片石	8～15cm	m^3	726	
7	块石	0～100kg	m^3	68414	业主免费提供
8	块石	100～150kg	m^3	38831	业主免费提供
9	块石	50～150kg	m^3	2008	业主免费提供
10	块石	300～800kg	m^3	700	业主免费提供
11	块石	500～800kg	m^3	6329	业主免费提供
12	块石	1.0～1.8t	m^3	970	业主免费提供
13	块石	3～5t	m^3	1061	业主免费提供
	……				

制表：　　　　　　审核：　　　　　　日期：

附录二 ××交通码头搬迁工程施工组织设计

主要劳动力进场与使用计划表　　　　　　　　　　　　　表 4-5

序号	工 种	数量	2007年	2008年											备注
			12月	1月	2月	3月	4月	5月	6月	7月	8月	9月	10月	11月	12月	
1	管理人员	4	4	4	4	4	4	4	4	4	4	4	4	4		
2	项目经理	1	1	1	1	1	1	1	1	1	1	1	1	1		
3	项目副经理	2	2	2	2	2	2	2	2	2	2	2	2	2		
4	总工程师	1	1	1	1	1	1	1	1	1	1	1	1	1		
	……															
14	技术工人	100	20	40	70	90	100	100	100	80	80	40	40	40		
15	钢筋工	40	10	20	20	40	40	40	40	20	20	20	20	20		
16	模板工	60	10	20	50	50	60	60	60	60	60	20	20	20		

制表：　　　　　　　　　　　　审核：　　　　　　　　　　　　日期：

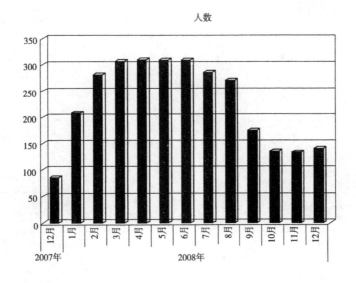

图 4-6　劳动力需用量计划柱状图

5　主要工程项目施工工艺和方法

……

5.3.1.1　总体施工工艺流程（图 5-1）。

5.3.1.2　疏浚工程施工工艺流程（图 5-2）。

5.3.1.3　基床施工工艺流程（图 5-3）。

217

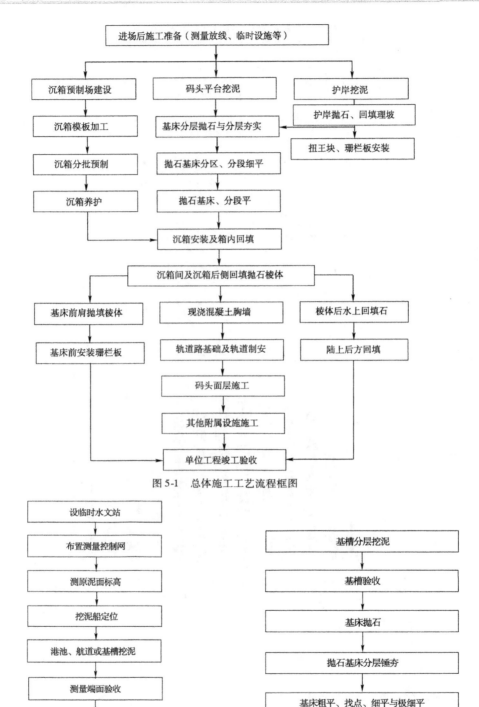

图 5-1　总体施工工艺流程框图

图 5-2　疏浚工程施工工艺流程框图　　图 5-3　抛石基床施工工艺流程框图

……

5.3.2 施工时机与施工顺序

5.3.2.1 施工时机

正式进场后首先进行各项现场准备工作及技术准备工作,包括:临时设施、沉箱预制场的设计与施工、布设测量控制网、落实材料的供应、组织与落实大型船机设备的调遣等。每个单位、分部与分项工程开工前均向监理工程师提交开工报告,确认各项准备工作就绪后方可开工。

5.3.2.2 施工顺序

(1)总体施工顺序。码头和护岸同时施工,采用平行流水作业,港池及航道挖泥待竣工前三个月开始,以便于在挖泥完成后能及时验收,避免回淤。

……

5.4 疏浚工程

5.4.1 概述

本工程港池、航道疏浚以及护岸、码头平台码头基槽开挖总工作量共约 51 万 m^3(其中基槽挖泥约 14 万 m^3、港池及航道挖泥约 37 万 m^3)。

……

(4)基槽开挖工程数量。基槽开挖总方量为 15.2 万 m^3,其中护岸基槽开挖约 16804m^3,码头平台开挖为 135687m^3。

(5)港池及航道疏浚。码头前沿停泊水域宽度为 65m,设计底标高为 -10.0m,回旋水域呈圆形布置。直径为 310m,设计底标高为 -9.0m。根据通航要求,本工程将开辟一条长约 880m,底宽 110m,边坡为 1:8,底标高 -9.0m 的航道,航道与港池总疏浚工程量约 37 万 m^3。

5.4.2 主要施工工艺流程(图 5-4)

5.4.3 港池及航道疏浚

(1)疏浚船舶选型及数量。码头前沿停泊水域宽度为 65m,设计底标高为 -10.0m,回旋水域呈圆形布置。直径为 310m,设计底标高为 -9.0m。根据通航要求,本工程将开辟一条长约 880m,底宽 110m,边坡为 1:8,底标高 -9.0m 的航道,航道与港池总疏浚工程量约 37 万 m^3。港池疏浚方量较少,选用 1 艘 8m^3 抓斗式挖泥船队进行港池的疏浚;辅助船舶包括:2 艘 2000m^3 自航式开底泥驳、1 艘 400HP 抛锚艇(公用船舶)、1 艘测量船及 1 艘交通船。

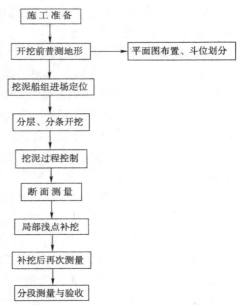

图 5-4 港池疏浚及基槽挖泥施工工艺流程框图

(2)施工时机。拟建码头区原泥面不高,低潮位水深较深,有利于船舶施工;故本工程进场后首先安排码头和护岸基槽的挖泥。由于一般港池及航道不单独提前验收,合同中又是一个暂定项目,故安排在 2008 年 8 月开始挖泥。同总工程一并验收。

……

(4)主要开挖方法:

①挖泥船定位:直接在挖泥船上配备 GPS 卫星定位系统,对挖泥平面位置进行控制。

②开挖方式:分段、分条、分层采取后退法开挖;分段长度以挖泥船抛锚一次的有效开挖长度来定,一般取 100m 为一段;分条宽度根据挖泥船性能确定,一般取 20m,分条之间必须重叠以免漏挖,叠合宽度不宜小于 2.0m;分层厚度取 1.5~2.0m 之间。

(5)港池及航道施工注意要点:

①加强施工船舶的现场组织与协调:由于港池作业水域相对比较狭窄,而且码头施工、水上抛石施工等与之前后进行,现场施工船舶较多,锚缆之间相互干扰无法避免,如不加强现场管理,既容易导致船舶安全事故,又影响挖泥施工工效;因此船舶的协调与调度显得非常重要,拟采取以下综合措施:

A. 现场设置一名船舶总调度。

B. 合理安排施工顺序,尽量减少交叉作业。

C. 统一采用高频联系(所选频道需经当地公安及港监部门批准)。

D. 所有船舶抛锚时必须系标识明显且易于区分的浮漂。

E. 加强对水上浮标与航标管理,浮标或航标上必须设置夜间照明装置。

②加强对施工现场的技术指导与监督:施工过程中,必须定期校核测量控制基线、水尺、设置在海上与岸侧的导标或浮漂,防止平面与高程控制系统出现偏差。

③加强过程监测:单项技术主管必须跟船作业,随时检测挖泥土质情况,并及时报告;此外,测量组必须安排专员跟船作业,配合陆上测量人员随时监测挖泥船的船位与开挖深度,避免超深和超宽超过规范要求。

(6)验收方式与验收标准:

①验收方式:采用带回声测深仪的自航式测量船全断面检测验收,并绘制符合疏浚工程规范的水下地形图作为竣工资料的重要组成部分。

②验收标准:港池及航道开挖执行《疏浚工程质量检验评定标准》(JTJ 324)。具体标准如下:港池中部水域内严禁出现浅点;港池边缘水域内,容许浅值为 0.3m,且浅点不得在同一断面或相邻断面的相同部位连续出现,容许浅点数不得超过所有测点数的 2%;允许超深:$\Delta h \leqslant 0.40m$;允许超宽:$\Delta b \leqslant 3.0m$。

(7)港池及航道疏浚进度计划安排:

①$8m^3$ 抓斗式挖泥船施工工效:一个 $8m^3$ 抓斗式挖泥船队(1 艘挖泥船、2 艘 $500m^3$ 开底泥驳),抛泥区按 27km 估算,平均开挖水深在 10m 左右,生产能力按 $400m^3/h$ 计算,每天工作时间按 16 小时考虑(上午 6:00~晚上 22:00),时间利用系数取 $\eta_1 = 80\%$;考虑自然条件、船舶检修、卸泥区运距、施工船舶交叉作业等综合因素影响的折减系数取 $\eta_2 = 85\%$,挖泥平均工效为:$V_0 = 400 \times 16 \times 80\% \times 85\% = 4352(m^3/d)$。

②港池及航道疏浚进度计划安排:根据上述工效分析,采用 1 艘 $8m^3$ 抓斗式挖泥船开挖内港池,平均工效可达到 $4352m^3/d$,而港池及航道挖泥总方量为 $370000m^3$ 左右,则港池及航道疏浚共需 85d,考虑 3d 验收,实际安排 88d,港池及航道开挖按从 2008 年 8 月 1 日开始计算,安排在 2008 年 10 月 28 日完成。

(8)进度计划保证措施:

①提前落实各项准备工作(包括办理挖泥相关手续、普测水下地形),以确保挖泥船舶进场后,能在最短的时间开始正式施工。

②合理安排、加强现场管理,对施工船舶统一调度,以提高施工效率,避免施工船舶之间的相互干扰。

③严格按合理的顺序进行港池及航道开挖,随时结合水位及水深调整开挖位置,以保证挖泥的连续进行。

④必要时采用"三班倒",延长作业时间,确保挖泥平均工效。

5.4.4 码头及护岸疏浚

5.4.4.1 施工总体安排

本工程基槽挖泥方量共约15.2万 m^3,原地面标高在 $-7.6 \sim -7.1m$ 之间,挖泥底高程在 $-17.8 \sim -12.04m$ 之间,边坡为1:5。为尽快为基床抛石提供作业面,加快施工进度,并考虑控制基槽超深和超宽,基槽挖泥施工采用 $8m^3$ 抓斗挖泥船施工,$2000m^3$ 自航开底式运泥船2艘装运到指定弃淤点抛泥。施工布置总流程图见图5-5。

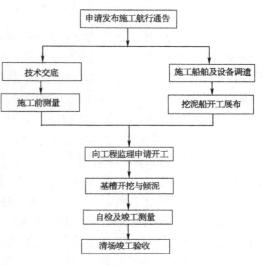

图5-5 施工布置总流程图

5.4.4.2 施工设备配备

本分项工程主要施工设备为 $8m^3$ 挖泥船为华铨38号,泥驳为华铨168、粤信和328,所有船机、测量及检测设备见表5-1。

船机、测量及检测设备表　　　表5-1

序号	种　类	型　号	数量	使用情况
1	挖泥船	华铨38号	1台	完好
2	泥驳	华铨168	1台	完好
3	泥驳	粤信和328	1台	完好
4	RTK	中海达 V8CORS	1套	全新
5	全站仪	COPCOM GTS-332	1台	完好
6	超声波测深仪	中海达 DH-27T	1台	全新
7	水准仪	AL8-32	1台	全新

5.4.4.3 施工工艺及方法

开挖施工采用分段、分条、分层开挖。基槽由西向东分段开挖,分段成形。开挖按2m进行分层,逐层开挖,每条按25m开挖,施工区分四条开挖,挖完一条,验收一条,合格后交下一工序抛石。为避免漏挖,抓斗挖泥船队分条施工时,条与条之间要有1~2m的重叠区斗与斗之间亦要重叠,以避免漏挖。具体施工工艺流程见图5-6。

5.4.4.4 疏浚施工控制

(1)平面控制。施工过程中对挖泥船的控制主要利用船载 DGPS 控制船位,挖泥作业时均安装 DGPS 定位仪,并与安装有《水上疏浚导航》软件的计算机联合使用,从而测得准确的挖泥位置坐标,并通过计算机以图形的形式,实时显示出挖泥船在设计疏浚区的相对位置,施工精度可控制在 0.5m 以内,并且定期由测量队利用全站仪对 DGPS 的定位情况进行校核。

(2) 深度控制。通过挖泥船上配备的测深仪以及用测深砣进行深度控制,可知道实时的相对挖泥深度,控制超深不超过 0.3m。潮位的变化由值班船员通过临时水尺定期观测,通报施工船舶,挖泥操作员据此调整施工过程中挖泥船的定位和下斗深度。

(3) 扫浅控制。在扫浅控制阶段加密测量的次数和每次测量的测线,正确地反映线点的平面位置和高程,将浅区的坐标输入 GPS 定位系统,要求施工船舶的船长和当班驾驶员熟读测图并将浅区的相对当时环境选择好挖泥定位区域,并进行记录,以保证工程质量达到要求。

(4) 施工测量。根据本工程的施工特点和工期及作业需要,利用先进的施工测量仪器(如 RTK 系统)对工程施工的质量进行跟踪、检测,所有仪器均经检验合格后使用,确保了工程质量。

根据技术规格书的规定,施工过程测量图比为 1∶500,横断面间距为 5m,测点间距为 2m,测量范围扩大到边坡以外 20m。并根据施工需要进行加密测量。每次工程测量前,进行校核水尺零点。测深的同时定期观测水尺,读记至厘米。使用计算机和《水深测量计算机自动成图系统》软件采集外业数据及处理内业数据。

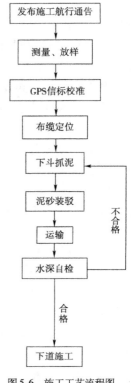

图 5-6 施工工艺流程图

5.4.4.5 施工方法

(1) 进点定位。挖泥船由拖轮拖带至施工区附近,即根据船上自有的 GPS(全球定位系统)进行定位,并根据施工现场设置的定位导标拖带至开挖起始点,到位后随即放下抓斗,定住船位;然后根据水流、风向情况,依次进行抛锚展布。

(2) 抛锚。挖泥船定位采用"五缆法"定位,用锚缆或带岸缆方法实施。定位时主缆用两根,前进缆一根,左右各一根边缆。根据施工需要进行定位,以便挖泥船可以前后左右移动(图 5-7)。

(3) 施工原理(略)。

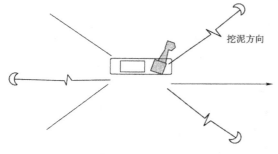

图 5-7 挖泥船"五缆法"定位示意图

(4) 挖泥方法。抓斗式挖泥船一般采用纵挖式施工。根据不同的施工条件,可分为顺流施工、逆流施工、分条施工、反段施工、分层施工等方法。根据本标段施工的特点,采用分段、分条、分层开挖的挖泥方法进行挖泥施工。

(5) 施工控制:

A. 挖泥船外挡的首尾锚在施工时一定要保持收紧状态,同时密切注意挖泥导标,防止船首向里或向外倾斜,防止漏挖;

B. 通过船首的水深测量装置和操纵台的深度指示器来控制挖深。施工中严格掌握水尺

和水位遥报仪的水位情况,及时调整挖深;

C. 及时掌握施工现场的回淤规律,控制超挖深度,留足施工备淤深度。

D. 抓斗挖土超过最大充泥量时,抓斗合口起吊时会有一部分泥土掉入已挖部位,造成回淤浅点,为此应增加抓斗重叠度,使充泥量适度;

E. 为防止前进方向上的漏挖,造成疏浚深度不足,一般取抓斗张开宽度的 0.6~0.7 倍为前进步距;

F. 在前移步进之前,必须检测实挖部位的水深,当深度满足设计要求时方可前移。

G. 挖泥施工中的边坡,采用阶梯型开挖,每个阶梯的高度为 0.5~1.0m,并掌握上欠下超。超欠面积比应大于 1.0,并在 1.5 以内。

(6) 测量控制。抓斗船施工的平面控制采用 GPS 全球定位系统和《挖泥船电子图形控制系统》,将施工区水域、地形和现侧的水深图数据及时输入计算机重,实时电脑屏幕显示并监测平面开挖位置;深度控制采用现场实施验潮和船舶定深控制系统,根据实际分层开挖深度和当时潮位控制船舶桥梁或下斗的下放深度来控制挖深。

在抓斗式挖泥船上配置 1 套 GPS 测量系统,GPS 接收机天线设置在船舯,用以控制船的姿态及抓斗准确位置,电脑显示器设置在操作室内,以便随时和直观的监控抓泥位置并方便指挥船舶的移位。

(7) 水尺设置。在岸边水位较深处设 1 个水尺,用于量测潮位标高,指导施工;船员定期观看水尺。

在完成"三检"后达到报验条件后,向监理工程师报验查 ETF 资料。

(8) 施工方法:

①挖泥船的粗定位。挖泥船由锚地驶入施工现场水域,利用事先设置的导标进行粗定位。在挖泥船操作室里的电脑显示屏上看到挖泥船进入拟施工区后,立即抛船首及船尾八字形缆系在已经设置的合适的系缆浮鼓上。

②挖泥船准确定位。挖泥船粗定位完成后,通过电脑显示屏,由操作手指挥,对挖泥船进行准确定位,把挖泥船准确定位在拟施工区的具体挖泥地点,并系紧各条缆绳,方可进行挖泥作业。

③挖泥施工定位。挖泥船驻位完成后,根据建立好的施工区域小网格,对挖泥船进行定位,每一抓的位置对应于每一小网格,按分区、按船位依次施工。一抓挖泥完成后,由船舶操作室内的操作手根据电脑屏幕显示对下一抓挖泥进行定位施工;每一船位(即挖泥船的一次驻位)挖泥完成后,由船舶操作室内的操作手根据电脑屏幕显示指挥移船,进行下一船位施工,依此类推。

④挖深控制。基槽挖泥采用分区分层开挖,根据不同的地质条件确定分层厚度。每区段的挖泥底标高不同,挖泥前做好各区域挖泥标高表格,交给各挖泥操作手,以便挖泥施工时的核对和控制。

⑤施工记录。挖泥施工前把建立好的总挖泥施工区域网格图和各区段挖泥网格图交给挖泥操作手,挖泥操作手必须随时在网格图上标明完成区域的位置等挖泥情况,在网格图上做好详细的施工记录,以便于每作业班交接作业和防止漏挖及重复施工。

(9) 施工测量:

①水深测量采用 DGPS 平面定位,回声测深仪结合测深水砣测水深,计算机处理数据,绘图机联机绘图。

②陆域测量使用全站仪定位,高程测量采用水准仪。

③抓斗船挖基槽时按规范和标准进行测量验收。采用的测量船由双频 GPS 全站仪与数字化自动回声测深系统结合,并采用软件实现高精度的数据同步,取 5m 一个断面、2m 一个点电脑自动绘制测量图。并辅助以测深水砣测量,

(10)质量检验标准。按设计要求和规范规定,及已批准的基槽挖泥 ETF 档案,挖泥质量检验标准和方法见表 5-2。

质量检验标准和方法表　　　　表 5-2

序号	项　　目	允许偏差(mm)	检验单元和数量	单元测点	检验方法
1	平均超深	500	每个断面(每 20m 一个断面)	1	用回声测深仪及测深水砣结合检查,5m 一个点,取平均值
2	每边平均超宽	3500		2	在全部断面图上量测,取各边平均值

……

6　施工进度计划及保证措施

6.1　施工进度计划

6.1.1　施工总工期

开工时间 2007 年 11 月 29 日,完工时间 2008 年 11 月 28 日,总工期为 365 个日历天。

6.1.2　合同关键日期变化比较

由于施工工艺发生变化,合同关键日期部分发生了变化,比较见表 6-1。

合同关键日期变化表　　　　表 6-1

序号	项　　目	施工合同关键日期	变　　化	备注
1	工程开工	2007 年 11 月 30 日	2007 年 11 月 29 日	
2	基槽挖泥开始	2007 年 12 月 31 日	2007 年 12 月 26 日	
3	码头沉箱混凝土浇筑开始	2008 年 2 月 15 日	2008 年 2 月 8 日	
4	码头第一个沉箱安装开始	2008 年 3 月 31 日	2008 年 5 月 25 日	
5	码头沉箱预制完成	2008 年 7 月 31 日	2008 年 6 月 6 日	
6	码头沉箱安装完成	2008 年 8 月 31 日	2008 年 7 月 5 日	
7	重件道路完工	2008 年 9 月 30 日	2008 年 11 月 17 日	
8	工程竣工	2008 年 11 月 30 日	2008 年 11 月 28 日	

……

6.1.4　进度计划横道图

××核电重件码头工程施工总进度计划见图 6-1。

……

6.2　工期保证措施

从设备保证(大型工程船舶、其他施工机械)、人员保证、物资供应保证、组织保证、加强对项目部的计划管理力度等几个方面进行。

……

附录二 ××交通码头搬迁工程施工组织设计

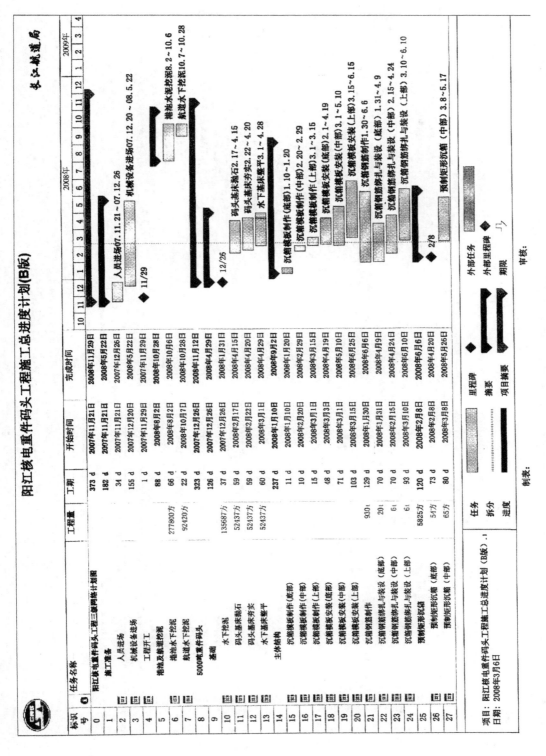

图 6-1

图 6-1

图 6-1

阳江核电重件码头工程施工总进度计划(B版)

长江航道局

标识号	任务名称	工程量	工期	开始时间	完成时间
93	3.0m以上垫层块石推填与理坡（西）	1615方	13 d	2008年7月20日	2008年8月1日
94	水上抛填100~150kg基础块石（东）	8459方	15 d	2008年4月18日	2008年5月2日
95	水上抛填100~150kg基础块石（西）	16917方	52 d	2008年4月20日	2008年6月10日
96	水上抛填500~800kg棱体块石（东）	2109方	41 d	2008年4月20日	2008年5月30日
97	水上抛填500~800kg棱体块石（西）	23266方	57 d	2008年4月22日	2008年6月17日
98	陆上推填倒滤层及回填开山土（东）	2151方	20 d	2008年8月11日	2008年8月30日
99	陆上推填倒滤层及回填开山土（西）	4301方	13 d	2008年7月25日	2008年8月6日
100	**护面**		**285 d**	**2008年1月20日**	**2008年10月30日**
101	栅栏板模板制作		30 d	2008年2月20日	2008年3月20日
102	栅栏板模板安装		150 d	2008年3月4日	2008年7月31日
103	栅栏板钢筋制作	686t	130 d	2008年3月1日	2008年7月8日
104	栅栏板钢筋绑扎与装设	686t	130 d	2008年3月2日	2008年7月9日
105	栅栏板预制	5629方	170 d	2008年3月5日	2008年8月21日
106	栅栏板安装	963块	113 d	2008年7月10日	2008年10月30日
107	栅栏板接缝现浇混凝土		30 d	2008年8月25日	2008年9月23日
108	16t扭王字块拆除	143块	12 d	2008年1月20日	2008年1月31日
109	16t扭王字块安装	130块	21 d	2008年7月30日	2008年8月19日
110	**上部结构**		**177 d**	**2008年5月25日**	**2008年11月17日**
111	安全护栏模板制作		15 d	2008年5月25日	2008年6月8日
112	安全护栏模板安装		30 d	2008年6月10日	2008年7月9日
113	安全护栏现浇砼	2053方	41 d	2008年6月26日	2008年8月5日
114	安全护栏砼垫层		15 d	2008年8月6日	2008年8月20日
115	50~150kg垫层块石	2008方	20 d	2008年8月21日	2008年9月9日
116	级配碎石底基层（碾压）	1494方	22 d	2008年8月16日	2008年9月6日
117	水泥稳定碎石基层	4876方	6 d	2008年9月7日	2008年9月12日
118	防冲刷路面模板制作		6 d	2008年8月20日	2008年8月25日
119	防冲刷路面模板安装		2 d	2008年9月4日	2008年9月5日
120	防冲刷路面现浇砼	1273方	17 d	2008年9月6日	2008年9月22日

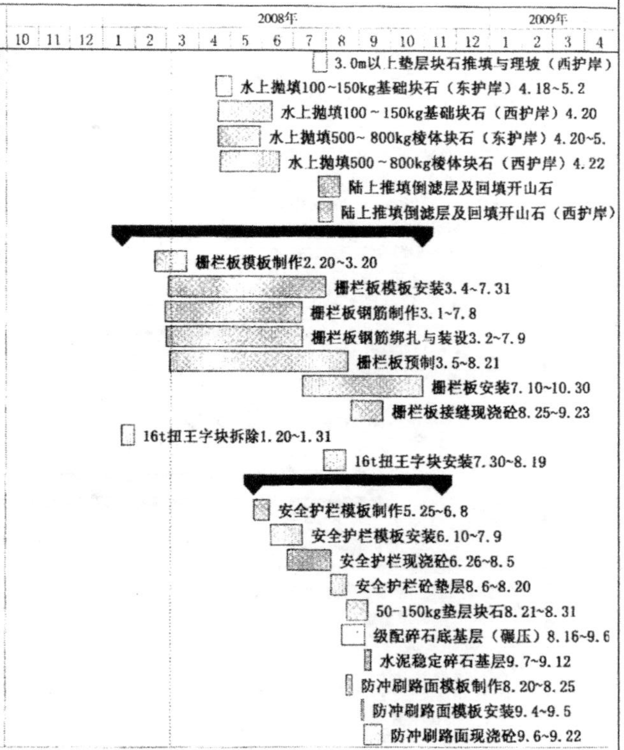

项目：阳江核电重件码头工程施工总进度计划（B版）.1
日期：2008年3月6日

任务		里程碑		外部任务	
拆分		摘要		外部里程碑	
进度		项目摘要		期限	

制表：　　　　审核：

图 6-1

附录二 ××交通码头搬迁工程施工组织设计

阳江核电重件码头工程施工总进度计划(B版)

长江航道局

标识号	任务名称	工程量	工期	开始时间	完成时间
121	重件道路工程		126 d	2008年7月15日	2008年11月17日
122	路基		47 d	2008年7月15日	2008年8月30日
123	开山石回填	32072方	12 d	2008年7月15日	2008年7月26日
124	强夯地基	2050方	15 d	2008年8月5日	2008年8月19日
125	地基普夯	2050方	10 d	2008年8月21日	2008年8月30日
126	垫层与面层		69 d	2008年9月10日	2008年11月17日
127	混凝土面层模板制作(6×8)		5 d	2008年9月30日	2008年10月4日
128	混凝土面层模板安装	93.6，	4 d	2008年10月25日	2008年10月28日
129	混凝土面层钢筋制作	93.6．	9 d	2008年10月1日	2008年10月9日
130	混凝土面层钢筋防腐扎与装设		10 d	2008年10月20日	2008年10月29日
131	混凝土面层现浇	1025方	21 d	2008年10月25日	2008年11月14日
132	混凝土面层伸缩缝		6 d	2008年11月10日	2008年11月15日
133	水泥稳定碎石基层	2050方	5 d	2008年10月24日	2008年10月28日
134	级配碎石底基层	615方	8 d	2008年10月16日	2008年10月23日
135	填料回填碾压(石渣)	820方	3 d	2008年9月10日	2008年9月12日
136	混凝土垫层	42方	2 d	2008年9月13日	2008年9月14日
137	混凝土路肩石	282方	16 d	2008年10月24日	2008年11月8日
138	路面标线	340米	2 d	2008年11月16日	2008年11月17日
139	导航工程		33 d	2008年9月20日	2008年10月22日
140	水上标		33 d	2008年9月20日	2008年10月22日
141	灯浮标	4套	26 d	2008年9月20日	2008年10月15日
142	锚定沉块	4块	7 d	2008年10月16日	2008年10月22日
143	防波堤灯桩		13 d	2008年10月10日	2008年10月22日
144	灯柱基础	2座	5 d	2008年10月10日	2008年10月14日
145	航标灯	2套	8 d	2008年10月15日	2008年10月22日
146	竣工验收		12 d	2008年11月18日	2008年11月29日

项目：阳江核电重件码头工程施工总进度计划（B版）
日期：2008年3月6日

图 6-1 施工总进度计划

7 施工质量控制

7.1 单位、分部、分项工程划分

7.1.1 单位工程的划分（表7-1）

码头工程单位工程划分表　　　　　　　表7-1

序号	单位工程名称	备注	序号	单位工程名称	备注
1	港池及航道疏浚工程		5	供电照明工程	
2	5000t 重件码头工程		6	给排水及消防工程	
3	厂前区护岸工程		7	导航工程	
4	重件道路工程				

港池疏浚工程划分表　　　　　　　表7-2

序号	分部工程名称	分项工程名称	序号	分部工程名称	分项工程名称
1	港池疏浚	港池疏浚	2	航道疏浚	航道疏浚

7.1.2 分部与分项工程的划分（表7-2～表7-8）

5000t 重件码头工程分部、分项工程划分表　　　　　　　表7-3

序号	分部工程名称	分项工程名称
1	基础△	基槽开挖、基床抛石、基床夯实△、基床整平
2	墙身结构△	沉箱预制△、沉箱安装
3	上部结构	现浇混凝土胸墙△、沉降缝与伸缩缝
4	回填及面层	沉箱内回填块石、基床前肩回填块石、沉箱后抛石棱体、二片石垫层、沉箱后回填块石、护底块石、护面块石、碎石垫层、碎石道砟、水泥稳定碎石层、混凝土面层
5	码头附属	系船柱制作、系船柱安装、橡胶护舷安装、现浇护轮坎

厂前区护岸工程分部、分项工程划分表　　　　　　　表7-4

序号	分部工程名称	分项工程名称
1	基槽开挖	基槽开挖
2	堤身	压脚棱体抛石、垫层石抛石、倒滤层、护坦抛石、陆上现浇混凝土垫层、铺筑水泥稳定砂基层
3	护面	预制栅栏板△、安装栅栏板△、陆上现浇混凝土栅栏板接缝、水下拆除安装扭王字块
4	上部结构	陆上现浇混凝土 L 形胸墙
5	回填及面层	回填开山石、回填开山土、陆上现浇混凝土防冲刷路面、铺筑碾压碎石垫层、陆上现浇混凝土栅栏板接缝
6	附属设施	沟盖板安装、陆上现浇混凝土路灯基础

重件道路工程分部、分项工程划分表　　　　　表 7-5

序号	分部工程名称	分项工程名称
1	路基	回填开山石、压路机碾压填土、软基加固、场地上铺筑碾压碎石垫层、场地整平
2	垫层及基础 Δ	铺筑水泥稳定碎石、陆上现浇混凝土垫层
3	面层 Δ	陆上现浇混凝土面层 Δ、沥青橡胶、沥青实木板、钢筋网
4	附属设施	陆上现浇混凝土路肩石、画标线

供电照明工程分部、分项工程划分表　　　　　表 7-6

序号	分部工程名称	分项工程名称
1	基础	动力配电箱基础、岸电箱基础、12m 高路灯基础、25m 高高杆灯基础、电缆手孔井
2	设施	路灯及高杆灯基础钢筋预制安装、动力配电箱、岸电箱、高压路灯、高杆灯、低压电力电缆、接地干线/热镀锌扁钢、接地极/热镀锌扁钢、镀锌钢管

给排水及消防工程分部、分项工程划分表　　　　　表 7-7

序号	分部工程名称	分项工程名称
1	基础	阀门井、给水栓井
2	设施	钢丝网骨架塑料复合给水管、水龙带、室内消火栓、移动水表、弹性座封闸阀、PVC 排水管

导航工程分部、分项工程划分表　　　　　表 7-8

序号	分部工程名称	分项工程名称
1	水上标	深水新型灯浮标、航标灯、浮标锚链、灯架和望板、太阳能电源、沉块
2	防波堤灯桩	玻璃钢灯柱、航标灯、太阳能电源

在单位、分部、分项工程划分的基础上,建立 ETF 档案管理制度,纳入核电管理程序。
……

8 环境保护

8.1 概述

××核电重件码头工程中施工所产生的噪声及扬尘等环境污染,将不可避免的对周围环境造成一定影响。为了确保工程所在地区的环境得到有效保护,我们在施工过程中将严格执行国家和××省政府的环保政策、法规,以及业主对环境保护的专门要求,认真听取监理工程师、业主、政府环保部门的相关建议和意见,并接受其检查和监督。在建设施工的全过程中,实施全过程污染预防控制,尽可能地减少或防止不利的环境影响。
……

9 职业安全健康管理

9.1 职业健康与安全管理组织机构(图 9-1)

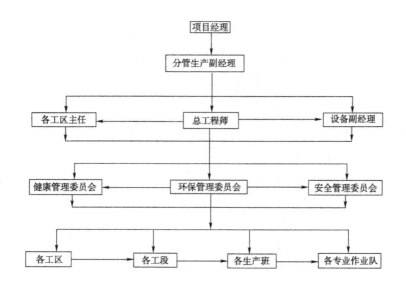

图 9-1 职业健康与安全管理组织机构图

9.2 安全生产检查及安全保证措施

……

9.2.2 安全生产检查制度

(1) 每日由专职安全员、安全监控员进行日常安全检查。

(2) 每周由施工项目经理带领各级管理人员进行安全抽检。

(3) 每月由项目经理带领各级管理人员进行全面安全检查。

(4) 重大节假日前后、暴雨、高温、防汛防台季节等组织用电、消防、防汛防台等专项安全检查。

9.2.3 安全保证措施

9.2.3.1 安全保障措施总则

(1) 安全生产方针:"安全第一、预防为主,科学管理、狠抓落实"。

(2) 安全控制目标:死亡率为0%、重伤率为0%、船舶交通责任事故为0、重大机损责任事故为0、施工过程中危险点受控率达100%(优于交通部行业控制标准和我局平均控制指标,交通行业控制标准为死亡率:0%、重伤率0%)。

9.2.3.2 安全保障措施

(1) 认真落实业主单位提出的有关安全生产的指令和要求,现场安全管理和技术工作体现施工技术规范和国家的劳动保护政策,加强事前预防、严格过程控制,落实各级各部门安全生产责任制。

(2) 在通航水域施工,必须主动协调施工与通航的关系,服从、配合港监、航道部门的安全管理,按规定发布航行通告、设置施工信号标志。

……

10 文明施工

为确保××交通码头搬迁工程的按期完成,在施工过程中将采取以下文明施工控制措施,坚持不懈、狠抓文明施工与环境保护,树立良好的企业形象,争创一流的文明施工现场。

10.1 文明施工管理目标

本工程的文明施工管理目标,严格执行××省《文明工地标准管理规定》。确保达到"××省文明施工样板工地"标准并获得相关荣誉称号。

10.2 管理机构及管理流程

10.2.1 管理机构

成立以项目经理为组长、各专业施工队伍为组员的现场文明施工领导小组。

……

10.3 现场管理原则

进行动态管理、建立岗位责任制。

……

参 考 文 献

[1] 中华人民共和国行业标准 JTS 257—2008 水运工程质量检验标准[S].北京:人民交通出版社,2008.
[2] 中华人民共和国行业标准 JTJ 55—2000 普通混凝土配合比设计规程[S].北京:中国建筑工业出版社,2000.
[3] 中华人民共和国行业标准 JTJ 268—1996 水运工程混凝土施工规范[S].北京:人民交通出版社,1996.
[4] 中华人民共和国行业标准 JTS 275—2000 海港工程混凝土结构防腐蚀技术规范[S].北京:人民交通出版社,2000.
[5] 中华人民共和国行业标准 JTJ 270—1998 水运工程混凝土试验规程[S].北京:人民交通出版社,1998.
[6] 中华人民共和国行业标准 JTJ/T152—2008 混凝土中钢筋检测技术规程[S].北京:中国建筑工业出版社,2008.
[7] 中华人民共和国行业标准 JGJ 107—2003 钢筋机械连接通用技术规程[S].北京:中国建筑工业出版社,2003.
[8] 中华人民共和国行业标准 JGJ 108—1996 带肋钢筋套筒挤压连接技术规程[S].北京:中国建筑工业出版社,1996.
[9] 中华人民共和国行业标准 JGJ 18—2003 钢筋焊接及验收规程[S].北京:中国建筑工业出版社,2003.
[10] 交通部第一航务工程局.港口工程施工手册[M].北京:人民交通出版社,1994.9.
[11] 蒋云驹,韩素芳.混凝土工程病害与修补加固[M].北京:海洋出版社,1996.
[12] 河海大学,大连理工大学等.水工钢筋混凝土结构学[M].北京:中国水利水电出版社,2007.
[13] 周福田,张贤明.水运工程施工[M].北京:人民交通出版社,2004.
[14] 张起森.公路施工组织设计及概预算[M].北京:人民交通出版社.2009.
[15] 周福田,蔡宁生.水运工程施工[M].大连:大连海事大学出版社,1998.
[16] 刘家豪.水运工程施工技术[M].北京:人民交通出版社,1998.
[17] 郭正兴.土木工程施工[M].南京:东南大学出版社,2007.
[18] 李青云.疏浚工程[M].北京:人民交通出版社,2000.